LA BATAILLE
DE
SEDAN

A LA MÊME LIBRAIRIE

Lettres du Tonkin (de Novembre 1884 à Mars 1885). — Correspondance de RENÉ-ALEXANDRE-LOUIS-VICTOR NORMAND, sous-lieutenant au 10ᵉ bataillon de chasseurs, tué à Bang-Bo (Chine), le 24 mars 1885. 1 vol. gr. in-18. — Prix. 2 fr. »

BASTARD (GEORGES). — **La Défense de Bazeilles**, dessins inédits et croquis d'après nature, de A. DE NEUVILLE et L. SERGENT, 1 vol. in-8. — Prix . . . . 3 fr. »

BAUDE DE MAURCELEY. — **Le commandant Rivière et l'expédition du Tonkin**, avec une préface de ALEXANDRE DUMAS, 1 vol. gr. in-8. — Prix. . . . . 3 fr. 50

Cᵗᵉ D'HÉRISSON. — **Journal d'un Officier d'ordonnance**, 1 vol. grand in-18. — Prix. . . . . 3 fr. 50

— **Journal d'un Interprète en Chine**, 1 vol. grand in-18. — Prix. . . . . 3 fr. 50

MONCHANIN (A.). — **Dumouriez** (1739-1823), 1 vol. grand in-18. — Prix. . . . . 3 fr. 50

MORIN (PIERRE). — **L'Armée de l'avenir**, nouveau système de guerre, 2ᵉ édition in-18. — Prix. . . . . . . 1 fr. »

QUILLET SAINT-ANGE. — **Le Camp retranché de Paris**, 1 vol. in-8º avec trois planches lithographiées en couleur. — Prix. 5 fr. »

WEYL. — **Les Grandes manœuvres de l'escadre française**, avec deux plans dans le texte, 1 vol. in-18. — Prix 2 fr. »

**** **L'Art de combattre l'armée allemande**, par un ancien capitaine d'artillerie, in-8º. — Prix. . . . . . . 2 fr. »

Paris. — Typ. G. Chamerot, 19, rue des Saints-Pères. — 20672.

LA BATAILLE DE SEDAN

LES VÉRITABLES COUPABLES

PAR

LE GÉNÉRAL DE WIMPFFEN

HISTOIRE COMPLÈTE, POLITIQUE ET MILITAIRE
D'APRÈS DES MATÉRIAUX INÉDITS, ÉLABORÉS ET COORDONNÉS

PAR

ÉMILE CORRA

PARIS
PAUL OLLENDORFF, ÉDITEUR
28 *bis*, RUE DE RICHELIEU, 28 *bis*
1887
Tous droits réservés.

LA BATAILLE
DE
SEDAN

LES VÉRITABLES COUPABLES

PAR

LE GÉNÉRAL DE WIMPFFEN

HISTOIRE COMPLÈTE, POLITIQUE ET MILITAIRE

D'APRÈS DES MATÉRIAUX INÉDITS, ÉLABORÉS ET COORDONNÉS

PAR

ÉMILE CORRA

PARIS

PAUL OLLENDORFF, ÉDITEUR

28 bis, RUE DE RICHELIEU, 28 bis

1887

Tous droits réservés.

LE GÉNÉRAL DE WIMPFFEN

SA VIE — SES ŒUVRES

Les héritiers du général de Wimpffen, mon ancien collaborateur à l'*Événement,* qui m'a longtemps honoré d'une paternelle affection, m'ont confié le soin d'examiner les nombreux manuscrits de toute nature, opuscules, mémoires, traités militaires, qu'il a laissés ; ces manuscrits renferment une multitude de documents curieux sur la guerre de Crimée, sur la guerre d'Italie, sur l'administration de l'Algérie, sur la cour impériale ; en outre, le général de Wimpffen a laissé une volumineuse correspondance émanée de la plupart des personnages qui ont joué un rôle public, sous le règne de Napoléon III. Tous ces documents seront ultérieurement livrés à la publicité ; mais, auparavant, dans l'intérêt de l'histoire, autant que dans l'intérêt de la mémoire du général de Wimpffen, il convient de mettre en lumière tous les papiers que ses archives renferment, relativement à l'événement majeur de son existence, c'est-à-dire à la bataille de Sedan. Ces papiers sont particulièrement nombreux; la plus grande partie est inédite; tous sont remplis d'importantes appréciations sur les moindres épisodes de cette bataille, appréciations qui sont le fruit de longues méditations, de renseignements complémentaires, tardivement parvenus, et qui n'ont pu figurer dans le premier ouvrage, un peu hâtif, que le général de Wimpffen a, en 1871, consacré à ce sujet, autant pour dissiper les imputations malveillantes dont sa conduite était le thème que pour préciser les faits.

Ce n'est donc pas une nouvelle édition de cet ouvrage, c'est un nouvel ouvrage régénéré par tous ces documents, que nous publions aujourd'hui. En le faisant, nous répondons d'ailleurs aux plus chères aspirations du général de Wimpffen; nous exauçons les secrets désirs de ses dernières années, durant lesquelles il travaillait sans cesse à rendre plus net, plus instructif, plus probant, le témoignage qu'il devait à l'histoire; la mort a fait tomber la plume de ses mains au moment où il ne lui restait plus qu'à reviser définitivement et à coordonner les éléments de sa déposition. C'est cette tâche que nous avons accomplie.

Toutefois, ainsi présenté, ce livre offrirait une déplorable lacune, en restant muet sur le passé de l'homme qui a joué un rôle si glorieux, quoique si pénible, sur le champ de bataille de Sedan. Le général de Wimpffen est désormais incorporé à la patrie française; il est au nombre des héros de la Défense nationale, de ceux dont les actes doivent servir d'enseignement et d'inspiration aux générations futures, chez tout peuple qui a le respect de ses nobles traditions et le souci de leur continuité; sa figure mérite donc d'être envisagée sous tous les aspects, éclairée sous tous les angles.

C'est pourquoi nous nous arrêterons un instant pour tracer une rapide biographie du général en chef qui, pendant la journée du 1er septembre 1870, a été chargé des destinées militaires de la France.

Emmanuel-Félix de Wimpffen, né à Laon, le 13 septembre 1811, était le descendant d'une vieille famille militaire, dont la racine généalogique peut être suivie avec certitude jusqu'au moyen âge. Des documents authentiques désignent, en effet, comme burgrave du château de Frisels, un seigneur Wilhem de Wimpffen, attaché à la maison militaire de l'empereur Henri VII d'Allemagne. Son testament, daté de 1230, existe dans les archives communales de la ville de Wimpffen, grand-duché de Hesse-Darmstadt, à laquelle il lègue des biens considérables, destinés à l'entretien de l'hôpital des chevaliers de Saint-Jean.

C'est à cet ancêtre éloigné que se rattachent les diverses familles de Wimpffen, dont les représentants ont occupé et occupent encore des rangs honorables et élevés dans divers États de l'Europe, notamment en Danemarck, en Allemagne, en Autriche, en France. Tous ont appartenu jadis à cette grande institution de la chevalerie dont les admirables sentiments se sont, pendant un temps plus ou moins long, transmis par hérédité, physiologiquement et moralement, dans les familles heureusement douées.

C'est d'une branche, fixée en Alsace, et devenue française, depuis la prise de possession de cette province par Louis XIV, que provient Emmanuel-Félix de Wimpffen. Cette branche aussi a constamment fourni des hommes de guerre distingués à nos armées.

Le grand-père d'Emmanuel-Félix de Wimpffen commandait, en qualité de général de division, l'avant-garde de l'armée de Sambre-et-Meuse, en 1792.

Son grand-oncle, maréchal de camp, député de la noblesse de Caen aux États-Généraux, était membre de l'Assemblée nationale de 1789 ; il défendit, en 1792, Thionville contre les Impériaux, repoussa l'offre d'un million qu'on lui fit en échange de la reddition de la place, la conserva à la France, et la Convention déclara qu'il avait bien mérité de la patrie ; plus tard il commanda en Normandie l'armée recrutée par le parti des Girondins, auquel il s'était rallié, et organisa la déplorable insurrection fédéraliste fomentée par eux.

Son père, enfin, était colonel lors de la campagne de Russie, et mourut à 35 ans, des suites du typhus qu'il avait contracté pendant la retraite.

C'est donc tout un patrimoine d'honneur, de courage, d'héroïsme, qu'Emmanuel-Félix de Wimpffen a reçu de ses ancêtres; c'est le seul, il est vrai ; mais il l'a pieusement respecté, développé même.

Il avait conservé pures les fortes qualités de sa race; la générosité de ses sentiments, la délicatesse de son cœur, l'énergie de son caractère, l'élévation de ses idées, étaient exceptionnelles; c'était une nature vraiment chevaleresque, d'autant plus belle que toutes ces vertus aujourd'hui si rares étaient spontanées ; elles avaient fleuri chez lui, elles s'étaient épanouies, en dehors de toute culture, de toute excitation directes. Emmanuel de Wimpffen tirait même si peu de vanité de ses origines que, sous l'Empire, où un retour très accentué vers le panache nobiliaire se produisit, il refusa formellement de les faire connaître, et ne laissa pas mettre son titre de baron sur l'Annuaire militaire.

C'est que le général de Wimpffen est parvenu à tous les grades qu'il a conquis, non par privilège de naissance, mais par le seul mode de sélection que comporte la société moderne : par le mérite ; c'est qu'il a fait de bonne heure l'austère et bienfaisant apprentissage de la vie laborieuse, qu'il a lentement, péniblement, pas à pas, progressé vers les sommets de la hiérarchie militaire et qu'une éducation virile, constamment répétée, lui a enseigné la vanité des hochets patronymiques que le vulgaire des aristocrates prise plus que les éminentes qualités de l'intelligence et du cœur.

Toute son enfance et sa première jeunesse s'écoulèrent à l'école de la Flèche, où il fut interné, dès l'âge de neuf ans, comme fils d'officier supérieur ; il n'en sortit que pour entrer, en 1829, à l'âge de dix-huit ans, à l'école de Saint-Cyr.

Trois années plus tard, il rejoignait, en qualité de sous-lieutenant, le 49ᵉ de ligne, son premier régiment; puis il passait, sur sa demande, en 1834, au 67ᵉ de ligne, alors en Afrique, où l'odeur de la poudre l'attirait, et il recevait le baptême du feu au combat de Bouffarick. Placé à l'arrière-garde des troupes françaises dans ce combat et chargé de protéger leur retraite, le sous-lieutenant de Wimpffen remplit cette mission avec tant d'intelligence et de courage, que le commandant de Lamoricière, qui dirigeait la colonne, vint, au milieu même de la mêlée, le féliciter et lui témoigner qu'il serait fier de dîner avec lui, le soir, sous sa tente, s'il survivait.

Emmanuel de Wimpffen fit ainsi la campagne d'Afrique, pendant huit mois, avec le 67ᵉ de ligne et prit part à divers combats, dans lesquels il ne se fit pas moins remarquer que dans le premier; puis il revint, avec ce régiment, tenir garnison à Soissons, où il montra qu'il était apte à l'enseignement théorique et à la méditation autant qu'au combat; car il était aussitôt nommé directeur de l'école régimentaire, professeur d'histoire et de géographie militaires, et il exécutait un grand nombre de travaux topographiques appréciés ; il se préparait de cette manière à devenir un officier aussi instruit que brave, ce dont il était récompensé, le 26 avril 1837, par sa nomination au grade de lieutenant, le 28 octobre 1840, par sa nomination au grade de capitaine, appelé à siéger dans les conseils de guerre. Il y avait à peine huit ans qu'il était sorti de Saint-Cyr.

De retour en Algérie, en 1842, comme capitaine de l'un des bataillons de tirailleurs indigènes que l'on formait alors, il ne quitta plus qu'accidentellement la colonie, où il continua à se distinguer dans les combats incessants qu'on y livrait; aussi fut-il plusieurs fois cité à l'ordre du jour de l'armée d'Afrique, décoré pour sa belle conduite pendant l'expédition de Kabylie, en 1844, nommé commandant du bataillon algérien le 22 avril 1847, officier de la Légion d'honneur le 28 juillet 1849, lieutenant-colonel le 18 septembre 1851, et colonel le 10 août 1853.

Ces deux dernières nominations furent particulièrement flatteuses pour Emmanuel de Wimpffen; celle de lieutenant-colonel ayant été proposée par les généraux Bosquet et Camou, à la suite d'une brillante expédition, et n'ayant point été ratifiée tout d'abord, le général Camou, s'honorant autant qu'il honorait son protégé, écrivit:

Si j'avais pu croire qu'on ne donnât pas au commandant de Wimpffen le grade qu'il a si bien mérité, je n'aurais pas accepté la croix de grand officier de la Légion d'honneur qui vient de m'être donnée pour l'expédition de Kabylie.

Quant à sa nomination au grade de colonel, en la soumettant à l'Empereur, le maréchal de Saint-Arnaud fit cette déclaration :

— Sire, voici un officier supérieur qui fera un excellent chef de corps. Je réponds qu'il saura entraîner les troupes que vous lui confierez ; je le connais pour l'avoir vu à l'œuvre.

Ces succès, cette rapide élévation, n'étaient pas seulement dus au courage intrépide d'Emmanuel de Wimpffen ; ils étaient aussi la sanction de la haute raison et de l'intelligence éclairée avec lesquelles il coopérait à l'œuvre de la colonisation.

Tandis, en effet, que le commun des militaires s'enivrait de l'orgueil de la victoire, Emmanuel de Wimpffen cessait, dès 1845, de considérer la conquête comme une institution oppressive, comme un instrument d'esclavage, comme une occasion de tyrannie, non moins dégradante pour les vainqueurs que pour les vaincus ; la pratique des combats ne lui faisait point abdiquer ses sentiments d'humanité et ses idées de civilisation ; imbu, d'ailleurs, des saines notions que l'histoire fournit à la politique, il était, sous ce rapport, partisan de la grande politique romaine, c'est-à-dire de l'incorporation, de l'assimilation des peuples conquis aux peuples conquérants. En 1849, dans une étude très approfondie de l'organisation qu'il convenait de donner aux tirailleurs indigènes, il écrivait :

> Les peuples qui nous ont précédés dans la voie des conquêtes ont prouvé que le vaincu pouvait servir à garder son propre territoire, à fournir les armées de ses contingents. Il est indispensable, pour notre tranquillité actuelle et future, d'absorber une jeunesse pauvre, énergique et guerrière.
>
> . . . .
>
> La partie intelligente s'inquiétant en outre de l'avenir qui lui est réservé, il est de toute justice de le lui assurer, en reconnaissant que les officiers, les soldats, après vingt ans de service, auront leurs droits garantis comme le reste de l'armée. On devra aussi accorder une pension aux blessés.
>
> Nos efforts devant tendre à assimiler les Arabes aux Français, à les amener à prendre nos usages, à parler notre langue, une organisation nouvelle devra statuer que les soldats indigènes pourront parvenir à tous les emplois administratifs et militaires.

En attendant l'exécution de ces mesures si sages, si politiques, dont la plupart, aujourd'hui même incomprises, sont encore à l'état d'aspiration, le commandant de Wimpffen fit tous ses efforts pour transformer son bataillon de tirailleurs en bataillon français ; excluant les hommes mariés, possesseurs de troupeaux et de terres, qui, après chaque expédition, se dispersaient pour rentrer chez eux, il n'accepta que les engagés célibataires ; il les soumit au régime des casernes et, peu à peu, à la régularité du service et à la discipline des troupes françaises ; il les poussa à s'instruire ; il éleva le niveau moral des officiers et des soldats ; mais surtout, par sa bienveillance, grâce aux éminentes facultés de ralliement dont il était doué et à l'attrait sympathique qu'il exerçait, il se fit aimer d'eux, il leur inspira confiance.

Les vieux routiers comprenaient malaisément cette tactique ; l'un des gouverneurs généraux, par exemple, écrivait un jour au général qui commandait la province d'Alger :

> Le commandant de Wimpffen me produit l'effet d'un novateur dangereux. Si vous voyez des inconvénients à ce qu'il exécute ses projets, remettez son bataillon à la vie arabe...

Heureusement, ses mérites et l'importance de son œuvre furent appréciés par d'autres, et, en 1850, le gouverneur général Charon, émerveillé des résultats qu'il avait obtenus, lui écrivait :

> Je veux savoir les moyens que vous employez pour obtenir ce qui paraît ne pouvoir s'exécuter dans les autres provinces. Je veux vous donner comme exemple à suivre.

Aussi, quand la guerre de Crimée éclata, en 1854, il reçut à Paris, où il était depuis quelque temps en garnison comme colonel du 19ᵉ de ligne, l'ordre immédiat de se rendre de nouveau en Algérie, avec mission d'organiser un corps de 2 000 tirailleurs algériens, à l'aide des bataillons isolés de chacune des provinces. Cette opération n'éveillait que la défiance et les railleries dans les bureaux, où l'on déclarait à l'envi qu'il était insensé de vouloir utiliser les indigènes hors de la colonie. Cependant Emmanuel de Wimpffen parvint à ce but avec le plus grand succès ; c'est à la tête du premier régiment de turcos, dont il fut nommé colonel, qu'il débarqua en orient, le 6 avril 1854.

Ce régiment improvisé est l'un de ceux qui se distinguèrent le plus dans la campagne.

A la bataille de l'Alma, à la suite de laquelle le colonel de Wimpffen était promu au grade de commandeur de la Légion d'honneur ; à la bataille d'Inkermam où il avait un cheval blessé, un autre tué sous lui, et où il obtenait les étoiles de général de brigade ; au Mamelon-Vert qu'il enlevait ; à la Tchernaïa ; à la prise de Malakoff, où il défendait opiniâtrément une gorge que les Russes voulaient reprendre et où 800 hommes tombaient autour de lui ; à la prise de la forteresse de Kinburn dont il faisait la garnison prisonnière; partout, ses turcos qui ne reconnaissaient que lui pour chef, justifiaient avec éclat la confiance qu'il avait mise en eux et l'utilité, en même temps que la possibilité, de leur incorporation à l'armée française.

Après cette guerre, en 1855, le général de Wimpffen était placé à la tête de la première brigade des grenadiers de la garde, avec laquelle il prenait part à la campagne d'Italie.

Cette brigade jouait un rôle des plus actifs, des plus importants, à la bataille de Solférino et à la bataille de Magenta où le général de Wimpffen, blessé presque dès le début, par un éclat d'obus qui lui ouvrait la joue, restait cependant sur le terrain jusqu'à la fin du combat. Au milieu même de la mêlée, son héroïsme était récompensé, et un aide de camp de l'Empereur lui apportait sa nomination de général de division. Un hommage plus caractéristique encore lui était rendu quelques jours après; on lui donnait le commandement en chef des troupes de débarquement, chargées de s'emparer de Venise; la paix de Villafranca empêchait, seule, l'exécution de cet ordre.

Au retour de cette guerre, le général de Wimpffen était investi du commandement d'une division active à Lyon, puis à Paris; il était, en 1861, promu grand-officier de la Légion d'honneur; mais la banalité du militarisme continental, les inspections de garnison, la bureaucratie d'armée convenaient mal à son esprit d'entreprise, à sa nature indépendante; il avait la nostalgie de l'Algérie, qu'il avait appris à estimer, à chérir, pendant quinze années de séjour, et à l'égard de laquelle sa pensée laborieuse était remplie de projets de réforme; il demanda et obtint d'y être renvoyé, avec l'espérance que la position supérieure à laquelle il était parvenu, lui permettrait enfin de réaliser les conceptions civilisatrices qu'elle lui avait inspirées. En effet, on lui confia le gouvernement de la province d'Alger, et il fut, le premier, chargé de l'exécution du décret du 7 juillet 1864, qui réunissait entre les mains du chef militaire de chaque province le commandement des troupes et la direction des différents services civils.

Il se montrait alors aussi habile au gouvernement qu'à la guerre; non seulement il appréciait les services militaires que l'Algérie pouvait rendre à la France, en familiarisant l'armée, bien mieux que les féeries du camp de Châlons, avec la pratique des grandes manœuvres, avec les fatigues, les usages, les péripéties, les besoins de la vie de campagne; en outre, avec la sagacité politique dont il avait déjà fait preuve, lorsqu'il était simple commandant de tirailleurs algériens, il comprenait merveilleusement que l'assimilation de la race indigène à la nôtre était une œuvre de sécurité, de temps et non de violence; il insistait sans cesse pour qu'on substituât la colonisation agricole et industrielle à la domination militaire. « Paix et justice aux vaincus! » telle était sa formule favorite qu'il ne se contentait pas d'énoncer platoniquement dans les discussions particulières ou dans ses rapports confidentiels au gouvernement, mais qu'il proclamait publiquement à chacune des sessions du conseil général de sa province.

Il aurait voulu que, sous un régime tutélaire, civilisateur, l'Algérie, ce grenier d'abondance du monde antique, ce jardin des Maures, reconquît sa splendeur éclipsée; exempt des préjugés de caste, il était, lui, militaire, partisan fervent de l'extension des institutions civiles, et, dans l'un de ses discours au conseil général d'Alger, en 1868, il disait :

> Les impatients, les ennemis de la race indigène, et les promoteurs des mesures les plus barbares à l'endroit de cette race ont souvent répété qu'elle était incapable d'apprécier les effets d'une protection éclairée. Je le nie for-

mellement, en m'appuyant sur la longue expérience que j'ai acquise, et je résume mon opinion en disant que le salut de notre colonie, que la centralisation militaire ne peut assurer, est intéressé : à une forte constitution des communes ; à l'extension de leurs territoires par l'abandon des terres dénudées ou boisées que l'État possède tant en dedans qu'à proximité de leurs limites ; à l'incorporation dans ces communes d'une population arabe jouissant des mêmes avantages que la population française ; enfin à l'excitation générale de l'esprit d'initiative, auquel on doit imposer le moins d'entraves et de formalités possibles.

Ces pensées ne sont pas, on en conviendra, celles d'un esprit banal et étroit ; elles attestent une rare et clairvoyante raison, dont le général de Wimpffen donna des gages plus formels, quand, en 1869, il passa du gouvernement de la province d'Alger à celui de la province d'Oran, poste d'honneur qui n'était alors donné qu'aux généraux les plus capables. Dans la province d'Alger, en raison du voisinage et du contrôle direct du gouverneur général, le général de Wimpffen, comme tous ses prédécesseurs, était plus ou moins dans une situation secondaire ; dans la province d'Oran, il était, au contraire, le chef d'une sorte de petit gouvernement détaché du grand ; il avait plus d'initiative, plus de liberté : il ne tarda pas à le prouver avec éclat.

Dès qu'il eut pris le commandement de sa province, il reconnut, en effet, que les populations du sud de notre colonie se trouvaient sous l'impression d'une véritable terreur, inspirée par des tribus marocaines hostiles, et par des Arabes dissidents, réfugiés au milieu d'elles. Ces tribus, ces réfugiés, venaient, deux fois l'an, aux époques des eaux abondantes, dans les contrées sahariennes, surprendre nos colons dispersés pour faire paître leurs troupeaux ; ils enlevaient des tentes, des chameaux, des moutons, même des fractions de tribus qu'ils contraignaient à émigrer, quand ils ne les massacraient pas.

Ces expéditions nous infligeaient, vis-à-vis des tribus qui nous étaient attachées, une infériorité morale fâcheuse ; elles encourageaient nos ennemis que nous étions impuissants à atteindre dans leurs courses rapides, et, en 1868, la fidélité des tribus du sud avait été tellement ébranlée, jusque dans la province d'Alger, que deux des plus importantes refusèrent de s'associer à nous contre l'ennemi commun. Une répression vigoureuse et directe des spoliateurs s'imposait ; mais elle était hérissée de difficultés.

Il fallait s'enfoncer jusqu'à près de deux cents lieues dans le sud marocain, en traversant des contrées encore inexplorées par les Européens, en luttant sans cesse, non seulement contre un adversaire ingénieux à dresser des embûches et à surprendre, qui n'accepte le combat qu'à son heure et sur son terrain, mais encore contre le désert, la soif, la disette, l'isolement, contre une multitude de fatalités menaçantes pour une colonne nombreuse, bientôt éloignée de ses bases d'opération.

C'est pourquoi, si le projet du général de Wimpffen rencontrait en Algérie, dans la province d'Oran surtout, un grand nombre de partisans, il n'en était pas de même en France, à Paris, où l'on pensait que toutes les expéditions, faites hors des limites de notre colonie, n'avaient d'autre but que de favoriser l'avancement des officiers qui les accomplissaient.

Néanmoins, à la fin de 1869, le maréchal de Mac-Mahon, gouverneur de l'Algérie, se rendit aux raisons du général de Wimpffen : il obtint, du ministre de la guerre, l'autorisation d'envoyer une colonne expéditionnaire nombreuse, capable de frapper un coup assez fort pour assurer, au moins pendant quelque temps, la tranquillité de nos Sahariens. Cette résolution fut prise en février 1870.

Le général de Wimpffen organisa immédiatement un détachement, composé de deux mille fantassins d'élite, de douze cents cavaliers (chasseurs d'Afrique et de France), de sept cents hommes des goums, et de trois sections d'artillerie.

L'expédition, rapidement exécutée, se termina par deux grands combats glorieux, inspira aux populations hostiles du sud une crainte salutaire, leur donna une haute opinion de nos armes et de notre générosité, et produisit sur elles une impression si profonde qu'elle dure encore. Depuis cette incursion dans le Maroc, connue dans l'histoire de l'Algérie sous le nom d'expédition de l'Oued-Guir, la province d'Oran, jadis si turbulente, n'a plus été troublée. Aussi, l'expédition de l'Oued-Guir eut-elle, en Algérie, le plus grand retentissement. Le maréchal de Mac-Mahon, les généraux Margueritte, Chanzy, Trochu, Soumain, de Galliffet, Pourcet, Jauffret, et vingt autres, adressèrent au général de Wimpffen les félicitations les plus caractéristiques ; la Société de géographie de Paris honora d'un examen et d'une publication spéciale les documents qu'il lui fit parvenir sur sa marche journalière, sur les ressources et la constitution du pays, avec une carte qu'aucun explorateur n'avait encore tracée ; le maréchal Le Bœuf, alors ministre de la guerre, lui écrivit (15 mai 1870) :

Vos succès ont produit ici le meilleur effet, et je puis vous donner l'assurance que la sympathie la plus grande y est attachée.

xxvi   LE GÉNÉRAL DE WIMPFFEN.

Je prie M. le maréchal de Mac-Mahon de vous faire parvenir officiellement mes félicitations sur la manière dont vous avez conduit vos opérations, mais c'est avec plaisir que je vous exprime ici, d'une manière plus intime et plus directe, toute ma satisfaction.

Enfin, le cardinal de Lavigerie, évêque d'Alger, traduisit les sentiments spontanés d'admiration de la masse de la population dans la lettre ci-dessous, qui montre en quelle haute estime le général de Wimpffen était tenu par ceux qui le connaissaient intimement, et quelles sérieuses espérances on fondait sur lui :

ARCHEVÊCHÉ   Alger, le 20 mai 1870.
D'ALGER

Mon cher Général,

On nous annonce votre prochaine rentrée à Oran et je tiens à vous dire, sans retard, combien je me suis associé, de mes plus vives sympathies, à la glorieuse expédition que vous venez de diriger avec tant de succès.

J'ai été bien heureux d'entendre ici même des jaloux ou des rivaux être obligés de rendre hommage aux brillantes qualités que vous avez déployées dans cette hardie et utile campagne. Il n'y a là-dessus qu'une voix dans l'armée. Il n'y a aussi qu'une voix dans la population pour vous désigner au commandement supérieur des troupes de terre et de mer. Vous savez si mes vœux vous appellent à cette position élevée qui vous mettrait à même de rendre de si grands services dans la difficile période de transition que nous allons traverser.

Il y a en vous, mon cher général, un second maréchal

Bugeaud. Il ne vous faut que des circonstances favorables pour le prouver aussi victorieusement que vous venez de le faire sur le champ de bataille, dans votre expédition du Maroc.

J'espère avoir bientôt de vos bonnes nouvelles. Je désire savoir si vous croyez que je puisse sans inconvénients manifester ma manière de penser relativement au commandement supérieur des troupes de terre et de mer, à nos ministres, avec lesquels je suis en très bons termes. Je le ferai avec toute la chaleur et toute la conviction possibles et c'est d'ailleurs un acte de justice, après ce que vous avez fait, que de vous donner cette position.

Adieu, mon cher général, croyez à mes sentiments les plus affectionnés et dévoués. Je vous prie d'en recevoir l'expression avec celle de mes félicitations les plus cordiales.

† Charles, archevêque d'Alger.

Les vœux si justifiés du cardinal de Lavigerie furent loin d'être exaucés ; en dehors d'une lettre qui avait surtout pour but de lui recommander un prince, engagé dans les chasseurs d'Afrique, et où l'Empereur lui renouvelait, au sujet de son expédition dans le sud, l'expression de son amitié, comme un témoignage précieux, le général de Wimpffen et son état-major ne reçurent rien que de banales politesses officielles; le gouvernement général de l'Algérie étant devenu vacant, par suite du départ du maréchal de Mac-Mahon pour l'armée du Rhin, on fit même au général de Wimpffen l'injure de nommer gouverneur, et, par conséquent, d'élever au-dessus de lui, un de ses anciens subordonnés, le général Durrieu.

C'est que le général de Wimpffen n'était pas « bien en cour »; l'indépendance de son caractère, son esprit d'entreprise, son ardeur libérale, lui avaient valu, durant sa carrière, beaucoup d'inimitiés sourdes; on ne lui pardonnait pas de ne devoir ses succès, son élévation, qu'à ses mérites et nullement à la faveur, et d'avoir, en tout temps, affirmé sa manière de penser. Une seule preuve de cette loyauté politique du général de Wimpffen suffira; elle est fournie par un ancien sergent-major du 43e de ligne, déporté en Afrique après le coup d'État, et envoyé, comme simple soldat, à Mostaganem, au 68e de ligne que commandait alors par intérim M. de Wimpffen; en 1876, cet ancien soldat lui écrivait encore :

Me voyant jeune (j'avais 22 ans) et décoré, encore revêtu de mes galons de sergent-major, vous eûtes la bonté de vous apitoyer sur mon sort et de me donner des encouragements pour supporter le coup qui me frappait.

— Si vous aviez été ici, me dites-vous, votre abstention serait passée inaperçue comme tant d'autres; *moi-même j'ai voté contre le coup d'État*, et beaucoup ont fait comme moi sans être inquiétés.

Ensuite, sans demander aucun sacrifice à ma foi républicaine, vous m'avez aidé de tout votre pouvoir à me refaire une position dans l'armée.

Je n'ai donc pas oublié, mon général, avec quelle

bonté vous m'avez traité, moi et plusieurs autres jeunes gens envoyés pour la même cause en Algérie après le coup d'État. J'ai appris à mes enfants à bénir votre nom. Je leur raconte souvent que, dans une revue, le général Pélissier, qui n'était pas tendre pour nous, s'apprêtait à me traiter de la bonne manière. Vous prîtes vivement ma défense, en disant au général que je me conduisais très bien et que toutes les opinions étaient respectables, quand elles étaient dignement représentées.

Cet épisode révèle toute la nature du général de Wimpffen, bienveillant, franc, loyal, et plaçant toujours son devoir au-dessus de toutes autres considérations.

Ainsi, au camp de Châlons, en 1857, il se mettait, dans l'exécution des manœuvres, en désaccord avec l'Empereur qui, avec ses vaniteuses prétentions à l'art de la guerre, exigeait un emploi très défectueux de la cavalerie. A la veille de la campagne d'Italie, il était en contradiction avec l'Impératrice à l'égard des Autrichiens. En 1857, il adressait au ministre une protestation relative à l'organisation de l'Algérie dans laquelle il formulait catégoriquement les idées et les projets de réforme libérale que nous avons fait connaître; le ministre de la guerre, maréchal Randon, la lui renvoyait, avec injonction de ne la point publier, parce que ses idées « *étaient contraires à celles de l'Empereur* »; on a vu que cela ne modifia en aucune manière l'opinion du général de Wimpffen qui la proclama plus tard avec autant de succès que d'éclat dans les conseils généraux d'Algérie. En 1862, à Vichy, il exprimait à l'Empereur sa profonde conviction que la loi de 1855 sur l'armée ne pouvait produire que de déplorables résultats ; l'Empereur lui déclarait même, à cette occasion, que personne ne lui avait encore parlé avec une aussi rude franchise. C'est que le général de Wimpffen, esprit méditatif, studieux, accoutumé à se maintenir dans la sphère des idées supérieures, avait une opinion sur toutes les grandes questions, et que, notamment, en matière de recrutement, il était partisan de la forme républicaine, c'est-à-dire de l'assujettissement de tous les citoyens valides au service militaire.

Enfin, dans son expédition de l'Oued-Guir elle-même, il s'était peu préoccupé des petites considérations politiques, grâce auxquelles, pour éviter quelques critiques de l'opposition, on lui avait imposé des obligations qui auraient entièrement compromis le succès de son entreprise, s'il les avait scrupuleusement respectées ; il avait rempli sa mission selon sa conscience, selon les intérêts de la colonie, et non selon les intérêts de l'Empereur.

Le général de Wimpffen, en un mot, n'était pas un courtisan; il ne le fut jamais; les champs de bataille lui convenaient mieux que les antichambres, et il avait lui-même coutume de dire « qu'il n'aimait à se produire que quand il fallait tirer l'épée ». Il s'était fréquemment attiré de la sorte des rapports peu favorables de la part de ses chefs, des ministres, et il avait été classé parmi les généraux suspectés d'esprit révolutionnaire; on n'aimait pas, aux Tuileries, les indépendants qui se permettaient de professer une opinion personnelle.

C'est pourquoi, quand la guerre éclata, tandis qu'on pourvoyait tous les généraux d'apparat de commandements qu'ils étaient incapables d'exercer, on oubliait systématiquement le général de Wimpffen en Afrique, sous prétexte que la tranquillité de la province d'Oran dépendait de sa présence; il ne fallut rien moins que son opiniâtre et noble insistance et que les désastres irréparables dus à la monstrueuse ineptie des premiers commandants de corps pour qu'on se décidât à l'utiliser; mais alors, ce qui, dans une certaine mesure, l'avait arrêté dans sa carrière, contribua puissamment à sa gloire; car, en dehors des qualités personnelles qui le distinguaient, le rôle héroïque qu'il a joué sur le champ de bataille de Sedan s'explique par ce fait que son patriotisme n'était point aveuglé par des préoccupations de favori, et que sa conscience n'était troublée ni par la responsabilité des fautes initiales, ni par le désespoir de voir la dynastie impériale s'effondrer.

Ce livre étant destiné à relater toute la partie de sa vie qui se rapporte à cette mémorable épopée, il serait superflu d'insister; il prouvera en effet que, sous quelque aspect qu'on l'envisage, sous l'aspect de la capacité, sous l'aspect de la moralité civique, sous l'aspect de l'énergie du caractère, le général de Wimpffen soutient avec supériorité la comparaison de ses contemporains en 1870; de sorte que si, avec une souveraine injustice, on voulait effacer de sa biographie les actes multiples qui permettent de le placer fort au-dessus de la foule des militaires, l'historien, digne de ce nom, trouverait, dans ces événements seuls, les raisons les plus plausibles pour l'honorer particulièrement.

Peut-être, il est vrai, le général de Wimpffen n'était pas l'homme de guerre actuel. La guerre est devenue une opération de savants, d'ingénieurs, de mécaniciens, dans laquelle le triomphe appartient plutôt à ceux qui savent conserver leurs troupes qu'à ceux qui les sacrifient témérairement, et où la bravoure n'est plus qu'un des facteurs secondaires de la victoire; mais le général de Wimpffen était de son temps, de son pays; il avait les défauts de sa nationalité, et sa lacune était celle de l'armée, de la France tout entière qui dédaignaient trop les progrès de l'industrie militaire et la substitution des combats de machines de guerre aux combats corps à corps; il était d'une race militaire qui a vécu désormais, la race chevaleresque qui plaçait le courage au-dessus de l'habileté, le mépris de la mort au-dessus de la science de l'éviter; c'était un général héroïque et non un général scientifique; mais nul parmi nous, hélas! n'était alors placé à ce dernier point de vue.

En revanche, vivement éclairé par la douloureuse expérience qu'il venait d'acquérir, le général de Wimpffen n'attendait pas la fin de la guerre pour l'utiliser; il en faisait bénéficier le gouvernement de la Défense nationale, auquel il se ralliait sur-le-champ, en lui adressant des lettres nombreuses qu'une personne dévouée allait porter de Stuttgard, où il était en captivité, jusqu'au lac de Constance; il ne négligeait aucun moyen de se renseigner sur l'organisation militaire et administrative de nos ennemis, et l'un des premiers ouvrages qu'il publia fut consacré à l'*In-*

struction en Allemagne, étude complète, quoique concise, où, appréciant les incomparables services rendus à cette population par l'apprentissage du métier des armes, institué dès le jeune âge, il demandait, comme conclusion :

« Que dans les établissements de l'État, dans les écoles professionnelles, dans les institutions des particuliers, on fît des études militaires théoriques et pratiques, des exercices développant les facultés physiques, de façon qu'à vingt ans le jeune homme soit apte au métier des armes, déjà façonné au maniement du fusil, à la marche, et, avant tout, rompu à la discipline. »

Depuis lors, quittant l'épée pour la plume, le général de Wimpffen ne cessa de concourir par ses écrits à la régénération de la France, en conseillant les mesures qui, selon lui, pouvaient lui permettre de reprendre son ancien rang dans le monde et la garantir contre de nouveaux désastres.

D'abord, il portait le dernier coup à l'Empire par son livre sur *Sedan* où il mettait lumineusement en relief la responsabilité du souverain dans le résultat de cette funeste journée; puis, dans un autre livre intitulé : *la Situation de la France et les Réformes nécessaires*, il insistait pour que l'instruction fût répandue dans toutes les classes et pour qu'on créât une force nationale puissante; plus tard, dans la *Nation armée*, que j'ai maintes fois entendu apprécier comme une œuvre du plus grand mérite par des hommes de guerre, il s'ingéniait, par mille procédés divers, à faire revivre l'esprit militaire de la nation et il exposait un vaste projet de réformes, destiné à perfectionner les divers éléments constitutifs de l'armée: infanterie, artillerie, cavalerie, marine, intendance, etc... dont il révélait les défauts avec une rare sûreté de critique, montrant qu'il possédait bien tous les attributs du général dans le sens strict du mot; incidemment, il intervenait, avec fruit, dans toutes les questions courantes, dans le journal le *XIXe Siècle*, dans le *Bien Public*, dans l'*Événement*, partout où on lui accordait asile; enfin il devenait l'un des plus énergiques défenseurs du gouvernement républicain dont les principes lui avaient, au fond, toujours été chers.

Le concours qu'il lui donna fut aussi rapide que décisif; dès son retour de captivité, le 19 mars 1871, il refusa de s'associer aux mesures, alors vraiment rétrogrades, prises par M. Thiers contre la population de Paris et répudia le commandement qu'on lui offrait contre cette ville. Il demanda à être immédiatement renvoyé en Algérie, et, à la maréchale de Mac-Mahon qu'il rencontra, dans Versailles, entourée de son mari et de quelques officiers, il fit cette réponse :

— En signant la capitulation de Sedan j'ai brisé mon épée ; ce n'est pas pour frapper sur mes concitoyens que je la reprendrai.

A cette déclaration, la maréchale riposta avec quelque raillerie :

— Hélas ! je voudrais que le maréchal pût agir de même ; mais sa grandeur ne lui permet pas de disposer ainsi de sa personne.

Le général de Wimpffen gagna l'Algérie, en passant par Saint-Sébastien, impatient qu'il était de témoigner à Gambetta l'admiration que lui inspirait son patriotisme et, peu de temps après, il lui écrivait pour lui affirmer de nouveau qu'il ne voyait plus de salut que dans la République :

Alger, 11 juin 1871.

Mon cher Monsieur,

Les événements qui s'accomplissent me portent à vous donner de mes nouvelles et à demander des vôtres. On avait fait courir le bruit que vous étiez rentré en France, que vous vous disposiez à diriger les membres les plus énergiques des conseils municipaux réunis à Bordeaux et qu'on avait donné l'ordre de vous poursuivre ; à toutes ces nouvelles, je secouais la tête, convaincu que vous êtes trop sage pour vous lancer dans les aventures.

Quant à moi, l'ignorance des faits accomplis m'a mis, en arrivant en Algérie, dans une singulière situation ; car je suis devenu suspect aux démocrates comme vaincu de Sedan, et au pouvoir, parce que je me suis retiré sous ma tente. Cependant les esprits sages et éclairés commencent à se rallier à moi et je cherche, dans mes conversations, à leur inculquer les idées de réforme dont nous nous sommes un instant entretenus. Je compte, lorsque le calme sera un peu rétabli, publier dans un journal de l'Algérie, mes observations, fruit d'une longue expérience, et d'un exil forcé qui m'a permis d'étudier attentivement l'état de l'instruction chez les étrangers, nos voisins.

Il importe aujourd'hui que des hommes courageux fassent usage de la parole et de la plume, pour indiquer la meilleure route à suivre. Je vais tenter d'être de ceux-là. Réussirai-je?

Mon entrée en matière sera l'instruction ; et si vous jugez à propos de me répondre, je vous enverrai mon travail avant de le publier; votre critique et vos aperçus ne pourront que l'améliorer.

Le seul moyen d'éviter de nouvelles et nombreuses convulsions est l'adoption d'une République économe, grandement décentralisatrice, instruite, et imposant le service des armes à tous les hommes valides.

C'est à ce prix seulement que nous reconquerrons notre prépondérance perdue.

Un mois plus tard, le 15 juillet 1871, le général de Wimpffen écrivait encore à Gambetta :.

Je vous félicite, Monsieur, de votre retour à la vie publique et je me serais avec plaisir présenté à la députation, pour être de votre compagnie, si je n'avais auparavant à me justifier de la malheureuse affaire de Sedan; je le regrette, car il y a un grand nombre de questions urgentes sur lesquelles j'aurais pu apporter quelques lumières, notamment celles qui concernent l'armée. Je ne vois, à la

Chambre, aucun réformateur militaire connaissant bien ce que nous devons renverser ou édifier.

J'ai en ce moment sous presse un ouvrage qui expose la situation de la France avant la guerre et la cause de nos désastres; il se termine par la bataille de Sedan. J'amoindris sans exagération ni passion le militaire que l'on exalte le plus aujourd'hui et contre lequel je ne saurais trop vous mettre en garde, le maréchal de Mac-Mahon, cause première de nos revers, après l'Empereur.

M. Thiers et les royalistes se plaisent à grandir cet homme qui, s'il reste sur son piédestal, peut encore nous être très préjudiciable. Je tâche qu'il n'en soit pas ainsi. Avant la guerre, c'était une incapacité méconnue par beaucoup de monde; actuellement, le doute n'est plus possible pour personne. Je puis dire, à son sujet, que si l'on avait pu prendre, sous bénéfice d'inventaire, le commandement de l'armée de Sedan, personne n'aurait voulu de la mission; il n'a rien moins fallu que la sotte manœuvre du général Ducrot et l'ordre de commandement dont j'étais porteur pour me décider à jouer le rôle malheureux qui me fut dévolu.

Quoi qu'il en soit, Monsieur, j'espère que tous les républicains de la Chambre ne tarderont pas à se grouper autour de vous et à présenter aux autres partis une force de résistance invincible qui garantira pour jamais l'ordre établi.

Enfin, en 1873, il terminait son livre sur *la Situation de la France et les Réformes nécessaires* par ces paroles :

Conservons et affermissons le gouvernement le moins personnel de tous : la République. Les tendances, les penchants du pays à cet égard sont manifestes; chaque élection en est une preuve.

Quant à moi, homme d'une indépendance absolue, nullement disposé à flatter un parti, quel qu'il soit, je déclare que ma conviction profonde est qu'aujourd'hui la France ne peut s'assurer la réforme dont elle a besoin et éviter une prochaine révolution qu'en maintenant le gouvernement de la République.

Cette adhésion formelle et réitérée du général de Wimpffen à la République lui valut une haine violente des bonapartistes, sans lui épargner les suspicions des républicains auxquels les imputations intéressées des premiers firent illusion, tant que la lumière ne fut pas complètement faite sur les événements de Sedan.

D'ailleurs, il n'eut pas seulement à se défendre contre l'ignorance et la malveillance publiques, habilement entretenues par ceux qui avaient intérêt à laisser s'accréditer que la responsabilité de la capitulation de Sedan lui incombait; il eut encore, par surcroît d'amertume, à lutter contre la décision d'un conseil d'enquête, décoré de tous les appareils extérieurs de la justice, qui prétendait lui imposer, du moins en partie, le poids de cette responsabilité.

A la suite de toutes ces douleurs, non pas par défection, mais pour ne pas laisser diminuer, aux yeux des troupes, l'autorité de son rang, le général de Wimpffen donna sa démission et rentra dans la vie civique, n'ayant pour toute ressource que sa modique pension de retraite; ce n'est pas son moindre honneur, si on le compare à ces généraux de l'Empire qui, par des dotations de toute nature, quelques-uns même par des déprédations, ont su s'assurer et assurer à leur famille les situations les plus opulentes. Les scrupules du général de Wimpffen, sous ce rapport, sa délicatesse, son désintéressement, étaient tels, au contraire, que, en arrivant en captivité à Stuttgard, dénué de toutes ressources et réduit à une solde ridicule, il s'empressait de renvoyer au gouvernement de la Défense nationale quatorze mille francs de fonds secrets, mis à sa disposition par le maréchal de Mac-Mahon après la bataille de Sedan, bien que les commandants en chef ne doivent aucun compte de ces fonds; il se contenta de prélever une somme de trois mille francs pour la distribuer aux soldats prisonniers dans son voisinage. Par suite de circonstances de guerre, les onze mille francs que le général de Wimpffen adressait au gouvernement de la Défense nationale ne furent pas versés dans les caisses du Trésor public et restèrent entre les mains d'un banquier qui, en juin 1871, les remit à la disposition du général; mais celui-ci invita immédiatement le ministre de la guerre à en prendre possession.

De pareils actes sont plus éloquents que les éloges les plus flatteurs.

En quittant l'armée, en 1872, encore dans la plénitude de sa vigueur physique, intellectuelle et morale, le général de Wimpffen n'avait nullement le projet de s'abandonner aux langueurs d'une retraite oisive; outre les raisons de haute convenance personnelle que nous venons de faire connaître, sa résolution avait encore pour cause son ardent désir de contribuer activement et librement, par l'exposé de ses idées, au relèvement de la France et à la réforme militaire; c'est alors qu'il publia successivement les ouvrages dont l'énumération précède, tous inspirés par une sagesse vigilante, par une foi grandissante dans les bienfaits et l'avenir de la République et par l'amour profond de la patrie; mais les luttes de plume étaient insuffisantes pour absorber son activité; l'habitude des combats grandioses lui faisait désirer d'autres arènes, mieux adaptées à sa taille ; le terrain politique et administratif, qui ne lui était pas moins familier que le terrain de la guerre, le tentait, non pas parce que l'espérance d'y remporter des succès personnels analogues à ses succès militaires l'animait, mais parce que, fortifié par une longue expérience, éclairé par des méditations incessantes, il se sentait apte à se rendre de nouveau très utile.

Ses vœux à cet égard ne furent pas exaucés ; vainement il sollicita le mandat de député ; vainement tous ceux qui l'appréciaient réclamèrent fréquemment pour lui la possibilité de mettre efficacement au service de la République ses hautes facultés ; on l'oublia systématiquement.

Un moment, toutefois — moment de danger et de résolutions énergiques, comme tous ceux dans lesquels on songeait à lui — il faillit jouer un rôle décisif dans la politique française. C'était à l'époque du coup d'État législatif, accompli par le maréchal de Mac-Mahon et le ministère de Broglie, coup d'État que les républicains craignaient avec raison de voir se terminer par un coup d'État militaire, lors de la rentrée des Chambres, à l'automne de 1877. Heureusement, Gambetta avait pris toutes les mesures pour résister à ce dernier attentat ; le général de Wimpffen eut alors de fréquents rapports avec lui et, dès le début, il lui déclara qu'il mettait ses capacités, sa vigueur, sa vie, à la disposition de la République menacée. En novembre 1877, cette offre fut utilisée ; le général était alors en villégiature à Vermanton, en Bourgogne ; Gambetta le manda, par dépêche, à Paris, toute affaire cessante ; le général de

Wimpffen étant accouru, il lui annonça qu'il comptait sur son dévouement pour occuper le poste de ministre de la guerre dans le gouvernement révolutionnaire qu'il instituerait, dès la moindre velléité de violation de la représentation nationale par les conspirateurs officiels, et pour prendre la direction des forces armées républicaines. Le général de Wimpffen accepta sans aucune hésitation et remit, à ce sujet, à Gambetta, un plan d'exécution des mesures qui le concernaient.

Ce plan, qui accentue une dernière fois la froide énergie du général de Wimpffen et qu'il n'y a plus aujourd'hui aucun inconvénient à divulguer, était ainsi conçu :

1° Avant tout, et dès maintenant, on s'assurera le concours d'hommes énergiques et intelligents, qui seront chargés de couper tous les fils télégraphiques qui mettent Versailles en communication avec la province. Cette opération devra être exécutée le jour même de la dissolution ; les fils devront être coupés en plusieurs points éloignés, pour retarder le plus possible leur réédification. Les postes partant de Versailles devront être arrêtées et soigneusement visitées ; tout ce qui émanera du gouvernement du maréchal sera supprimé. Cette surveillance et cette suppression s'exerceront de la même manière dans toutes les préfectures et sous-préfectures sous le contrôle des républicains faisant partie des municipalités. Les journaux de Paris favorables au coup d'État du maréchal seront saisis et détruits ; en un mot, on emploiera tout pour rompre les relations du gouvernement de Versailles avec la province, ce qui constitue le meilleur procédé pour hâter la démoralisation des troupes et des fonctionnaires hésitants.

2° Les sénateurs et députés républicains, après avoir, à Versailles, protesté solennellement contre la dissolution nouvelle que, sans plus attendre, ils assimileront à un coup d'État, se transporteront immédiatement à Paris, au palais du Luxembourg, et s'y constitueront en assemblée nationale, comme représentants de la majorité du pays.

3° La déchéance du maréchal de Mac-Mahon, comme président de la République, sera acclamée. La nation et l'armée seront invitées à prendre sur tous les points du territoire les mesures propres à briser toute résistance de la part des pouvoirs déchus.

4° L'Assemblée nationale avisera ensuite sans retard aux moyens susceptibles d'assurer sa sécurité.

Toutes les troupes ralliées au gouvernement national, la population et la jeunesse des écoles avoisinant le Luxembourg, seront convoquées pour contribuer à sa défense.

Le conseil municipal de Paris et les maires seront invités à demeurer en permanence; ils organiseront, de leur côté, des moyens de résistance, capables d'entraver et de briser sur-le-champ toute tentative de réaction.

Tous les hommes de la réserve, contingent de l'armée active, actuellement dans le département de la Seine, recevront l'ordre d'aller se faire inscrire à la mairie de l'arrondissement qu'ils habitent et seront aussitôt incorporés dans les troupes, jusqu'au jour où la tranquillité générale et le gouvernement de la République seront assurés.

Il sera alloué à ces hommes : s'ils sont célibataires, la solde ordinaire des troupes; s'ils ont femme et enfants, un supplément de solde de 2 francs et de 50 centimes par chaque enfant et par jour.

Les hommes de l'armée territoriale du département de la Seine seront également appelés sous les armes, à Paris, où des postes leur seront affectés. Les officiers supérieurs, désignés pour les commander, prendront directement les ordres du Ministère de la guerre.

Ces officiers et leurs troupes recevront leur solde de rassemblement; les soldats mariés et pères de famille jouiront des avantages accordés aux hommes de la réserve de l'armée active.

Les maires cantonneront les hommes de leur arrondissement et les placeront, avec les troupes acquises au parti républicain, aux débarcadères des chemins de fer et à toutes les ouvertures donnant accès dans la capitale. Des agents intelligents seront placés dans tous les bureaux télégraphiques centralisateurs pour contrôler les dépêches et interdire provisoirement l'envoi de toutes celles qui pourraient nuire à l'action du gouvernement de l'Assemblée nationale.

Les postes-casernes, voisins des remparts, seront utilisés pour établir la garde des portes et barrières.

Les forts avoisinant la capitale recevront les contingents armés des réserves, soit pour mieux assurer la défense, soit pour rendre libres les troupes actives qui s'y trouvent actuellement casernées.

5° Les préfets et sous-préfets, les maires et conseillers municipaux, destitués depuis le 16 mai, reprendront d'office leurs postes, sans attendre de nouvelles décisions. Ces fonctionnaires républicains, à l'aide de leurs administrés et au besoin de la force armée, expulseront les autorités actuelles. Toute résistance de la part de ces derniers agents entraînera leur arrestation immédiate et leur comparution devant une commission spéciale.

Les autorités acquises à la République prendront toutes

les mesures propres à donner leur entière action aux décisions de l'Assemblée nationale ; elles veilleront à ce que les voies ferrées de leur arrondissement ne livrent passage qu'à des troupes munies d'un ordre du ministre de la guerre, nommé par l'Assemblée.

Elles intercepteront toute dépêche ou instruction provenant de l'ex-président de la République ou de ses ministres et même les dépêches des simples particuliers contraires à l'action du gouvernement de la République ; la plus rigoureuse surveillance sera exercée à ce sujet.

6° En raison des circonstances exceptionnelles, et considérant d'ailleurs que, en temps de paix, l'organisation des corps d'armée est plus nuisible qu'utile à la bonne instruction des généraux et de leurs troupes, en même temps que très onéreuse, l'Assemblée nationale décrète leur suppression immédiate.

En conséquence, les généraux en chef, commandants des corps d'armée, sont mis en disponibilité, pour être appelés aux emplois de leur grade, à mesure que des vacances se produiront.

Les généraux commandant une division, ainsi que ceux qui sont à la tête d'une circonscription territoriale, aussitôt cet ordre reçu, ne reconnaîtront plus d'autorité militaire autre que celle du ministre de la guerre et entreront immédiatement en correspondance directe avec lui.

Les généraux commandants de corps d'armée, aussitôt ce décret porté à leur connaissance, remettront à l'officier le plus élevé en grade de leur résidence toutes les pièces de service qui sont entre leurs mains et feront connaître la résidence où ils comptent se rendre en disponibilité.

Il en sera de même des officiers formant leurs états-majors.

Par suite de cette décision, les généraux dont les noms suivent sont mis en disponibilité.

(*Suit la liste de tous les généraux qui étaient alors à la tête des corps d'armée.*)

7° Le maréchal de Mac-Mahon et ses ministres seront poursuivis, sous l'accusation de haute trahison, et punis selon la rigueur des lois.

Ce plan fut adopté, dans ses propositions essentielles, par Gambetta qui, le fait est maintenant notoire, avait pris préventivement tout un ensemble de résolutions décisives pour livrer à la réaction la bataille la plus énergique ; heureusement, on ne fut pas obligé de recourir à son exécution et le général de Wimpffen, qui s'était préparé à sacrifier sa vie pour le triomphe de la République, fut de nouveau plongé dans son obscure retraite.

Dans cette grande agitation démocratique qui fait monter, à la surface de la société, tant de médiocres, tant d'intrigants, tant d'impurs, naturellement destinés aux rangs les plus infimes, le général de Wimpffen se trouva submergé ; il dut se résigner à voir successivement occuper les postes qu'il pouvait légitimement ambitionner, au gouvernement général de l'Algérie, au ministère de la guerre, au Sénat, à la Chambre, par des hommes auxquels il était incomparablement supérieur ; exempt de cette vanité déclamatoire, de cette forfanterie théâtrale, avec lesquelles les impuissants attirent l'attention du monde banal sur leur personnalité, incapable de descendre au niveau du vulgaire pour capter ses faveurs, on le crut pauvre de moyens parce qu'il était modeste, dépourvu de facultés brillantes parce qu'il était silencieux, et on négligea de l'utiliser.

Toujours indulgent, toujours animé de la même inaltérable bienveillance, il supportait cette ingratitude sans nulle aigreur, et ne récriminait pas contre l'oubli dont il était la victime ; sa raison était plus blessée que son cœur, et il ressentait seulement une vague mélancolie, en voyant la vieillesse se hâter vers lui ; il était surtout attristé par la crainte de ne pouvoir plus jamais rendre à son pays les éminents services que son dévouement social lui aurait permis de rendre, si les circonstances l'avaient favorisé, et par le chagrin de constater qu'il ne pouvait que de plus en plus problématiquement compter sur un retour de la fortune des armes, pour prendre une revanche de la capitulation de Sedan, dont le souvenir empoisonnait sa pensée.

C'est dans cet état moral qu'il mourut, le 25 février 1884, foudroyé par l'apoplexie, sans laisser de quoi faire face aux frais de ses funérailles ; en outre, il montrait, dans la mort même, que les sentiments civiques seuls, que le seul amour de la patrie terrestre avaient inspiré ses actions et guidé son intelligence, car son testament renfermait la prescription suivante, depuis longtemps formulée :

« Je veux être enterré le plus simplement possible et comme je n'ai aucune tendance particulière vers les religions existantes, je désire qu'il ne soit fait aucune cérémonie religieuse après ma mort. »

D'aussi graves résolutions ne sauraient être trop méditées, quand elles émanent de tels hommes, parce qu'elles prouvent péremptoirement que toutes les grandes vertus civiques sont indépendantes des croyances théologiques, et que l'émancipation de l'esprit humain, en les faisant plus désintéressées, contribue aussi à les rendre plus sublimes.

Le général de Wimpffen fut donc enterré civilement. Peut-être est-ce à cette circonstance, malheureusement encore peu familière, qu'il faut attribuer le mutisme étrange, scandaleux, observé sur sa fosse par les représentants de l'armée qui lui rendaient les honneurs suprêmes et qui ne lui ont pas même adressé une dernière parole d'adieu, de justice, de reconnaissance !

Par bonheur, l'histoire est là ! Grâce à elle, la mort ne saurait affaiblir la mémoire du général de Wimpffen, ni les sympathies universelles que son ardent patriotisme lui avait attirées déjà de son vivant ; elle a, au contraire, rehaussé davantage sa participation glorieuse à la douloureuse bataille du 1er septembre 1870, puisque, livré désormais sans défense aux discussions des partis et au jugement des hommes, il est de jour en jour plus impartialement honoré. Toute la France, à la fin, le connaît, le plaint, l'admire : pour ne pas avoir désespéré de ses destinées, quand toutes les calamités fondaient sur elle ; pour avoir tenté une lutte héroïque, quand tous parlaient de retraite, de désarmement, de reddition ; pour avoir, sur le champ de bataille de Sedan, porté dans son cœur indigné et incarné dans sa personne, son énergie, ses aspirations, ses généreuses fureurs.

Sa mort, cependant, n'a pas désarmé ses adversaires ; il était à peine refroidi, quand le général Lebrun, l'un des aides de camp de l'Empereur, qui avait prudemment gardé le silence depuis quatorze ans, lança contre lui un ouvrage agressif, dans lequel, sous forme de pièces justificatives, il ne se fit pas scrupule de donner inutilement place à des lettres de subalternes, où le général de Wimpffen est injurié sans mesure.

Mais l'opinion publique, la postérité, feront justice de ces attaques posthumes comme elles ont fait justice de celles qui les ont précédées. D'ailleurs, bien que le général de Wimpffen soit aujourd'hui dans le cercueil, sa voix n'est pas encore éteinte, son bras n'est pas encore inerte; les écrits qu'il a laissés parlent pour lui, et il lui reste des amis vigilants, gardiens respectueux de sa mémoire, qui ne laisseront pas librement entrer dans la circulation historique des imputations erronées à son endroit.

De là, la nécessité, l'intérêt de ce livre, dont, selon la pensée même du général de Wimpffen, nous avons cherché à faire un recueil de matériaux positifs pour l'histoire et non une œuvre de polémiste.

ÉMILE CORRA.

LA BATAILLE DE SEDAN

LES VÉRITABLES COUPABLES

CHAPITRE PREMIER

ENTRÉE EN CAMPAGNE

Efforts du général de Wimpffen pour obtenir un commandement à l'armée du Rhin. — Prévision des dangers courus par la France. — Nomination au commandement du 5e corps d'armée. — Entrevue du général de Wimpffen avec le comte de Palikao, ministre de la guerre; sa nomination éventuelle au commandement de l'armée de Mac-Mahon. — Nombreuses difficultés éprouvées par le général de Wimpffen pour rejoindre son corps d'armée. — Arrivée du général de Wimpffen à l'armée de Sedan. — Entrevue du général de Wimpffen avec l'Empereur et avec le maréchal de Mac-Mahon. Raisons pour lesquelles le général de Wimpffen n'a pas donné communication de sa lettre de commandement.

EFFORTS DU GÉNÉRAL DE WIMPFFEN POUR OBTENIR UN COMMANDEMENT A L'ARMÉE DU RHIN.

Le général de Wimpffen était à peine remis des fatigues de l'expédition de l'Oued-Guir qu'il avait faite dans le Sud-Oranais, et il se trouvait encore sous l'influence des préoccupations diverses qu'elle lui avait inspirées, lorsque la guerre entre la France et la Prusse éclata, au mois de juillet 1870. Bercé par cette illusion qu'on lui ferait l'honneur de lui offrir un rang dans la première armée en formation, il attendait chaque jour son ordre de départ; mais il avait compté sans tous les aides de camp de l'Empereur qu'il fallait d'abord pourvoir d'un commandement, au mépris souvent des règles militaires et des intérêts sacrés du pays. Quand il le constata, l'impatience le prit; il ne put supporter la pensée de demeurer sur le sol africain, tandis qu'on allait se battre pour la France, et il mit tout en œuvre pour être incorporé à un titre quelconque à l'armée du Rhin. Il écrivit, dans ce but, dans les termes les plus pressants, au général Frossard, au vice-amiral Jurien de la Gravière, qui se trouvait alors auprès de l'Empereur et qui pouvait influer sur son esprit, au maréchal Canrobert, enfin à l'Empereur lui-même.

Le général Frossard ne lui répondit même pas; le vice-amiral Jurien de la Gravière le fit, une première fois, de la manière suivante :

Paris, 22 juillet 1870.

Mon cher général,

Je n'avais pas attendu votre dépêche pour demander si un commandement ne vous était pas réservé dans la guerre qui allait s'ouvrir. On m'avait répondu que votre présence était indispensable en Algérie. Votre dépêche m'a permis d'interroger directement l'Empereur à ce sujet. Sa Majesté m'a fait textuellement la même réponse, que je vous ai transmise.

Je ne voudrais pas espérer que la guerre se prolongera assez pour qu'on ait recours à vos services. Ce serait un souhait peu patriotique. Mais si, par malheur, il fallait, pour en finir, une seconde campagne, il me semble impossible qu'on laisse en Algérie un général tel que vous.

Je ne sais pas encore où je pourrai moi-même être employé dès le début. J'ai quitté le commandement de l'escadre deux mois trop tôt.

Veuillez agréer, mon cher général, l'expression de mes sentiments les plus affectueux et les plus dévoués.

E. JURIEN.

Quelques jours après, le vice-amiral Jurien de la Gravière écrivait de nouveau au général de Wimpffen :

Palais de Saint-Cloud, 29 juillet 1870.

Mon cher général,

J'achève ma semaine de service avant d'aller prendre à Brest le commandement d'une escadre dont la destination n'est pas encore bien déterminée.

Vous aurez appris mieux que moi les diverses phases qu'a traversées le gouvernement de l'Algérie. Tout ce que je puis vous dire, c'est que j'ai beaucoup parlé de vous et que mon amitié, si exigeante qu'elle puisse être, a eu lieu d'être satisfaite des opinions que j'ai entendu exprimer sur votre compte.

Nous voici engagés dans une guerre dont on n'entrevoit pas encore bien clairement les péripéties et l'issue. Je crois qu'un homme de votre valeur peut attendre sans crainte et sans impatience le moment où il sera fait appel à ses services. J'ai remarqué que c'était rarement les hommes employés au début qui avaient les meilleures chances. Ceux qui viennent travailler à la vigne quand arrive la douzième heure ont presque toujours l'avantage de trouver la besogne plus facile et mieux préparée. Je souhaite bien vivement toutefois que tout soit terminé dans une prompte et décisive campagne; mais je n'en entends nulle part exprimer l'espoir.

Agréez, cher général, l'expression de mes sentiments affectueux et dévoués.

E. JURIEN.

Quant au maréchal Canrobert, il écrivit au général de Wimpffen :

ARMÉE DU RHIN
—
Commandement
du 6ᵉ corps d'armée.
—

Camp de Châlons, 28 juillet 1870.

Mon cher général,

Je reçois ici votre lettre au milieu d'occupations dont vous pouvez deviner l'importance. Personne plus que moi n'eût été heureux de vous voir à l'armée du Rhin, ou commander un corps indépendant; mais je suis resté complètement étranger à l'organisation des divers corps, même à celle du mien.

Inutile de vous dire que je suis toujours à vous d'estime et d'amitié.

Maréchal CANROBERT.

Enfin, voici la réponse de l'Empereur :

CABINET
DE L'EMPEREUR
—

Au quartier impérial à Metz, 31 juillet 1870.

Mon cher général,

J'ai reçu votre lettre du 22 juillet où vous exprimez le désir d'être appelé à un commandement dans l'armée qui entre en campagne.

Je sais la valeur des services que vous avez rendus partout où vous a appelé le sort de la guerre et personne ne songera jamais à en contester le mérite.

Aussi, je n'oublierai pas, pour l'avenir, le désir que vous me manifestez, car, en ce moment, il est pourvu à toutes les positions que vous pourriez souhaiter. Mais, en attendant, je fais appel à vos sentiments élevés, à votre patriotisme, pour que vous restiez à la tête d'une province où, récemment encore, vous vous êtes signalé brillamment.

Recevez, mon cher général, l'assurance de mes sentiments d'amitié.

NAPOLÉON.

Cette sorte de compensation morale qu'on offrait au général de Wimpffen en l'assurant que sa présence en Algérie était indispensable était elle-même une nouvelle source d'amertume; car il n'était pas mis en position de rendre à la colonie les services qu'il était apte à lui rendre et, au moment même où on le congratulait officieusement, on nommait officiellement gouverneur général de l'Algérie, en remplacement du maréchal de Mac-Mahon, un militaire qui s'excusait presque de devenir son supérieur dans la lettre, d'ailleurs très honorable et affectueuse, que voici :

GOUVERNEMENT GÉNÉRAL
DE L'ALGÉRIE
—
CABINET

Alger, le 4 août 1870.

Mon cher de Wimpffen,

Tes félicitations m'arrivent; je ne veux pas perdre un moment pour te dire combien j'y ai été sensible. Je n'en attendais pas moins de toi et de nos vieilles et amicales relations. Mais enfin, quand le cœur et l'amour-propre souffrent, on n'est pas maître de ses premiers sentiments. Je te remercie d'avoir fait taire en ma faveur tes légitimes regrets.

Ta mission à Oran où se trouve la pierre angulaire de notre édifice algérien n'est pas cependant sans gloire, car elle présente de très grosses difficultés à surmonter. La preuve en est dans l'intérêt que l'Empereur attache à ne la confier qu'à l'homme qui peut le mieux le rassurer de ce côté, pendant qu'il fait la guerre sur le Rhin et au delà, je l'espère.

Mais je ne cherche pas à calmer ton impatience et tes regrets ; je les comprends.

Allons, mon vieil ami, un peu de courage ; chacun a ses mauvais jours. J'espère bien que les bons reviendront pour toi ; tu as trop fait pour que l'on t'oublie longtemps. Adieu ! je compte sur ton concours comme tu peux compter sur le mien pour tout ce que je pourrai.

Ton ami,

Général DURRIEU.

Mais ces témoignages de sympathie, pas plus que l'eau bénite de cour de l'Empereur, ne pouvaient distraire le général de Wimpffen de son ardent désir de marcher à l'ennemi ; c'était une place de combat dans les rangs de la première armée qu'il sollicitait, et non de fades politesses ; d'autant plus que son impatience était encore excitée par les craintes que lui inspirait le début des opérations et par le pressentiment de leurs terribles conséquences.

PRÉVISION DES DANGERS COURUS PAR LA FRANCE.

A Oran, en compagnie de son état-major, le général de Wimpffen suivait journellement sur des cartes tous les mouvements de notre armée et il manifestait fréquemment des inquiétudes sur notre sort, au grand étonnement de ses officiers qui, pleins de généreux patriotisme, de bravoure, exaltés par notre gloire passée, ne songeaient qu'au succès [1].

Sa correspondance à cette époque porte partout la trace de ces préoccupations; il écrivait notamment au baron Ducasse, chef d'escadron en retraite à Paris :

Oran, 1er août 1870.

Mon cher ami,

J'ai reçu pour toute réponse à diverses tentatives pour aller à l'armée du Nord : on veut que vous restiez en Algérie. Depuis, une lettre à l'Empereur, ainsi qu'une autre à Canrobert et dont je t'envoie les copies, ne semblent pas devoir modifier ma situation. Tu ne feras aucun usage de mes lettres; déchire-les après les avoir parcourues. En

---

[1]. *Déposition de M. Lejeune, capitaine de vaisseau, devant la cour d'assises de la Seine, dans le procès intenté par le général de Wimpffen à M. Paul de Cassagnac :*
« Quelques jours après la déclaration de la guerre, j'étais chez le général de Wimpffen qui commandait dans la province d'Oran; je lui entendis exposer l'opinion, qui n'a pas été sans me surprendre, que notre instruction militaire lui donnait à supposer que nous éprouverions des alternatives de succès et de revers durant le cours de cette guerre. »
Déposition de M. Déaddé, lieutenant-colonel d'état-major, dans le même procès :
« J'étais aide de camp du général de Wimpffen, lorsque la guerre fut déclarée.
« Le général augurait mal du début de nos opérations; il trouvait nos lignes trop étendues et pouvant être forcées sur un point ou sur un autre. Le général était au courant des forces dont pouvait disposer la Prusse.

t'en donnant connaissance, je tiens seulement à te prouver que j'ai lutté, autant que possible, pour apporter dans de rudes combats mon expérience du terrain et des hommes, mon esprit d'initiative et de vigueur, une chance heureuse partout, en Afrique, en Crimée, en Italie, talent ou hasard qu'on devrait ne pas trop dédaigner, surtout lorsqu'on voit utiliser des généraux comme..., je m'arrête, ne voulant pas désigner des gens qui paieront peut-être de leur vie leur manque de savoir.

Si j'étais mauvais citoyen, je souhaiterais d'apprendre que le pouvoir se ressent de ces mauvais choix ; mais nous aurons assez de pertes, même avec des succès rapides et complets, pour faire des vœux afin que nous ayons une paix prochaine avec gloire et profit.

10 août 1870.

Mon cher ami,

Je suis plein de tristesse en apprenant comment nos braves troupes ont été mal engagées. En voyant les emplacements qui leur étaient affectés, de mon cabinet, je prévoyais l'attaque sur le centre et un sérieux effort sur notre gauche; mais, ce que je ne supposais pas, c'est l'abstention des corps d'armée du centre. Quoi ! le maréchal de Mac-Mahon va de Strasbourg à Frœschwiller pour venger une de ses divisions écrasées, et rien ne vient à son aide de Phalsbourg et de Bitche ! Il devait avoir le droit d'appeler à lui les troupes à dix, quinze lieues en arrière, quitte à les renvoyer rapidement à leurs postes, une fois la bataille gagnée; car, si, avec trente-trois mille hommes, le duc de Magenta a pu tenir tête à une armée, il l'aurait battue avec soixante-dix ou quatre vingt mille hommes. Il en a été de même de l'aile gauche qui n'a été soutenue que par deux divisions d'un corps d'armée, afin, sans doute, de laisser la gloire de la journée à un aide de camp de l'Empereur, car je suppose que le chef du corps qui a envoyé deux divisions était plus ancien que M. Frossard. Voilà cependant à quoi tient le sort d'un empire ! Après ces insuccès, j'aurais préféré la concentration de notre armée dans les Vosges, contenant à la fois les deux armées prussiennes dans leur envahissement de l'Alsace et de la Lorraine, au lieu de cette diffusion du maréchal de Mac-Mahon et de M. Bazaine. Cette manière d'opérer donne à supposer des tiraillements et des ambitions dont nous sommes aujourd'hui les victimes. Il y avait là trop de chefs, ne croyant devoir obéir qu'à l'Empereur, et tous désireux de se distinguer, peut-être même au détriment d'un voisin. Il tardait à chacun d'eux de se trouver possesseur d'un bâton.

Voilà notre ami Decaen nommé commandant d'un corps d'armée ; c'est un bon choix qui commence à compenser les mauvais.

Je t'envoie la réponse de l'Empereur ; il ferait bien de m'appeler, surtout si, par suite de nouveaux insuccès que je ne prévois qu'en frémissant, la France était envahie. J'irais volontiers, avec quelques bataillons et les populations en armes, me jeter sur les derrières des armées prussiennes, détruire leurs arrière-garde et menacer au loin leurs lignes de retraite. Infatigable, malgré mon âge, je marcherais jour et nuit pour désarmer ou tuer nos envahisseurs.

NOMINATION AU COMMANDEMENT DU 5ᵉ CORPS D'ARMÉE.

Loin de calmer le général de Wimpffen et de lui inspirer une résignation égoïste, nos premiers désastres rallumèrent donc son ardeur ; il la manifesta avec plus d'insistance au comte de Palikao, quand celui-ci fut nommé ministre de la guerre, et, enfin, le 23 août, à 8 h. 35 du soir, il reçut, par dépêche télégraphique, la nomination suivante :

Général, j'ai l'honneur de vous informer que, par décision impériale du 23 août, vous êtes nommé au commandement du 5e corps d'armée.

Le ministre secrétaire d'État de la guerre.
Comte DE PALIKAO.

Immédiatement, le général de Wimpffen fit ses préparatifs de départ pour s'embarquer, dès le lendemain 24 août, sur le premier paquebot en partance.

Dès que la nouvelle de sa nomination se fut répandue à Oran, il fut, de la part de la population, l'objet d'ovations chaleureuses qui s'adressaient autant à l'homme qu'au chef qui venait d'assurer la tranquillité de la province par ses opérations hardies dans le Sud. La chambre de commerce lui offrit un banquet qui fut aussitôt organisé que décidé, et dans lequel des discours patriotiques furent prononcés par des hommes de toutes les classes. On reconduisit le général à son hôtel ; toute la ville, sur son passage, le salua des plus vives acclamations. Cette manifestation était d'autant plus caractéristique que, précédemment, l'autorité militaire était, à Oran, en butte à une hostilité non déguisée.

Le 27 août, le général de Wimpffen était à Marseille ; le 28, il arrivait à Paris et se rendait sur-le-champ chez le ministre de la guerre.

ENTREVUE DU GÉNÉRAL DE WIMPFFEN AVEC LE COMTE DE PALIKAO, MINISTRE DE LA GUERRE; SA NOMINATION ÉVENTUELLE AU COMMANDEMENT DE L'ARMÉE DE MAC-MAHON.

Le comte de Palikao, occupé dans différentes commissions à l'Assemblée législative, ne put recevoir le général de Wimpffen qu'à midi ; il le retint à déjeuner avec sa famille. Avant, pendant et après le repas, le comte de Palikao exposa très sincèrement au général de Wimpffen l'état des choses ; il lui fit part des déplorables tergiversations du maréchal de Mac-Mahon ; il ne dissimula pas la crainte vive qu'il avait de voir toutes les opérations compromises et le salut de la France menacé par les retards incompréhensibles que subissait la marche en avant de l'armée de Châlons ; il lui révéla enfin que le maréchal s'abandonnait avec une coupable complaisance aux suggestions de l'Empereur et de son entourage.

« Les dépêches du maréchal de Mac-Mahon, après Frœschwiller, disait le ministre, attestent un trouble extrême. »

Et il ajoutait :

J'ai trouvé tout ce qui concerne les services de la guerre dans le plus incroyable désarroi. Rien n'était suffisamment prêt pour parer au moindre revers. En dehors de l'armée régulière, aucune ressource n'était prévue pour augmenter les effectifs par un appel aux armes.

Puis, le comte de Palikao proposa au général de Wimpffen de renoncer au commandement du 5ᵉ corps pour se mettre à la tête du 14ᵉ corps en formation à Paris.

— Il est à craindre, dit-il, que le général Trochu se laisse trop égarer par la popularité dont il jouit ; il est possible même qu'il devienne un homme embarrassant ; si vous demeuriez, nous vous confierions sa place.

Le ministre ajouta que ce projet avait été discuté et résolu dans les conseils du gouvernement ; mais le général de Wimpffen accueillit par un refus catégorique ces singulières propositions, qui lui révélaient des intrigues et une politique de cour qu'il ne voulait servir à aucun prix. Il insista vivement pour être sans retard mis en possession du poste qui lui avait été affecté à l'armée du maréchal de Mac-Mahon.

En demandant à quitter l'Algérie, c'était la France que le général de Wimpffen avait l'ambition de servir et non les combinaisons ténébreuses de la politique impériale. Aussi, le comte de Palikao l'ayant entretenu de nouveau des indécisions du maréchal de Mac-Mahon, il lui dit :

— C'est une raison de plus pour m'envoyer à son armée ; j'y apporterai la hardiesse, la décision que vous voulez bien me reconnaître.

Le ministre de la guerre renonça alors à le faire changer de résolution ; il compléta les renseignements qu'il lui avait déjà donnés sur l'armée de Châlons, sur ses opérations, sur les forces de l'ennemi[1] et lui remit son ordre de service. Aussitôt,

1. Tous ces détails ont été confirmés par le comte de Palikao lui-même, dans le procès intenté par le général de Wimpffen à

le général de Wimpffen quitta le ministre et prit ses mesures pour partir.

Toutefois ses cantines étaient dépourvues d'objets de campement; ses chevaux ne devaient arriver d'Oran que le soir même à 10 heures. Le général de Wimpffen se décida, à grand regret, à passer la nuit à Paris.

Mais le lendemain, dès le matin, il se mit en route pour Rethel, sachant que l'armée de Châlons s'était dirigée sur ce point.

Il allait monter en wagon à la gare de l'Est, quand un aide de camp du ministre de la guerre lui apporta la lettre suivante, qui l'investissait éventuellement

M. Paul de Cassagnac. Voici, en effet, sa déposition écrite :
« Ne pouvant me rendre à la cour d'assises pour cause de maladie constatée, je déclare, comme je l'ai déjà écrit au général de Wimpffen sur sa demande, qu'avant son départ de Paris pour Sedan, je l'avais mis au courant de la situation des deux armées française et allemande, et que je l'avais renseigné sur tout ce qui aurait pu lui être nécessaire, s'il était obligé de prendre le commandement en chef de l'armée française, auquel l'appelait son rang d'ancienneté.
« Je crois lui avoir dit que l'armée allemande réunie pouvait être de 150 à 200 000 hommes, contre laquelle il aurait à lutter.

Paris, le 13 février 1875.

« Général comte DE PALIKAO. »

D'autre part, M. le baron Ducasse, chef d'escadron d'état-major en retraite, conseiller à la Cour des comptes, fit, dans le même débat, la déposition suivante :
« Je vis, le 28 août 1870, le général de Wimpffen à sa sortie du ministère de la Guerre. Il me dit en substance que le ministre se trouvait très inquiet de ce que la jonction des armées de Mac-Mahon et de Bazaine n'était point faite. Il en redoutait les conséquences, et le général lui-même m'a paru fort préoccupé. Il m'apprit qu'il se rendait de suite à l'armée, dont il

du commandement en chef de toute l'armée du maréchal de Mac-Mahon :

Mon cher général,

Dans le cas où il arriverait malheur au maréchal de Mac-Mahon, vous prendrez le commandement des troupes pla-

prendrait le commandement en cas d'accident survenant au maréchal. »

Enfin le général de Wimpffen lui-même précise tous ces détails dans la lettre suivante adressée au comte de Palikao :

« Paris, le 27 janvier 1875.

« Mon général,

« J'ai l'honneur de vous prier de vouloir bien constater par une lettre, si votre état de santé ne vous permet point de venir déposer en cour d'assises :

« 1º Que, le 28 août 1870, j'ai passé une partie de la journée avec vous et qu'alors vous m'avez donné, dans ses détails, tout ce qui concernait notre armée, ainsi que ses divers mouvements;

« 2º Que vous m'avez fait part des préoccupations que vous causait sa marche lente dans la direction de Metz;

« 3º Que vous m'avez décrit les forces et les positions connues des armées allemandes;

« 4º Que le moindre retard nouveau dans la marche en avant de l'armée du maréchal devait permettre aux troupes des princes de Prusse et de Saxe de se réunir pour opérer contre l'armée de Châlons;

« 5º Que, dans ce cas, nous pouvions avoir à lutter contre plus de 200 000 hommes et, par conséquent, dans des conditions à perdre une nouvelle bataille;

« 6º Que vous redoutiez ce désastre, n'ayant pas une autre armée à opposer à l'ennemi.

« Voilà, mon général, autant que je puis me le rappeler quelle a été notre conversation, et si je veux en avoir une relation, c'est que je compte en faire usage pour prouver que j'étais loin d'être aussi ignorant qu'on l'a prétendu, en ce qui concernait notre armée et celle de l'ennemi.

« Agréez, mon général, etc...

« Le général DE WIMPFFEN. »

Le comte de Palikao répondit affirmativement à ces questions, cées actuellement sous ses ordres. Je vous enverrai une lettre de service régularisant cette situation et dont vous ferez usage au besoin.

Recevez, mon cher général, l'expression de mes sentiments très distingués et très affectueux.

Comte de P<small>ALIKAO</small>.

Donc, si le commandement de l'armée de Châlons devenait vacant, le général de Wimpffen était appelé à succéder au maréchal de Mac-Mahon, par deux raisons péremptoires :

Par droit d'ancienneté et en vertu d'une lettre de service spéciale et formelle.

NOMBREUSES DIFFICULTÉS ÉPROUVÉES PAR LE GÉNÉRAL DE WIMPFFEN POUR REJOINDRE SON CORPS D'ARMÉE.

Le général de Wimpffen quitta Paris le 29 août, à 8 heures du matin ; il était accompagné d'un officier qu'il avait amené d'Afrique, le capitaine Daram, détaché auprès de lui en qualité d'officier d'ordonnance, et d'un jeune officier de la garde mobile, le marquis de Laizer, auditeur au conseil d'État, qui était venu, la veille, lui offrir ses services.

A Soissons, le train s'arrêtant quelques instants, le général de Wimpffen, préoccupé d'exalter le patriotisme par tous les moyens, écrivit à la hâte sur le bureau du télégraphe une proclamation aux habitants du département de l'Aisne dans lequel il est né.

<small>comme l'atteste le début même de sa déclaration devant la cour d'assises de la Seine, reproduite plus haut ; mais sa lettre a été égarée.</small>

Cette proclamation, qu'il envoya aux autorités, fut affichée et reproduite par plusieurs journaux. La voici :

Habitants du département de l'Aisne !

Un de vos enfants arrivé hier à Paris, venant du fond de l'Algérie, ne s'accorde même pas la satisfaction de voir sa famille avant d'aller à l'ennemi.

Il se rappelle au souvenir des siens et au vôtre, et vous engage à vous montrer les dignes descendants de ceux qui, en 1814 et 1815, se joignaient à nos soldats pour combattre l'invasion. L'ennemi ne pourra, je l'espère, arriver jusqu'à vous avec les masses qui ont envahi les provinces de l'Est ; mais des fractions de corps, quelques cavaliers peuvent venir insulter vos villes et vos villages. C'est à vous à les repousser et à leur faire payer cher leur audace. Que chaque haie, que chaque fossé, que chaque maison soient utilisés pour votre défense.

Aux armes, braves habitants de mon département, et prouvez que partout les envahisseurs de la France seront certains de trouver d'énergiques adversaires !

Le général de Wimpffen arriva à Reims vers le milieu du jour et apprit que des coureurs ennemis se montraient dans les environs ; il était donc fort isolé avec ses deux officiers, et il s'exposait, en continuant sa route ainsi, à se faire enlever par les éclaireurs allemands. Aussi, avisant un détachement de vingt-cinq cavaliers commandés par le lieutenant Desgrandchamps, du 6ᵉ régiment de hussards qui se rendait à Paris, il donna à ce dernier l'ordre formel de le suivre avec sa troupe.

A la station de Buzancourt, à quelques lieues au

delà de Reims, le général et son escorte aperçurent un certain nombre d'hommes, de femmes et d'enfants qui fuyaient ; les villages, à droite de la voie ferrée, étaient, disaient-ils, pillés et incendiés. Le mécanicien, fort ému par ces récits, hésitait à poursuivre sa route ; pour l'encourager, il fallut placer deux hommes armés près de lui.

Plus loin, à Rethel, les habitants étaient anxieux ; ils venaient d'apprendre que la voie ferrée avait été coupée par l'ennemi dans le voisinage de Faux, à quelques kilomètres du nord de la ville.

Fort perplexe, le général de Wimpffen dut envoyer l'officier de hussards et huit de ses hommes faire une reconnaissance en wagon sur ce village ; ils revinrent bientôt attester le départ de l'escadron allemand, qui s'était posté dans le village pendant la matinée ; seuls, trois cavaliers ennemis étaient restés.

Alors le général de Wimpffen s'efforça de rassurer la population, et quelques habitants vinrent lui demander des armes pour se défendre contre les maraudeurs. Le sous-préfet avait refusé de leur distribuer une centaine de fusils cachés dans son hôtel, et le maire avait fait publier, au son du tambour, une proclamation par laquelle il engageait « ses chers administrés à *bien recevoir* l'ennemi ».

Ce dernier était si rapproché, qu'au moment où le général de Wimpffen allait se mettre à table, on annonça l'arrivée de quelques uhlans. Les hussards montèrent à cheval de nouveau ; aidés des habitants, ils mirent en fuite cinq cavaliers allemands qui s'étaient approchés de la ville pour s'informer s'il y avait à Rethel des troupes françaises. Le général de

Wimpffen risquait donc, dès ses premiers pas, et avant même d'avoir rejoint l'armée, d'être enlevé par quelque parti, s'il n'avait pas eu l'énergie de requérir à Reims une escorte pour l'accompagner. Grâce à celle-ci, ne pouvant aller jusqu'à Mézières en chemin de fer, il résolut de faire à cheval le reste de la route, environ 40 kilomètres ; il lui fallait pour cela une voiture destinée au transport des bagages. Il dut presque employer la force pour l'obtenir d'un aubergiste, le sous-préfet et le maire n'ayant pu lui en procurer; il dut même signer une pièce constatant son acte d'autorité, afin qu'en cas d'accident au cheval ou à la voiture, le propriétaire pût avoir recours contre lui. Les Prussiens éprouvaient moins de difficultés pour leurs réquisitions !

Le général de Wimpffen partit pour Mézières le 29 août, à 7 heures du soir; en voyageant la nuit, il pensait éviter plus sûrement les batteurs d'estrade ; mais il avait à peine parcouru quelques kilomètres que, à l'entrée d'un bois que traverse la route de Rethel à Mézières, près du village de Signy-l'Abbaye, il reçut successivement deux décharges de coups de fusils tirés à portée. Des braconniers s'étaient embusqués dans le bois pour tuer les coureurs allemands, et avaient, dans l'obscurité de la nuit, pris son détachement pour une troupe prussienne.

Les hussards de l'avant-garde, qui n'avaient jamais vu le feu, revinrent à fond de train sur le général de Wimpffen qu'ils culbutèrent dans le fossé de la route avec son cheval. Lorsqu'il se fut dégagé, il donna à haute voix ses instructions aux deux cavaliers qui devaient ouvrir la marche et leur indiqua la conduite à tenir dans le cas d'une nouvelle fusillade ; ces ordres furent entendus par les braconniers qui comprirent leur erreur.

Alors on franchit le bois sans encombre, au grand trot, et on se rendit chez le maire pour obtenir des renseignements sur la position de l'armée, s'il en possédait.

Ce magistrat, vieillard énergique, informé de l'aventure de la forêt, déclara qu'il était le véritable coupable. Ayant assisté déjà aux invasions de 1814 et 1815, il pensait que les habitants des villages et des villes pouvaient très efficacement aider l'armée dans la défense du pays, et il avait lui-même organisé une troupe de braconniers pour arrêter les coureurs ennemis.

Le général de Wimpffen serra sympathiquement la main de ce courageux patriote et lui adressa les plus chaleureuses félicitations, d'autant plus méritées que son action l'exposait à voir dévaster et incendier une admirable propriété.

Le général de Wimpffen quitta Signy-l'Abbaye le 30 août, à 5 heures du matin, sans avoir recueilli aucune nouvelle de l'armée ; il atteignit Mézières ; il se rendit à la gare et demanda qu'on mît sur-le-champ à sa disposition un train spécial pour son escorte et pour un certain nombre de militaires qu'il rassembla. A ce moment, en outre, il s'attacha un jeune et vaillant capitaine, le comte d'Ollone, du 12° régiment de chasseurs à cheval, qui, après avoir fait sommairement panser une grave blessure au visage reçue la veille à Buzancy, demandait à retourner sur le champ de bataille.

Tandis que le train se formait, le général qui commandait à Mézières, l'intendant et le préfet, vinrent s'entretenir avec le général de Wimpffen : le premier, de l'état de la place ; le second, de la situation des vivres, en quantité suffisante, disait-il, pour satisfaire pendant plusieurs jours aux besoins de l'armée de Châlons. Quant au préfet, auquel le général de Wimpffen raconta les incidents de sa route, il déclara que l'honorable maire de Signy-l'Abbaye était un brouillon, un téméraire, un songe-creux, tandis que les autorités de Rethel étaient, au contraire, de parfaits fonctionnaires qui avaient le mérite de ne causer aucun tracas à son administration.

En revanche, ni le commandant de place, ni le préfet, ni qui que ce fût, ne put donner au général de Wimpffen la moindre indication sur l'armée française. C'est un peu à l'aventure qu'il marcha vers Sedan avec le train spécial qu'il avait requis.

ARRIVÉE DU GÉNÉRAL DE WIMPFFEN A L'ARMÉE DE SEDAN.

Dans sa route, le train dépassa Sedan ; mais à Bazeilles, le mécanicien déclara qu'il était impossible d'aller plus loin. Le général de Wimpffen monta à cheval avec sa suite et se porta aussitôt vers le sud ouest.

Il ne tarda pas à apercevoir sur sa gauche, du côté de Remilly, des troupes françaises ; mais ne rencontrant parmi elles personne qui pût lui indiquer où se trouvait le duc de Magenta, il se dirigea vers Douzy et s'arrêta un instant dans ce village.

Là, enfin, il apprit que le maréchal avait dû déjeuner à Mouzon; il s'empressa de prendre la route de cette localité, d'autant plus volontiers que, de ce côté, on commençait à entendre le canon, et même, à mesure qu'on se rapprochait, une vive fusillade. Le général de Wimpffen traversa Mairy, et il arriva à Amblimont; il était environ 4 heures lorsqu'il atteignit ce village, où il eut le douloureux spectacle d'une déroute complète de plusieurs régiments, appartenant au 5ᵉ corps, que le général de Failly venait de laisser surprendre à Beaumont.

Le général de Wimpffen se hâta de descendre dans la plaine et de la parcourir pour interpeller ces fuyards; il se fit difficilement comprendre d'eux; en vain il leur criait:

— Malheureux, arrêtez-vous! Regardez! personne ne vous poursuit. Écoutez! le canon de l'ennemi est encore loin; vous n'avez rien à redouter.

Dans leur course haletante, ils n'entendaient même pas et ne respectaient plus la voix des chefs. Cependant le général de Wimpffen réussit à en arrêter quelques-uns; puis, rencontrant le général Conseil-Dumesnil, il l'engagea à prendre des positions favorables en avant d'Amblimont avec un régiment qu'il était parvenu à rallier, afin de protéger les hommes dévoyés qui continuaient à affluer. En même temps, bien que pour donner des ordres à ces troupes désorganisées, il n'eût encore d'autre titre que son grade de général de division, il n'hésita pas à adresser de sévères observations à plusieurs membres de l'intendance, indécis sur la marche qu'ils devaient assigner à leurs convois et qui ralentissaient tous les mouvements.

Des voitures de bagages, émanées de tous les corps d'armée, commençaient à s'agglomérer sur la route. Le général de Wimpffen donna l'ordre à des gendarmes de les faire écouler le plus rapidement possible. Tandis qu'il s'occupait ainsi à mettre un peu d'ordre au milieu de cette indescriptible confusion, des équipages de la maison de l'Empereur arrivèrent, prétendant que tout le monde devait s'écarter pour leur livrer passage. Il fallut que le général de Wimpffen leur intimât l'ordre formel de profiter de l'excellence de leurs attelages pour s'éloigner au plus vite par un chemin de traverse.

Il reconnut ensuite lui-même, en avant du village de Mairy, une forte position défensive sur laquelle il dirigea tous les hommes isolés, et il ne tarda pas à avoir là, sous son commandement, le 27e de ligne du 5e corps, le 99e du 7e, le 58e du 12e, et quelques régiments de cavalerie de la division Ameil, du 7e corps. En outre, quelques centaines d'hommes, appartenant à divers régiments du 1er corps et commandés par un officier d'administration, se joignirent à ces troupes. Tous ces malheureux étaient épuisés; ils mouraient de faim, nulle distribution de vivres n'ayant été faite dans la journée; ils demandaient à grands cris du pain, et, pour les apaiser, il fallut prendre sur les voitures quelques caisses de biscuits dont on leur distribua le contenu. Ces régiments épars, cette agglomération de soldats provenant de quatre corps d'armée distincts, cette absence de tout service d'intendance donnent exactement la triste physionomie du désordre qui régnait dans l'armée du maréchal de Mac-Mahon, le 30 août, à la suite de l'affaire de Beaumont.

Le général de Wimpffen tenta de faire parvenir plusieurs billets au maréchal pour l'informer de cette situation, pour le prévenir de son arrivée et pour lui apprendre qu'ayant pu rallier quelques milliers d'hommes, il était en position à leur tête ; ce fut de la sorte qu'il établit ses communications avec le quartier général, car, vers 9 heures, il reçut l'ordre d'opérer sa retraite sur Sedan.

Il éprouva les plus grandes difficultés pour atteindre cette ville avec ses troupes ; la route était encombrée de voitures ; la cavalerie et l'artillerie principalement se trouvaient arrêtées à chaque pas ; aussi, ce soir-là, plusieurs régiments de cavalerie s'en allèrent inconsciemment à Mézières ou en Belgique, en prenant de fausses directions pour se soustraire aux embarras de la grande route.

Dans ces conditions, le général de Wimpffen, fort occupé à guider le petit corps qu'il avait formé, ne prit aucun souci de ses bagages qui furent enlevés par l'ennemi avec deux de ses chevaux. Il était si ému par le désolant spectacle dont il était le témoin, il voyait poindre si clairement la menace de plus graves désastres, qu'il n'accorda aucune attention à cet incident personnel.

Une heure du matin sonnait lorsqu'il pénétra dans Sedan. Il ne pouvait à pareille heure tenter de voir le maréchal ; il chercha un gîte dans les hôtels qui regorgaient d'habitants, et obtint par faveur, à la Croix-d'Or, une chambre pour cinq personnes, avec des matelas par terre. Dès 6 heures, il était debout et se rendait au faubourg de Balan par où revenaient les troupes qui avaient marché toute la nuit, espérant trouver les divisions du 5e corps ; il rencontra plusieurs fractions de ce corps d'armée auxquelles il indiqua des points de concentration, et, pour la première fois, il se mit en rapport avec son futur chef d'état-major, le général Besson.

A 9 heures, il rentra en ville, se rendit au quartier général et se présenta au maréchal de Mac-Mahon qui le reçut avec une froideur manifeste. Le maréchal allait monter à cheval ; le général de Wimpffen put à peine lui demander de le mettre à l'ordre pour lui permettre de prendre régulièrement le commandement du 5e corps.

Le général attendit vainement cet ordre jusqu'à 1 heure de l'après-midi ; alors il se rendit aux cantonnements de son corps d'armée qui occupait des positions en dehors des remparts. Il parcourut le camp en parlant aux hommes, en se faisant reconnaître par les officiers ; il prit ensuite des mesures pour assurer à la troupe quelques jours de vivres. Il achevait cette sorte de revue superficielle lorsqu'il rencontra le général de Failly auquel il dut faire connaître lui-même qu'il était appelé à le remplacer.

ENTREVUE DU GÉNÉRAL DE WIMPFFEN AVEC L'EMPEREUR ET AVEC LE MARÉCHAL DE MAC-MAHON ; RAISONS POUR LESQUELLES LE GÉNÉRAL DE WIMPFFEN N'A PAS DONNÉ COMMUNICATION DE SA LETTRE DE COMMANDEMENT.

Au retour de son exploration sur le plateau que le 5e corps occupait au Vieux-Camp, le général de

Wimpffen se présenta à l'Empereur qui lui prit les mains, et, les larmes aux yeux, lui dit :

— Général, expliquez-moi pourquoi nous sommes toujours battus et ce qui a pu amener la désastreuse affaire de Beaumont?

— Sire, répondit le général de Wimpffen, je suppose que les corps d'armée qui sont en présence de l'ennemi étaient trop éloignés les uns des autres pour se prêter un mutuel appui, que les ordres ont été mal donnés ou mal exécutés.

— Hélas! nous sommes bien malheureux! s'écria l'Empereur qui paraissait consterné et que la maladie commençait d'ailleurs à abattre.

Le général de Wimpffen, au cours de cette entrevue, demanda pour quelle cause on l'avait appelé si tard.

— On m'a déclaré, répondit l'Empereur, que vous étiez nécessaire à la tranquillité de l'Algérie.

— C'est une raison qui me fait honneur, dit le général de Wimpffen; mais était-il sage de sacrifier le tout à la partie, la France à l'Algérie? Vous n'aviez pas trop de tous vos anciens généraux, Sire, pour la lutte formidable que vous avez engagée.

— C'est vrai; mais le maréchal de Mac-Mahon a insisté pour que vous demeuriez en Algérie.

— Je regrette, Sire, d'arriver après tant de désastres; mais vous pouvez être assuré que je mettrai, pour ma part, tout ce que je possède d'énergie et de savoir à les réparer, si cela est possible.

— Je sais que je puis compter sur vous.

Il ne fut échangé dans cette entrevue aucun autre propos digne d'être rappelé; quand elle fut terminée, vers 4 heures, le général de Wimpffen se rendit chez le maréchal qui le faisait chercher pour lui demander d'envoyer au général Douay, du 7ᵉ corps, le général d'Abadie, et la brigade que ce dernier avait sous ses ordres; cette mesure réduisait exagérément l'effectif du 5ᵉ corps, d'ailleurs condamné désormais au rôle de réserve.

Dans cette dernière entrevue, de même que dans l'entretien que le général de Wimpffen venait d'avoir avec l'Empereur, il ne fut question d'aucun plan de bataille quelconque; en outre, le général de Wimpffen ne donna, ni à l'un ni à l'autre de ses interlocuteurs, communication de la lettre de service que le ministre de la guerre lui avait fait remettre, à son départ de Paris, et qui l'autorisait à prendre le commandement en chef de l'armée de Châlons, dans le cas où il deviendrait vacant. Cet acte a été vivement reproché au général de Wimpffen par quelques écrivains mal éclairés; il est cependant conforme aux usages militaires, à ce point que le rapport du conseil d'enquête sur la capitulation de Sedan ne songe pas à en faire grief au général de Wimpffen, bien qu'il pousse la partialité jusqu'à le représenter, pour ainsi dire, comme l'auteur du désastre du 1ᵉʳ septembre 1870.

Plusieurs raisons décisives ont en effet déterminé le général de Wimpffen, le 31 août, à ne pas entretenir l'Empereur et le maréchal de sa lettre de commandement.

Au premier rang de ces raisons, il faut placer les traditions, sinon les règlements militaires, et les usages établis dans l'armée et dans la marine; les convenances seules, d'ailleurs, exigent qu'un subordonné ne se recommande des lettres de service dont il est porteur que quand les circonstances lui font un devoir de réclamer l'autorité qu'elles lui confèrent. Tout autre procédé serait inévitablement la source de conflits entre le commandant en chef et son successeur putatif qui, sans avoir encore la responsabilité du commandement, pourrait influer sur les résolutions. D'un autre côté, le général de Wimpffen avait la conviction que l'Empereur et le maréchal de Mac-Mahon étaient eux-mêmes directement informés par le ministre de la guerre de la nomination conditionnelle dont il avait été l'objet; sa dignité ne lui permettait donc pas de les entretenir de celle-ci lorsqu'ils gardaient le silence. Enfin, le général de Wimpffen savait combien il était mal en cour; on le lui avait assez rappelé, au début de la guerre; il n'ignorait pas non plus la sourde animosité du maréchal de Mac-Mahon contre lui; les paroles même de l'Empereur la lui auraient révélée, s'il l'eût méconnue.

Pour toutes ces causes, il se fit même scrupule de songer à une éventualité qui pouvait fort bien ne pas se produire et d'ajouter, dans l'esprit des chefs, aux graves préoccupations de l'heure présente. Uniquement tourmenté par les intérêts de la France qu'il voyait si terriblement compromis, le général de Wimpffen n'avait d'autre ambition que de faire son devoir de soldat, et si les raisons majeures qui viennent d'être énumérées ne lui eussent pas prescrit le silence sur la décision du ministre de la guerre, il l'aurait gardé, pour éviter des rivalités, criminelles en un pareil moment.

Le général de Wimpffen était d'autant mieux autorisé à agir comme il l'a fait que, si la prudence ou les événements inspiraient au maréchal de Mac-Mahon la pensée de communiquer ses combinaisons stratégiques à l'un de ses lieutenants, il était le premier appelé à recevoir une pareille confidence; car, par le fait de son ancienneté, en cas de vacance, le commandement lui revenait de droit, comme le prescrit l'article 3 du paragraphe 1er de l'ordonnance sur le service des armées en campagne du 3 mai 1832, article ainsi conçu :

En cas de mort, de rappel, de démission ou d'absence temporaire, tout titulaire d'un commandement est provisoirement remplacé par l'officier le plus ancien dans le plus élevé des grades que comprend ce commandement.

Il n'y a donc eu dans la réserve du général de Wimpffen aucune dissimulation comme on s'est plu à l'écrire ; elle ne peut donner lieu à aucune équivoque.

D'ailleurs, cet épisode, sur lequel les écrivains dévoués à l'Empire ont exagérément insisté, n'a pas eu sur le résultat final de la journée l'influence qu'ils lui ont attribuée; cette nouvelle allégation est aussi gratuite et mal fondée que la précédente.

En effet, même dans le cas où M. de Wimpffen aurait communiqué au maréchal de Mac-Mahon sa lettre de commandement, il eût été abandonné à ses propres inspirations dans les péripéties de la lutte; le maréchal de Mac-Mahon n'avait aucun plan de bataille arrêté; il ne pouvait en communiquer aucun, et il a transmis le commandement au général Ducrot, après sa blessure, sans lui donner ni une indication ni un conseil.

La seule faute que le général de Wimpffen ait commise, celle qu'il a toujours confessée, celle qui constitue seule sa responsabilité devant la France et devant l'histoire, c'est de n'avoir pas, dès le matin du 1er septembre, aussitôt que le maréchal de Mac-Mahon fut mis hors de combat, usé de sa lettre de commandement, et pris la direction générale de la bataille au lieu de la laisser, par abnégation patriotique, au général Ducrot, à qui le maréchal la conféra, contrairement au droit et aux règlements militaires.

Quoi qu'il en soit, le général de Wimpffen n'a de responsabilité dans les événements de Sedan qu'à partir du 1er septembre à 8 heures et demie du matin, heure à laquelle il a pris le commandement dans des conditions qu'il n'avait pas fait naître et qui étaient, dès ce moment, de nature à assurer la victoire à l'ennemi et à transformer simplement notre défense en une lutte désespérée.

Jusque-là, le général de Wimpffen n'a été qu'un simple général de division; il n'a eu aucune participation quelconque à aucun des événements antérieurs, et on ne peut, sans une audacieuse injustice, lui imputer des désastres qui ont été préparés par d'autres.

C'est ce que le général de Palikao lui-même a fort bien précisé dans une lettre écrite avec toute la sincérité des impressions du moment, alors qu'aucune préoccupation politique ne l'égarait, et qui est ainsi conçue :

Spa, hôtel d'Irlande, 29 septembre 1870.

Mon cher général,

J'ai quitté ce matin Namur pour venir m'installer provisoirement à Spa avec ma famille.

M. Corre, président du tribunal de commerce d'Oran, m'a remis votre lettre et les pièces qui l'accompagnaient. *Inutile de vous dire que vous n'avez rien à justifier à mes yeux; que la fatalité qui a présidé à tout ce qui s'est passé vous a frappé comme tout le monde, et que votre dévouement ne pouvait rien sauver; il était trop tard. Toutes mes combinaisons ont échoué devant l'indécision qui a tout perdu, indécision dont les causes me sont connues.* Je causerai avec vous de tout cela dans des temps plus heureux, s'il peut encore en exister pour notre patrie.

En attendant, mon cher général, il faut supporter nos maux avec résignation et avec courage, et moi, avec le regret de vous avoir appelé à une position que j'espérais pouvoir vous être utile par les services que vous y auriez rendus, s'il n'eût été trop tard.

J'avais compté avec raison sur votre énergie et vos talents militaires; les circonstances ne vous ont pas permis d'en faire usage; mais l'histoire vous tiendra compte de vos efforts et aura des jugements sévères pour tous ceux qui ont amené cette douloureuse catastrophe.

Adieu, mon cher général, comptez toujours sur moi en toute circonstance, et écrivez-moi quand vous en aurez le loisir. Ma famille entière, qui m'accompagne, me charge de ses compliments pour vous, et moi, je vous renouvelle l'assurance de mes sentiments affectueux.

Tout à vous,

Général comte DE PALIKAO.

Pour faire remonter jusqu'à leurs véritables auteurs la responsabilité des événements de Sedan, il importe donc tout d'abord de déterminer comment, par qui, pourquoi, la dernière armée française que l'Empire ait su mettre debout a été conduite sur ce champ de bataille sans issue.

CHAPITRE II

PRÉLIMINAIRES DE LA BATAILLE DE SEDAN

Causes générales de nos désastres. — Responsabilité particulière du maréchal de Mac-Mahon; ses fautes militaires. — Wissembourg. — Reischoffen. — Retraite sur le camp de Châlons. — Formation de l'armée de Châlons. — Plan des opérations proposées par le maréchal de Mac-Mahon et par le général de Palikao pour l'armée de Châlons. — Conseil de guerre du 17 août. — Conseil de guerre du 21 août. — Brusques revirements d'opinion du maréchal de Mac-Mahon. — Marche de l'armée de Châlons sur Montmédy. — Marche de la IIIe armée allemande et de l'armée de la Meuse contre l'armée de Châlons. — Bataille de Beaumont. — Combat de Mouzon. — Marche de l'armée française dans la journée du 30 août. — Situation des armées française et allemande dans la journée et à la fin du 31 août.

CAUSES GÉNÉRALES DE NOS DÉSASTRES

Certes! Les plus graves responsabilités dans les événements de 1870, si déplorables pour la France, incombent surtout à l'Empire, à ce gouvernement sourd à tous les avertissements, à ce ministère dont l'insouciance n'avait d'égale que la jactance, à tous ceux qui ont osé prendre l'initiative d'une guerre aussi grave, sans s'être assurés de l'état de nos ressources militaires, encore moins de l'état des ressources de l'ennemi, sans observer qu'ils appelaient celui-ci sur le flanc le plus vulnérable, sur la frontière la plus ouverte, sur la ligne de défense la plus fragile. Les crimes commis contre la patrie par tous ces prétendus hommes politiques ne pourraient trouver d'excuse que dans la folie; car c'est un véritable acte de démence qu'ils ont accompli, en déclarant la guerre dans les conditions où la France se trouvait par rapport à l'antagoniste qu'elle provoquait.

Depuis longtemps aucun progrès sérieux n'avait été opéré dans l'armement de nos troupes, surtout dans l'artillerie; nul ministre de la guerre n'avait songé qu'un nouveau système de bataille pouvait résulter de l'application de l'industrie moderne à l'art de la guerre et du perfectionnement des diverses machines à tuer dont l'homme fait usage. On avait encore en France cette illusion que le courage supplée à toutes les infériorités, et que des charges à la baïonnette suffiraient pour stériliser les effets de l'artillerie à longue portée. Quant aux arsenaux, ils manquaient de munitions et même des objets les plus nécessaires aux armées en campagne. Enfin la loi de 1855, qui rendait l'exonération du service militaire facultative, avait donné à l'armée la plus mauvaise constitution : les rangs étaient encombrés de gens sans état, sans instruction, sans valeur propre; de vieux sous-officiers remplissaient éternellement les cadres et les jeunes hommes distingués qui se fourvoyaient dans l'armée, avec l'espoir de trouver une carrière honorable, étaient bientôt découragés et recouraient à tous les moyens pour rentrer dans la vie civile. Toute la partie éclairée, libérale, laborieuse, du pays, éprouvait de moins en moins d'attraits pour la vie militaire, et la sécurité de la nation finit de la sorte par être confiée à ses éléments les plus défectueux; des sommes énormes dépensées pour améliorer une semblable situation n'avaient produit qu'un médiocre résultat, et, en 1870, l'armée française était, à tous égards, au-dessous de la plupart des autres grandes armées européennes.

Pendant la même période de temps, la Prusse surtout avait organisé fortement une admirable armée nationale, disciplinée, instruite, préparée, non pour la caserne, mais pour la guerre, entraînée par un exercice quotidien à toutes les manœuvres de campagne, commandée par des officiers capables, parlant la langue française et connaissant, mieux que nous-mêmes, la topographie de notre pays, divisée en corps agrégés toujours prêts à entrer en marche, dirigée enfin par des généraux qui ne devaient leurs grades qu'à leur supériorité, par un savant état-major et par un généralissime, homme de tête auquel une longue expérience avait permis de faire de la guerre un véritable art scientifique. Mais, par-dessus tout, l'armée prussienne, avec une prévoyance merveilleuse, avait été façonnée au nouveau mode de guerre que ce siècle permet d'inaugurer; sa cavalerie était préparée à des reconnaissances audacieuses et exercée non plus à renverser des bataillons carrés, mais à éclairer les chefs sur les positions occupées par l'ennemi aux distances les plus éloignées; son infanterie n'était point embarrassée de vains et lourds objets de campement; la marche à travers bois, le service de cantonnement dans les villages lui étaient devenus familiers; son artillerie enfin, pourvue de canons perfectionnés, était propre à jouer le rôle principal dans les batailles, et à transformer les anciennes luttes d'hommes à hommes en gigantesques combats de machines.

En un mot, tandis qu'en France tout était abandonné au hasard, en Prusse, tout était soumis au calcul, à l'habileté, à la science.

Le gouvernement impérial et ses agents étaient demeurés paupières closes, devant le formidable développement de cette nouvelle puissance militaire; quelques observateurs sagaces le leur avaient en vain signalé; les lugubres éclairs de 1870 ne paraissent même pas avoir encore fait la lumière dans leurs esprits; ils s'efforcent toujours de rejeter sur autrui, notamment sur des difficultés administratives et sur le mauvais vouloir des Chambres, les fautes écrasantes dont ils se sont rendus coupables.

Cependant, comme si tous les éléments d'infériorité, toutes les causes profondes de défaite que nous venons de signaler n'eussent point suffi, on ajouta encore à la faiblesse de la France en faisant le plus détestable emploi des ressources dont elle pouvait disposer. De basses rivalités, des jalousies puériles, influèrent sur l'attribution des grands commandements. L'Empereur, d'abord, avait décidé qu'on ne constituerait que deux armées : l'une, sous la direction du maréchal de Mac-Mahon, l'autre, sous la direction du maréchal Bazaine, subordonnés, il est vrai, aux inspirations souveraines de l'Empereur lui-même et de son chef d'état-major, le maréchal Lebœuf. Une pareille organisation avait, du moins, le mérite de concentrer entre les mains des deux maréchaux un ensemble de forces qui leur aurait permis de parer utilement aux plus sérieuses éventualités ; mais elle mettait en sous-ordre tous les aides de camp, tous les favoris, tous les courtisans, qui se croyaient réellement aptes à de grandes fonctions sur le champ de bataille, parce qu'ils avaient obtenu par la flatterie des distinctions correspondant à ces fonctions. Ils déclarèrent à l'envi qu'ils ne voulaient relever que de leur souverain, seul capable, d'après eux, de diriger les opérations de la guerre et celui-ci, d'ailleurs rempli d'une vaniteuse confiance en lui-même, consentit à isoler tous les corps d'armée, et à les disséminer de Belfort à Sarrebruck, sur près de 100 lieues de frontière. Tandis que les deux principales armées allemandes se massaient à notre insu près de Trèves et de Wissembourg, les corps qui formaient en France l'armée du Rhin étaient répartis de la manière suivante :

Le 1er corps (de Mac-Mahon) était autour de Strasbourg ; le 2e corps (Frossard) occupait la frontière entre Sarrebruck et Forbach ; le 3e corps (Bazaine) était à Metz ; le 4e corps (de Ladmirault) aux environs de Metz ; le 5e corps (de Failly) occupait Sarreguemines et Bitche ; le 6e corps (Canrobert) était en formation au camp de Châlons ; le 7e corps (Félix Douay) s'organisait en avant de Belfort. Tous ces corps étaient isolés, sans cohésion, sans solidarité ; ils n'avaient pas la possibilité de se prêter un mutuel appui, et ils n'étaient unis par aucun autre lien commun qu'un quartier général éloigné, mal renseigné, et impropre à leur donner non seulement des ordres, mais même d'utiles conseils ; c'était, à vrai dire, l'anarchie dans le commandement, sous une trompeuse apparence d'unité.

Dans ces circonstances, toutes propres à livrer les portes de la France sans défense sérieuse à l'ennemi, l'invasion rapide de celui-ci ne pouvait être évitée, et les succès foudroyants qu'il a remportés, dès le début de ses opérations, étaient préparés, comme à plaisir.

Donc, c'est surtout à ceux qui ont déclaré la guerre et qui l'ont engagée avec une si exceptionnelle incapacité que doivent s'adresser primitivement l'opprobre, les imprécations, et les haines patriotiques ; ils ont la plus grande part de responsabilité dans les désastreux événements de cette année maudite qui, pour le malheur de la civilisation, a momentanément placé la France au second rang parmi les nations européennes. Mais, à côté de ces responsabilités générales, il existe des responsabilités partielles, non moins lourdes, que l'histoire a le devoir de ne pas négliger.

Au premier rang des hommes qui doivent porter le poids de ces dernières, se trouve le maréchal de Mac-Mahon, exécuteur complaisant des mauvais desseins de ses maîtres, et qui, par ses faiblesses, par sa courtisanerie, par son absence de civisme et de conscience des intérêts majeurs du pays, a été non moins funeste à la France.

RESPONSABILITÉ PARTICULIÈRE DU MARÉCHAL DE MAC-MAHON ; SES FAUTES MILITAIRES.

Grâce à un honorable sentiment de réserve patriotique, le maréchal de Mac-Mahon a longtemps échappé aux critiques des historiens français ; mais aucun scrupule ne peut aujourd'hui empêcher ceux qui jugent froidement les hommes de 1870, de ruiner la légende de ce prétendu héros qui n'a dû le privilège d'être considéré comme une gloire militaire intacte, parmi toutes celles que la guerre de 1870 a dissipées, qu'à la bonne fortune d'une blessure qui l'a mis dans l'impossibilité de signer l'attestation d'une défaite et une capitulation que, cependant, son incapacité et sa servilité politique seules avaient rendues inévitables.

En réalité, si cette incapacité militaire du maréchal de Mac-Mahon s'est plus particulièrement manifestée dans les opérations de 1870, elle n'est pas accidentelle dans sa carrière. D'une bravoure intrépide, poussée souvent jusqu'à la témérité, le maréchal de Mac-Mahon n'a jamais été qu'un très médiocre chef de corps ; c'est principalement à des actes d'éclat et à de puissantes relations qu'il doit les hautes positions qu'il a conquises, et, dans toutes les circonstances difficiles où il a été placé, il n'a jamais fait preuve que d'une intelligence moyenne.

A sa sortie de l'école d'état-major, le maréchal de Mac-Mahon se distingua surtout dans l'armée comme membre du Jockey-Club et comme brillant cavalier ; puis il eut la faveur d'être attaché, au moment de la conquête de l'Algérie, à l'état-major des princes d'Orléans, ce qui lui permit de nouer des rapports étroits avec la cour et d'arriver rapidement aux grades supérieurs, justifiés pour lui, il est vrai, par des actes de grand courage, accomplis dans plus de vingt combats. C'est ainsi du moins que le maréchal de Mac-Mahon fut pourvu du commandement de la province de Constantine, fonction pour laquelle il n'avait aucune aptitude et dans laquelle il mit principalement sa gloire à rivaliser, comme écuyer, avec les cavaliers arabes, dans des courses rapides au travers de son département.

On terminait la laborieuse et sanglante guerre de Crimée lorsqu'il fut appelé à prendre, en qualité de général de division, un commandement que venait de quitter Canrobert. Il était à peine depuis huit jours dans cette fonction, quand il fut chargé de l'assaut de Malakoff; il conduisit cette opération avec une grande vigueur, avec héroïsme même, et il eut l'heureuse chance de déterminer la chute depuis longtemps préparée de la position qui devait nous assurer la prise de Sébastopol.

La situation qui lui fut faite à la suite de ce fait d'armes lui attribua, de droit, un commandement dans la guerre d'Italie. Il commit, dans cette guerre, les fautes les plus graves et commença à donner sa mesure comme commandant de corps d'armée.

Il laissa la division Lamotte-Rouge attaquer inconsidérément le village de Buffalora qu'elle enleva, mais où elle fut bientôt incapable de se maintenir. C'est seulement alors que le maréchal de Mac-Mahon s'aperçut qu'il était impuissant à la soutenir et qu'il ne pouvait opérer le mouvement tournant très important qu'il était chargé d'exécuter, parce qu'il avait éloigné la division Espinasse du champ de bataille par des instructions irréfléchies. Le maréchal de Mac-Mahon, affolé, se mit, avec quelques cavaliers, à la poursuite de cette division, et faillit se faire enlever par un escadron de uhlans autrichiens. Le temps d'arrêt que subit la bataille par suite du défaut de concours de cette division qui devait tourner les Autrichiens et menacer leur ligne de retraite, nous exposa très sérieusement à perdre la bataille; aussi, le maréchal Niel prétendait-il que si l'Empereur s'était accordé vingt-quatre heures pour apprécier ce qui s'était passé, au lieu de nommer le général de Mac-Mahon maréchal et duc de Magenta, il l'aurait traduit devant un conseil de guerre.

Le maréchal de Mac-Mahon fut néanmoins appelé ensuite au gouvernement général de l'Algérie, où il s'opposa avec une obstination si absurde à toute réforme progressive que la population lui donna le surnom caractéristique de *Tête en Bois*. Hardi pour l'exécution d'un plan conçu par d'autres, utile comme subordonné, le maréchal de Mac-Mahon s'est toujours montré, dans le cours de sa carrière, impropre à la moindre entreprise difficile nécessitant la mise en action de facultés intellectuelles indépendantes; mais, nulle part, sa médiocrité mentale ne s'est mieux révélée que dans les opérations de 1870, où, de Wissembourg à Sedan, il a, jour par jour, accumulé les fautes sur les fautes, sans entrevoir un instant la solution des difficultés au milieu desquelles il se trouvait placé ; les problèmes militaires, soumis alors à ses délibérations, étaient infiniment trop compliqués pour son esprit. Assurément le maréchal de Mac-Mahon n'est pas alors demeuré au-dessous de son ancienne réputation de courage ; mais le courage est la monnaie courante du soldat ; autant que lui, à la guerre, la prudence, la fermeté de caractère, le sang-froid, la rapide et claire vision de l'ensemble des mesures à prendre, contribuent au succès et importent davantage aux chefs. Or, toutes ces qualités ont entièrement fait défaut au maréchal de Mac-Mahon ; le récit qui va suivre le démontrera.

WISSEMBOURG. — REISCHOFFEN. — RETRAITE SUR LE CAMP DE CHALONS.

La première faute commise par le maréchal de Mac-Mahon à l'armée du Rhin fut, non seulement de n'avoir pas compris les dangers de la non-concentration de nos forces et de n'avoir pas protesté énergiquement contre elle, mais encore d'avoir lui-même établi ses troupes avec la même imprévoyance sur son propre champ d'opérations. Les divisions du 1er corps, qu'il commandait et dont le quartier général fut installé à Strasbourg, furent disséminées par lui, à Wissembourg, à Haguenau, à Reischoffen et autres lieux, sans possibilité de s'appuyer mutuellement ; cet isolement fut cause de l'écrasement à Wissembourg du malheureux général Abel Douay.

Constatant la lenteur de notre formation, et comprenant que si, à l'initiative de notre déclaration de guerre, n'avait pas succédé celle de l'invasion, c'était faute de préparatifs, l'ennemi se décida à nous surprendre en pleine mobilisation et à s'ébranler, avant même que nous soupçonnions qu'il eût opéré sa concentration. La IIIe armée allemande, commandée par le prince royal de Prusse, vint heurter à l'improviste la division du général Douay, le 4 août, à 8 heures du matin, au moment où nos troupes, rassurées d'ailleurs par une prétendue reconnaissance de cavalerie, faite au lever du jour, étaient débandées et occupées aux soins les plus divers.

La division Douay, placée sur la frontière, jetée en avant comme une sentinelle perdue, exposée aux premiers coups de l'ennemi, aurait dû recevoir l'ordre de s'éclairer au loin par des reconnaissances incessantes et être reliée plus étroitement qu'aucune autre au reste de l'armée. Ces mesures s'imposaient d'autant plus que le quartier impérial expédia, dans la nuit du 3 au 4 août, au maréchal de Mac-Mahon à Strasbourg, une dépêche, l'informant qu'il allait être attaqué ; au reçu de cette dépêche, et surtout au reçu de celle qui lui fut envoyée, le 4 août, à 8 heures du matin, de Wissembourg, pour le prévenir que le bombardement de la ville commençait, le maréchal pouvait, à défaut de renforts, ordonner que la division Douay se repliât en combattant et en se défendant pied à pied ; la conservation de Wissembourg n'avait aucun intérêt stratégique, et si le général Douay, en présence des masses énormes qui l'assaillirent, n'a pas pris lui-même l'initiative de l'abandonner, c'est qu'il a supposé, d'après les instructions qu'il avait reçues, que le maréchal le ferait soutenir dans son admirable résistance.

Mais le maréchal, après avoir annoncé son arrivée à la division engagée à 10 heures du matin, ne partit de Strasbourg qu'après son déjeuner, et, au lieu de se rendre à Wissembourg, il se dirigea sur Haguenau avec son état-major, sans se préoccuper de son infortuné divisionnaire, que, pendant ce temps, les Prussiens écrasaient à loisir. L'héroïque résistance de cette poignée de soldats aux prises avec une armée colossale ne pouvait pourtant pas arrêter un seul instant l'invasion.

Ce premier malheur, qui provoqua en France et en Europe une profonde émotion, devait rendre très vigilant le général en chef; il lui démontrait que l'ennemi était près de lui, qu'il passait en nombre la frontière et qu'une grande bataille, de nature à influer considérablement sur tout le reste de la campagne, était imminente. Dans cette occurrence, le maréchal de Mac-Mahon pourvut dans une certaine mesure aux éventualités; il écrivit, le soir du 4 août, à l'Empereur, pour lui demander des renforts, à l'aide desquels, disait-il, il comptait reprendre l'offensive avec avantage. Ce fut alors que le maréchal de Mac-Mahon fut investi du commandement en chef des 1er, 5e et 7e corps ; mais le 1er seul était réellement à sa disposition, le 5 août. Cependant la nouvelle de son commandement remplit le maréchal d'une telle joie que, sans comprendre la gravité de la situation, il s'écria : « Maintenant, messieurs les Prussiens, je vous tiens! » et il n'eut plus d'autre souci que le choix d'un champ de bataille. Il établit le noyau de son corps d'armée en face de Reischoffen et son quartier général dans cette ville même. La dépêche suivante qu'il adressa à l'Empereur et qui est datée de Reischoffen, 5 août, 10 heures 50 du matin, indique quelles étaient à ce moment ses dispositions.

Je suis concentré avec mon corps d'armée à Frœschwiller, étendant ma droite jusqu'à la forêt de Haguenau. Si l'ennemi, se voyant menacé sur sa droite, ne dépasse pas Haguenau, je suis en bonne position ; s'il dépasse Haguenau, je suis obligé de prendre position plus au sud pour garder les défilés de la Petite-Pierre et de Saverne. S'il vous est possible de disposer d'un des corps d'armée de la Moselle, venant me rejoindre par le chemin de Bitche où par la route de la Petite-Pierre, je serai en état de reprendre l'offensive avec avantage.

Cette résolution était fort sage ; si le maréchal avait rallié, concentré, toutes ses troupes, et su en faire un convenable usage, il aurait pu très sérieusement défendre l'entrée du territoire et même refouler l'invasion, puisque la victoire de Reischoffen a été très chèrement disputée aux 120 000 Prussiens qui sont entrés en ligne par moins de 35 000 Français. Le maréchal aurait pu, par exemple, s'établir sur les excellentes positions défensives qui se trouvaient de toutes parts à sa discrétion et attendre l'ennemi, au lieu de se porter à sa rencontre. La destruction de la division Douay, des renseignements provenant de toutes les sources, prouvaient assez au maréchal de Mac-Mahon qu'il avait devant lui une armée trop considérable pour être avantageusement combattue à Frœschwiller. Puisque nous n'avions pas pris l'initiative de l'attaque, nous nous trouvions, de fait, sur la défensive ; il était préférable alors d'opérer un mouvement de retraite sur Niederbronn, sur les Vosges, pour en défendre le passage jusqu'à la dernière extrémité ; il était même facile pour le maréchal de se maintenir sur la ligne des montagnes avec les quatre divisions dont il disposait. En agissant ainsi, il donnait la main aux 5°, 2° et 7° corps, et se mettait en mesure d'opposer des forces imposantes à l'ennemi, tandis que les 3°, 4° corps, et la garde impériale auraient de même fait face à l'armée de Frédéric-Charles.

La bataille engagée, si on était écrasé par le nombre, on pouvait, en utilisant toutes les positions défensives, se retirer savamment, et marcher au-devant des troupes de renfort. Une pareille méthode s'imposait à Reischoffen plus que partout ailleurs, puisque, à quelques kilomètres sur sa gauche, le maréchal de Mac-Mahon trouvait, dans les défilés de la montagne, des postes inexpugnables, et le 5° corps d'armée.

Malheureusement, le maréchal ne persista pas dans la louable résolution que la première partie de sa dépêche du 5 août fait connaître ; il prit la fâcheuse détermination de s'établir sur les positions peu avantageuses de Frœschwiller, de Wœrth et de Reischoffen, sans même concentrer convenablement ses troupes et avec la résolution présomptueuse de prendre précipitamment l'offensive. Les conseils propres à le détourner d'un aussi imprudent projet ne lui ont pas fait défaut ; deux généraux du 1ᵉʳ corps, et surtout le général Raoul essayèrent de l'empêcher de livrer bataille à Frœschwiller aux forces ennemies considérables qui lui étaient annoncées ; le maréchal ne voulut écouter ni ses compagnons d'armes ni son hôte, le comte de Leusse, qui insista auprès de lui dans le même sens. Cette obstination fut d'autant plus fatale que, dans la journée du 6 août, le 5e corps, commandé par le général de Failly, et qui ne devait rallier le maréchal que le 7 août, ne put entrer en ligne ; un simple retard de 24 heures aurait permis de l'associer aux 1er et 7e corps dans cette lutte héroïque dont l'issue pouvait être ainsi entièrement modifiée.

Rien ne s'opposait à ce retard ; car le 6 août, dans la matinée, dans leur marche en avant, les Prussiens ne se proposaient nullement d'engager un grand combat ; ils avaient organisé une forte démonstration du côté de Wœrth, afin de reconnaître nos positions et de s'assurer de nos intentions. Toute la première partie de la journée fut simplement remplie par des engagements partiels, par des escarmouches, qui laissaient toute liberté au général en chef pour évoluer et attirer l'adversaire sur un terrain plus propice. C'est parce qu'il nous vit demeurer dans nos lignes et offrir pour ainsi dire la bataille, que le prince royal fit avancer tous ses corps d'armée l'un après l'autre, bien qu'il leur eût donné primitivement ordre d'éviter le combat, ce jour-là, si cela était possible. Mais le maréchal de Mac-Mahon voulait une bataille ; sans combinaison, sans plan, sans système, il continua la lutte, prit même l'offensive en ordonnant de reconquérir des positions qu'il avait sans motif abandonnées la veille ou le matin, et, malgré des prodiges de bravoure de la part de nos troupes, il se fit chasser finalement de toutes les siennes pour se laisser acculer, à 4 heures du soir à Frœschwiller.

A ce moment, il restait au maréchal de Mac-Mahon une dernière faute à commettre : c'était de prolonger cette bataille à laquelle l'ennemi était venu malgré lui ; la retraite lui était impérieusement commandée ; il pouvait aisément l'opérer ; ses troupes étaient encore compactes, et les Prussiens, épuisés, ne le poursuivaient pas ; enfin, il était maintenant plus que jamais assuré qu'il avait contre lui des forces quatre fois supérieures aux siennes. En cessant la bataille à ce moment, le maréchal pouvait sauver le reste de son armée, opérer pas à pas en se défendant une retraite glorieuse, très meurtrière pour l'ennemi, et éviter surtout que la défaite se changeât en déroute. Au contraire, avec un entêtement, avec un aveuglement qui ne peuvent être excusés que par le désespoir, le maréchal continua à faire ruer au hasard son armée sur les masses formidables qui se trouvaient devant lui ; sans utilité, sans que ce sanglant sacrifice fût exigé par les circonstances, avec un vain et fol héroïsme, il fit massacrer successivement dans une lutte stérile et sauvage, comme dans une boucherie, son infanterie, son artillerie, sa cavalerie.

Le maréchal de Mac-Mahon avait engagé cette terrible bataille avec une telle imprévoyance qu'il n'avait pas examiné la perspective d'un insuccès : il n'avait étudié aucun projet de retraite, il n'avait donné le matin, il ne donna, le soir, aucun ordre dans ce sens ; son armée se retira à l'aventure dans un tel désordre que l'on peut dire que les soldats conduisaient les chefs. Il y a peu d'exemples dans l'histoire militaire d'une pareille impéritie, et il semble vraiment que, dans la soirée de cette fatale journée de Frœschwiller, le maréchal de Mac-Mahon n'ait plus joui de la liberté de son esprit.

Malheureusement il ne la recouvra ni le lendemain ni les jours suivants, et il continua à commettre des fautes inouïes ; il ne songea pas à utiliser, pour couvrir sa retraite désordonnée et pour relever le moral de ses troupes, le corps d'armée du général de Failly ; il ne songea pas à s'arrêter sur l'admirable ligne défensive des Vosges, à couper les voies à l'ennemi en détruisant les ponts et les voies ferrées, en faisant sauter les tunnels de Saverne et de Phalsbourg sous lesquels des fourneaux de mines étaient tout préparés. Il n'essaya pas de rallier son armée à Sarrebourg ou à Lunéville ; en un mot, il ne disputa pas son pays à l'invasion ; il laissa le flot de celle-ci se précipiter sans lui opposer la moindre barrière, et il livra sans défense Strasbourg, la vallée du Rhin, les Vosges, ce qui permit aux masses prussiennes de se répandre sans coup férir jusqu'aux vallées de la Meurthe et de la Moselle. Un général opiniâtre, maître de lui-même, se souciant de l'avenir autant que du présent, aurait fait sans cesse face à l'agresseur, et profité des défilés, au moins pour retarder sa marche, comme Napoléon dans l'invasion de 1814, comme le général Chanzy dans sa belle retraite d'Orléans sur le Mans. En ne remplissant pas ce devoir élémentaire, le maréchal de Mac-Mahon a laissé la France au dépourvu; il ne lui a pas permis de réorganiser suffisamment l'armée qu'il commandait et il a donné aux armées prussiennes la faculté d'enfermer Bazaine dans Metz.

Toute la retraite de Frœschwiller sur le camp de Châlons s'opéra d'ailleurs dans les plus déplorables conditions; jusqu'à la fin, elle fut aussi désordonnée que le premier jour.

Frappé de stupeur, le maréchal de Mac-Mahon ne faisait plus acte de commandant en chef; il s'éloignait, s'éloignait sans repos; il franchit Sarrebourg, Lunéville, Neufchateau, Chaumont, Vitry-le-Français, jusqu'à ce qu'enfin il atteignit, le 17 août, le camp de Châlons, où l'Empereur se trouvait depuis la veille, et où le nouveau ministre de la guerre, le comte de Palikao, organisait, avec une admirable activité, une seconde armée, distincte de celle de Metz, restée sous les ordres du maréchal Bazaine.

FORMATION DE L'ARMÉE DE CHALONS.

Du 14 au 17 août, les débris de l'armée qui avait livré bataille à Reischoffen, se concentrèrent au camp de Châlons, et, dès le 20 août, grâce à l'adjonction d'autres corps d'armée, le maréchal de Mac-Mahon eut sous ses ordres 130 000 hommes, divisés en quatre corps et en deux divisions de cavalerie indépendante, savoir :

Le 1er corps, commandé par le général Ducrot; le 5e corps, commandé par le général de Failly; le 7e corps, commandé par le général Félix Douay; le

12ᵉ corps, commandé par le général Lebrun. Chacun de ces commandants en chef était aide de camp de l'Empereur.

Le 1ᵉʳ corps fut composé des vaillants survivants de Frœschwiller et de renforts tirés du dépôt des régiments qui avaient à l'origine contribué à sa formation ; le commandement de ce corps passa, au camp de Châlons, du maréchal de Mac-Mahon au général Ducrot.

Le 5ᵉ corps (général de Failly) faisait, à l'origine, partie de l'armée du Rhin ; n'ayant pu, par suite de circonstances qu'il est superflu d'examiner ici, prendre part à la bataille du 6 août, il avait opéré sa retraite, parallèlement au 1ᵉʳ corps, à la suite de cette journée ; il ne fut point entamé dans cette retraite, mais il fut moralement très éprouvé par elle.

Le 7ᵉ corps (général Félix Douay) s'était formé à Belfort ; il ne put non plus, à cause de la précipitation des événements, rejoindre le maréchal de Mac-Mahon en arrière de la frontière, comme cela lui fut prescrit par les mesures prises, le 5 août, par le quartier impérial ; une seule de ses divisions prit part à la bataille de Reischoffen, après laquelle ce corps fut expédié en chemin de fer de Belfort sur le camp de Châlons, par Paris. L'abandon de Belfort par ce corps d'armée doit être considéré comme une faute, parce que, en se maintenant dans cette forte position, dont nous sommes demeurés maîtres jusqu'à la fin de la campagne, les 30 000 hommes du général Douay auraient pu, non seulement défendre la trouée, mais immobiliser une armée ennemie et compromettre très sérieusement les lignes de communication des Allemands.

Le 12ᵉ corps fut formé de troupes envoyées de Paris : parmi elles se trouvait une belle division d'infanterie de marine. Placé d'abord sous les ordres du général Trochu, ce corps fut ensuite confié au général Lebrun. Quant aux deux divisions de cavalerie indépendante, elles étaient commandées : la division de cuirassiers, par le général Bonnemain ; la division de cavalerie légère, par le général Margueritte.

Enfin le camp de Châlons renfermait les dix-huit bataillons de la garde mobile de la Seine qui devaient d'abord être incorporés au 12ᵉ corps, mais qui furent ensuite, pour des raisons qui vont être exposées, renvoyés dans la capitale.

Toute cette armée prit le nom d'armée de Châlons et passa sous le commandement en chef du maréchal de Mac-Mahon ; car l'Empereur renonça, dès lors, à tout commandement effectif.

Cette nouvelle armée formée, il fallait l'utiliser.

PLANS DES OPÉRATIONS PROPOSÉES PAR LE MARÉCHAL DE MAC-MAHON ET PAR LE GÉNÉRAL DE PALIKAO POUR L'ARMÉE DE CHALONS.

La situation était tragique et digne d'éveiller les plus poignantes angoisses chez les plus égoïstes ; elle exigeait que les résolutions suprêmes qu'on allait prendre fussent mûrement délibérées, car les ressources militaires du pays commençaient à s'épuiser ; l'armée de Châlons était la dernière, composée de troupes aguerries, qu'on pût, à ce moment, mettre sur pied ; le salut de l'Empire, celui de la France, dépendaient de l'usage qu'on ferait d'elle.

Deux plans furent proposés comme destination à cette armée.

Le premier était l'œuvre de l'Empereur et du maréchal de Mac-Mahon; ayant perdu, l'un et l'autre, toute initiative, profondément démoralisés par les échecs imprévus dont ils venaient d'être les témoins, ils avaient conçu une grande frayeur de toute rencontre nouvelle en rase campagne; sous prétexte que l'armée, dont, il est vrai, ils ne s'occupaient nullement de relever l'énergie, partageait leur abattement, ils considéraient qu'elle devait continuer à battre en retraite pour s'appuyer sous les murs d'une place forte, telle que Soissons, Paris même, afin de se mettre sur la défensive et d'attendre l'ennemi, en fortifiant chaque jour son organisation.

Ce plan était loin d'être déraisonnable; il avait même l'avantage de permettre au général en chef et à ses troupes de recouvrer le sang-froid, de reprendre confiance et de choisir un champ de bataille favorable et bien étudié; mais il laissait l'ennemi libre d'écraser Bazaine et d'opérer sans la moindre inquiétude dans toutes les provinces abandonnées; d'ailleurs il resta toujours à l'état de projet; il ne fut pas accepté; la raison autant que le devoir commandaient donc de l'abandonner et de mettre toute son activité à l'exécution de celui auquel on accéda, d'un commun accord.

Ce second plan, conçu par le général de Palikao, ministre de la guerre, était tout autre; il consistait à reprendre l'offensive en se portant hardiment, par une marche rapide et intelligente, au secours du maréchal Bazaine pour opérer sa jonction avec lui.

Le duc de Magenta, d'après le calcul du ministre de la guerre, pouvait gagner quarante-huit heures sur l'armée du prince royal de Prusse, si ses ordres eussent été exécutés à temps. Le maréchal ne trouvait ainsi que l'armée du roi, inférieure à la sienne et dispersée pour vivre. Il lui était facile de la combattre avec avantage et de pousser vigoureusement jusqu'à Metz. Le maréchal Bazaine, prévenu de cette opération, attaquait le prince Frédéric-Charles de front, tandis que Mac-Mahon l'attaquait par derrière.

Voici comment, dans l'opuscule qu'il a publié sous le titre « *Un ministère de la guerre de 24 jours* », le général de Palikao expose et défend les raisons qui l'ont poussé à tout tenter pour la réalisation de ce plan :

Quelques écrivains militaires, après avoir blâmé l'opération après coup, parce qu'elle n'a pas réussi, ont poussé la critique jusqu'à nier les heureuses conséquences que devait procurer le plan de jonction des armées de Châlons et de Metz.

J'avoue qu'à cette négation de l'évidence, toutes mes idées militaires se trouvent confondues.

Comment peut-on douter de ce que devait produire la réunion de deux armées, d'un chiffre total d'au moins de 250 000 hommes, composées de soldats exercés, conduits par de bons officiers, quand l'armée de la Loire a remporté à Coulmiers un véritable succès contre les Allemands, et quand l'armée du Nord, sous les ordres du général Faidherbe, a lutté pendant quelque temps avec avantage contre des forces bien supérieures et pourvues de tout ce qui leur était nécessaire, quand à Wissembourg enfin une seule division française a tenu tête à toute une armée allemande et lui a fait éprouver des pertes énormes ?

Si les armées de Châlons et de Metz avaient été réunies le 27 ou le 28 août, elles auraient certainement combattu avantageusement les armées de Frédéric-Charles et de Steinmetz (du prince de Saxe), contre lesquelles la seule armée du maréchal Bazaine avait lutté, non sans succès, les 14, 16 et 18 août.

Quelque rapide qu'eût été la marche du prince royal de Prusse, il n'aurait pu arriver devant les 250 000 hommes réunis de Mac-Mahon et de Bazaine qu'après trois jours de marche forcée, puisque le 26 il était encore à Vitry-le-Français où seulement il apprit la marche de l'armée de Châlons ; il n'aurait pu paraître sur le champ de bataille que le 29 et avec une armée épuisée de fatigue.

La réunion des deux armées françaises donnait à celle de Metz la confiance dans le nombre et à celle de Châlons l'énergie qui devait résulter de l'émulation qui se serait établie entre elles. A mon avis, les résultats de cette jonction eussent été incalculables.

Le soldat français, dont le caractère militaire se développe surtout dans la guerre offensive, aurait repris son ardeur habituelle et sa confiance en ses chefs ; Metz était débloqué et le prince royal de Prusse était obligé de battre en retraite avec son armée fatiguée par les marches forcées qu'elle venait d'opérer.

Toutefois cette opération ne trouvait de chance de succès que dans l'extrême rapidité de son exécution et que si on parvenait à gagner l'ennemi de vitesse ; mais il était dit que le maréchal de Mac-Mahon serait jusqu'à la fin comme le mauvais génie de la France, dans les premiers engagements du duel à mort qu'elle soutenait. N'ayant foi ni en lui-même, ni dans l'armée, affecté d'un découragement profond, d'une sorte de mélancolie maladive, il s'abandonnait avec l'inertie d'un fataliste au cours des événements, et le dernier des généraux de brigade aurait été pour le ministre de la guerre un plus précieux auxiliaire; après s'être, en apparence, rallié au plan du général de Palikao, il le mit en œuvre comme s'il voulait démontrer qu'il était impraticable. Avec une torpeur incompatible avec la fonction dont il continuait à accepter les charges, il mit un temps excessif à se déterminer pour le départ, et il prit le parti le plus funeste, celui de s'immobiliser dans son camp, sans exécuter ni les opérations qu'il croyait les plus salutaires, ni celles que le ministre de la guerre prescrivait; de cette manière, le plan du général Palikao qui pouvait être excellent le 20 août, devint d'un succès très douteux les jours suivants, et ne fut plus qu'une entreprise dangereuse et téméraire à la fin du mois d'août. Les hésitations incessantes du maréchal de Mac-Mahon, ses changements de détermination journellement renouvelés, devinrent tels, à la fin, que le comte de Palikao dut former rapidement un 13e corps d'armée et le mettre en marche, sous les ordres du général Vinoy, pour appuyer son mouvement.

Quand le général de Wimpffen, à son passage à Paris, vit le général de Palikao, ce dernier ne lui cacha pas toutes les difficultés et les vives appréhensions qu'elles lui causaient. Il lui expliqua notamment que le maréchal de Mac-Mahon, sous la pression sans doute de l'Empereur, persistait à conserver le commandement de l'armée qui marchait sur Metz, tout en désirant ramener ses 120 000 hommes sous Paris pour attendre et combattre l'armée du prince de Prusse ; le général de Palikao regrettait amèrement que des considérations, étrangères à la guerre, l'empêchassent de remplacer le maréchal dans son commandement, et ne lui permissent pas de donner de suite la direction du mouvement qu'il avait entrepris à un général plus résolu.

Le plus grand embarras, dit alors le ministre au général de Wimpffen, est aujourd'hui causé par l'Empereur, dont la situation est des plus fausses ; il a quitté l'armée de Bazaine, pour rejoindre celle de Mac-Mahon. Mais à quel titre s'y trouve-t-il ? Il ne peut revenir à Paris où l'Impératrice exerce la régence et ne veut pas qu'il rentre ; d'autre part, il ne sait pas se borner à rester l'hôte incommode du maréchal de Mac-Mahon ; il lui fait sentir son influence, ne serait-ce que dans les conseils, sans avoir la responsabilité des décisions. Ce rôle est indigne d'un souverain et nous cause les plus grands ennuis.

Ainsi le plan du général de Palikao dégénéra d'opération militaire en opération politique, et il s'établit entre le ministre de la guerre qui prescrivait la marche en avant, appuyé par le conseil de régence, et le maréchal de Mac-Mahon, qui n'exécuta cette marche qu'avec une résistance secrète et une mauvaise volonté dissimulée, un dualisme qui, de part et d'autre, fit perdre de vue les intérêts supérieurs du pays. Ce dualisme, qui devait fatalement conduire à une catastrophe, va lumineusement ressortir du compte rendu des conseils de guerre, tenus à Châlons et à Reims, le 17 et le 21 août, et dans lesquels le sort de l'armée de Châlons a été débattu et résolu; les papiers et la correspondance de la famille impériale trouvés aux Tuileries après le 4 Septembre, les dépositions faites dans les commissions d'enquête militaires ou parlementaires et au cours de divers procès, permettent aujourd'hui de reconstituer fidèlement le procès-verbal et la physionomie de ces deux conférences et de reconnaitre que, malheureusement, la politique a tenu plus de place que le patriotisme dans leurs débats.

CONSEIL DE GUERRE DU 17 AOUT.

Le 17 août au matin, c'est-à-dire aussitôt après l'arrivée du maréchal de Mac-Mahon au camp de Châlons, l'Empereur provoqua un conseil de guerre composé du prince Napoléon, qui ne l'avait pas quitté depuis le commencement de la guerre, du maréchal de Mac-Mahon, du général Trochu, du général Schmitz, chef d'état-major de ce dernier, et du général Berthaut, commandant les bataillons de la garde mobile de la Seine. L'Empereur invita les membres de cette conférence à délibérer sur la situation du pays et à prendre notamment une résolution sur la destination à donner à l'armée de Châlons.

Quant à lui, il émit l'avis qu'on pouvait tenter de se retrancher au camp de Châlons pour organiser l'armée; mais le général Berthaut lui fit observer que ce camp n'était pourvu d'aucune fortification, qu'il pouvait être enveloppé de tous côtés, et qu'il était impossible de le considérer comme une position défensive.

Ce général fit, en outre, observer que la garde mobile, bien que composée en grande majorité de jeunes gens animés des meilleurs sentiments patriotiques, renfermait un assez grand nombre de mutins qui demandaient à rentrer à Paris ; en outre, elle n'était pas équipée complètement ni même armée : trois bataillons seuls avaient des fusils. Il conclut donc qu'il ne fallait pas compter sur ces troupes pour reprendre l'offensive, et il proposa de les répartir dans les places fortes du Nord pour compléter leur instruction.

Mais, après un échange d'observations, il fut décidé que la garde mobile tout entière serait renvoyée à Paris.

Alors le prince Napoléon attira l'attention de l'Empereur sur la situation politique de cette ville et sur l'effervescence qui s'y manifestait.

— Pour cette guerre, dit-il à l'Empereur, vous avez abdiqué à Paris le gouvernement et à Metz le commandement ; si vous ne voulez pas abdiquer tout à fait, il faut reprendre l'un ou l'autre.

Et il conseilla à l'Empereur de retourner à Paris avec l'armée de Châlons.

Cette opinion fut vivement appuyée par le maréchal de Mac-Mahon et par le général Schmitz, qui tombèrent d'accord pour soutenir que le salut était dans Paris, et qu'il fallait y rentrer, après avoir fait prendre les devants au général Trochu, en le nommant gouverneur de cette ville.

— Ce qu'il faut craindre surtout, s'écria le prince

Napoléon, c'est une révolution à Paris ou un mouvement très prononcé ; il faut prendre des résolution energiques .e généra Trochu, par ses antécédents, par sa manière d'être, est le seul homme qui soit en état d'arrêter un mouvement révolutionnaire ; c'est l'heure des grandes décisions, Sire ; placez le maréchal de Mac-Mahon à la tête de l'armée de Châlons ; revenez à Paris ; nommez le général Trochu gouverneur de la capitale ; nous prendrons toutes les dispositions nécessaires à la défense, et si, par malheur, nous tombons, nous tomberons au moins comme des hommes.

Ému par ces opinions auxquelles personne ne faisait opposition, l'Empereur prit à l'écart le maréchal de Mac-Mahon et lui demanda confidentiellement son avis sur le général Trochu. Le maréchal de Mac-Mahon lui répondit « qu'il connaissait le général Trochu depuis longtemps, que c'était un homme de cœur, un homme d'honneur et qu'il pouvait avoir confiance en lui ».

Alors l'Empereur proposa au général Trochu le poste de gouverneur de Paris.

« Sire, répondit le général Trochu, j'accepte, mais à la condition que je serai libre de faire tout ce qui peut être fait pour éviter une révolution, qui, dans la situation pleine de périls où est le pays, le précipiterait dans l'abîme.

« Vous me demandez d'aller à Paris, de vous y annoncer, de prendre le commandement en chef, je ferai tout cela, mais il est bien entendu que l'armée du maréchal de Mac-Mahon va devenir l'armée de secours de Paris, car nous allons à un siège. »

Tout cela fut convenu, en effet, et, comme décision du conseil de guerre, le général Trochu fut nommé gouverneur de Paris ; il partit immédiatement pour la capitale, pensant précéder de quelques heures seulement l'Empereur et le maréchal de Mac-Mahon qui devait se diriger lui-même sur Paris avec son armée. Il fut de plus décidé que la garde mobile serait ramenée aux camps de Saint-Maur et de Vincennes.

Le général Trochu fut provisoirement investi de son commandement par la lettre suivante :

Camp de Châlons, 7 août 1870.

Mon cher général, je vous nomme gouverneur de Paris et commandant en chef de toutes les forces chargées de pourvoir à la défense de la capitale. Dès mon arrivée à Paris, vous recevrez notification du décret qui vous investit de ces fonctions ; mais d'ici là prenez sans délai toutes les dispositions nécessaires pour accomplir cette mission. Recevez, mon cher général, l'assurance de mes sentiments d'amitié.

NAPOLÉON.

C'est à l'issue de cette conférence que le prince Napoléon tint à un journaliste ce propos prophétique fameux :

— Un miracle ne nous sauverait pas ; la situation est perdue ; la France va nous congédier comme des laquais, et nous ne l'aurons pas volé.

Les résolutions prises dans le conseil de guerre du 17 août furent directement transmises à l'Impératrice et communiquées aussitôt au général de

Palikao, par un émissaire spécial de l'Empereur, le commandant Duperré. Elles furent accueillies chez le ministre de la guerre par la plus énergique réprobation, parce qu'à ce moment même, le général de Palikao, avec un zèle remarquable, faisait tout converger en vue d'une prompte marche sur Metz ; aussi le 17 août, à 10 h. 27 min. du soir, s'empressa-t-il de télégraphier à l'Empereur dans les termes suivants :

> L'Impératrice me communique la lettre par laquelle Votre Majesté annonce qu'Elle veut ramener l'armée de Châlons sur Paris ; je la supplie de renoncer à cette idée qui paraîtrait l'abandon de l'armée de Metz qui ne peut faire en ce moment sa jonction à Verdun.
>
> L'armée de Châlons sera avant trois jours de 85 000 hommes, sans compter le corps de Douay qui va rejoindre avec 18 000 hommes. Ne peut-on faire une puissante diversion sur les corps prussiens déjà épuisés par plusieurs combats ? L'Impératrice partage mon opinion.

Vers minuit, l'Impératrice télégraphia de son côté :

> Paris est en état de défense, sa garnison est nombreuse ; l'armée de Châlons doit être employée à débloquer Metz ; la garde nationale mobile serait un danger pour la tranquillité de la capitale. Le caractère de Trochu n'inspire aucune confiance ; enfin le retour de l'Empereur serait très mal interprété par l'opinion publique.

Ces nouvelles produisirent un revirement complet dans l'esprit de l'Empereur et du maréchal de Mac-Mahon ; ils renoncèrent aux résolutions prises dans le conseil de guerre du 17 août ; seule, celle qui concernait la garde mobile fut maintenue, et, le 18 août, dès le matin, l'Empereur télégraphiait au ministre de la guerre :

Je me rends à votre opinion.

Quant au maréchal, il télégraphiait :

Veuillez dire au conseil des ministres qu'il peut compter sur moi et que je ferai tout pour rejoindre Bazaine.

Le maréchal de Mac-Mahon devait mettre, à exécuter les ordres et le plan du ministre de la guerre, d'autant moins d'hésitation que, sur la demande de l'Empereur qui, le 17 août, à 5 heures du soir, lui avait adressé une dépêche « pour connaître la vérité sur sa situation, afin de régler sa conduite », le maréchal Bazaine avait immédiatement envoyé au camp de Châlons le commandant Magnan avec ses instructions. Parti de Metz, dans la nuit du 17 au 18 août, en habits bourgeois, à minuit, le commandant Magnan arriva au camp de Châlons le 18 vers 10 heures du matin. Il fut immédiatement reçu par l'Empereur et par le maréchal de Mac-Mahon, auxquels il déclara que l'intention du maréchal Bazaine était de prendre la direction de Verdun, aussitôt après qu'il aurait remis ses différents corps d'armée en bon ordre et opéré ses ravitaillements.

Une pareille révélation devait fortifier le maréchal de Mac-Mahon dans la résolution qu'il avait annoncée de se conformer aux ordres du ministre de la guerre et l'exciter à agir avec la plus extrême promptitude ; mais, en réalité, cette résolution était purement verbale. Le lendemain même du jour où il disait au ministre de la guerre « qu'il ferait tout pour rejoindre Bazaine », le maréchal de Mac-Mahon télégraphiait à ce dernier :

Si, comme je le crois, vous êtes forcé de battre en retraite très prochainement, je ne sais, à la distance où je suis de vous comment vous venir en aide sans découvrir Paris. Si vous en jugez autrement, faites-le-moi savoir.

Et, le 20 août, il adressait au ministre de la guerre le télégramme suivant :

Châlons, 8 heures 45.

Les renseignements parvenus semblent indiquer que les armées ennemies sont placées de manière à intercepter à Bazaine les routes de Briey, de Verdun et de Saint-Mihiel. Ne sachant pas la direction qu'il peut prendre, bien que je sois dès demain prêt à marcher, je pense que je resterai en position jusqu'à connaissance de la direction prise par Bazaine, soit au nord, soit au sud.

Or, le maréchal de Mac-Mahon était si peu prêt à marcher en avant, il était si peu déterminé à le faire, que, le soir même, sur la nouvelle exagérée qu'un parti de cavaliers ennemis était venu faire, pour un corps d'armée qui suivait, des réquisitions dans une localité distante de 44 kilomètres, il prit le parti d'évacuer le camp de Châlons et de se replier sur Reims avec son armée ; cette évacuation et ce mouvement qui eurent lieu, le 21 août, se firent avec une telle précipitation qu'on ne prit pas le temps de sauver les approvisionnements de vivres, de fourrages et d'effets de toute nature qui avaient été accumulés dans le camp, et qu'on livra le tout aux flammes ; une division de cavalerie, formant l'arrière-garde, fut chargée d'incendier les baraquements et leur contenu. Ce mouvement n'était sans doute, dans la pensée du maréchal, que la première étape de cette retraite sur Paris dont il n'avait jamais abandonné le projet; néanmoins, cette fois encore, il ne sut pas prendre une décision énergique pour ou contre le plan du ministre de la guerre, malgré l'appui qu'il sut obtenir d'un nouveau conseil de guerre tenu à Reims le 21 août.

CONSEIL DE GUERRE DU 21 AOUT. — BRUSQUES REVIREMENTS D'OPINION DU MARÉCHAL DE MAC-MAHON.

Cette seconde conférence eut pour instigateur M. Rouher, qui, le 20 août, dans la soirée, sans mission de l'Impératrice, spontanément, partit pour le camp de Châlons avec M. de Saint-Paul; M. Rouher, ayant trouvé le camp de Châlons évacué, ne put se mettre en rapport avec le maréchal de Mac-Mahon que le 21 août, à Reims, à 4 heures du soir. Immédiatement, le maréchal lui déclara qu'il était absolument d'avis de se replier sur Paris.

— « Je ne me crois pas, dit-il, en état de risquer de me trouver au milieu des armées prussiennes. Les renseignements qui me sont parvenus me permettent de supposer que le maréchal Bazaine est entouré d'une armée de 200 000 hommes. En avant de Metz, dans la direction de Verdun, se trouve l'armée du prince de Saxe estimée à 80 000 hommes; enfin, le prince royal de Prusse est près de Vitry-le-Français à la tête de 150 000 hommes. En me portant vers l'est, je puis me trouver dans une position très périlleuse et éprouver un désastre que je veux éviter.

« De plus, l'armée de Metz pouvant être battue, il est de la plus haute importance de conserver à la France l'armée de Châlons qui, bien que composée en partie de régiments de marche, a néanmoins assez d'anciens cadres pour servir à réorganiser une force de 250 000 à 300 000 combattants.

« Toutes ces considérations me décident à me diriger sur Paris dès après-demain 23, à moins que je ne reçoive dans l'intervalle de nouvelles instructions du maréchal Bazaine. »

Vainement M. Rouher fit ressortir les dangers qu'il y avait à ne pas secourir Bazaine, l'écrasement fatal auquel on exposait ce dernier, et le grave retentissement que l'abandon de la marche en avant aurait dans l'opinion publique; il se heurta à une défiance persistante du maréchal de Mac-Mahon; et il finit par déclarer que, « n'étant ni maréchal ni homme de guerre, il ne pouvait insister davantage ». Le maréchal développa alors complaisamment tout un plan qui consistait à créer autour de Paris des armées volantes destinées à inquiéter l'ennemi jour et nuit et à fatiguer les Prussiens à l'aide de tentatives continuelles et de sorties. L'Empereur, qui paraissait ne plus avoir aucune opinion personnelle, se rangea sans discussion aux projets du maréchal de Mac-Mahon, et M. Rouher prit immédiatement des dispositions pour leur exécution, en rédigeant des décrets qu'il soumit, séance tenante, à la signature de l'Empereur.

Le premier de ces décrets qui tous ont été retrouvés, en original, écrits de la main de M. Rouher,

4.

dans les papiers de la famille impériale, était ainsi conçu :

Le maréchal de Mac-Mahon, duc de Magenta, est nommé général en chef de toutes les forces militaires composant l'armée de Châlons et de toutes celles qui sont ou seront réunies sous les murs de Paris ou dans la capitale.

Notre ministre de la guerre est chargé de l'exécution du présent décret.

Fait à Reims, le 21 août 1870.

NAPOLÉON.

D'autre part, l'Empereur adressait au maréchal de Mac-Mahon la lettre suivante :

Maréchal,

Nos communications avec le maréchal Bazaine sont interrompues. Les circonstances deviennent difficiles et graves. Je fais appel à votre patriotisme et à votre dévouement, et je vous confère le commandement général de l'armée de Châlons et des troupes qui se réuniront autour de la capitale et dans Paris.

Vous aurez, maréchal, la plus grande gloire, celle de combattre et de repousser l'invasion étrangère.

Pour moi, qu'aucune préoccupation politique ne domine, autre que celle du salut de la patrie, je veux combattre et vaincre ou mourir au milieu de mes soldats.

Enfin M. Rouher rédigea le projet de proclamation qui suit et qui devait être adressée par le maréchal de Mac-Mahon à son armée :

Soldats,

L'Empereur me confie les fonctions de général en chef de toutes les forces militaires qui, avec l'armée de Châlons, se réuniront autour de Paris et dans la capitale. Mon désir le plus ardent était de me porter au secours du maréchal Bazaine, mais cette entreprise était impossible. Nous ne pouvions nous rapprocher de Metz avant plusieurs jours; d'ici à cette époque, le maréchal Bazaine aura sans doute brisé les obstacles qui l'arrêtent; d'ailleurs, pendant notre marche directe sur Metz, Paris restait découvert et une armée prussienne nombreuse pouvait arriver sous ses murs.

Le système des Prussiens consiste à concentrer leurs forces et à agir par grandes masses.

Nous devons imiter leur tactique; je vais vous conduire sous les murs de Paris qui forment le boulevard de la France contre l'ennemi.

Sous peu de jours l'armée de Châlons sera doublée. Les anciens soldats de 25 à 30 ans rejoignent de toutes parts. L'ardeur nationale est immense; toutes les forces de la patrie sont debout.

J'accepte avec confiance le commandement que l'Empereur me confère.

Soldats, je compte sur votre patriotisme, sur votre valeur, et j'ai la conviction qu'avec de la persévérance et du temps nous vaincrons l'ennemi et le chasserons de notre territoire.

Porteur de toutes ces pièces, M. Rouher rentra rapidement à Paris et provoqua, pour le 22 août, dans la matinée, une réunion du conseil des ministres aux Tuileries, tandis que, simultanément, le décret, la lettre de l'Empereur, la proclamation du maréchal de Mac-Mahon à l'armée, étaient livrés à l'impression pour servir de matière à un numéro supplémentaire de l'*Officiel*.

Mais, dit M. Rouher, dans le rapport qu'il a publié

sur tous ces événements, le général comte de Palikao, ministre de la guerre, combattit vivement la détermination du maréchal de Mac-Mahon dans le conseil des ministres. — « Il ne faut à aucun prix, disait-il, « revenir sur Paris ; il faut marcher sur Metz, donner « la main à Bazaine, le secourir. »

Ayant exposé ces idées avec une grande chaleur, le général ministre de la guerre rallia à son opinion tous ses collègues et, fort de leur assentiment, il rédigea, sous leurs yeux, une dépêche ainsi conçue :

Le ministre de la guerre à l'Empereur, à Reims.

Paris, 22 août, 1 heure 5 du soir.

Le sentiment unanime du conseil, en présence des nouvelles du maréchal Bazaine, est plus énergique que jamais. Les résolutions prises hier soir devraient être abandonnées. Ni décret, ni lettre, ni proclamation, ne devraient être publiés. Un aide de camp du ministre de la guerre part pour Reims avec toutes les instructions nécessaires.

Ne pas secourir Bazaine aurait à Paris les plus déplorables conséquences. En présence de ce désastre, il faudrait craindre que la capitale ne se défendît pas.

Votre dépêche à l'Impératrice nous donne la conviction que notre opinion est partagée.

Paris sera à même de se défendre contre l'armée du prince royal de Prusse. Les travaux sont poussés très promptement ; une armée nouvelle se forme à Paris. Nous attendons une réponse par le télégraphe.

Or, au moment où l'employé de la télégraphie impériale des Tuileries expédiait cette dépêche du ministre de la guerre, le maréchal de Mac-Mahon télégraphiait lui-même de son quartier général, de Courcelles près de Reims, pour annoncer que, changeant encore une fois de résolution, il allait se porter au-devant de Bazaine. Cette nouvelle dépêche était ainsi conçue :

Courcelles, 22 août 1870, 11 heures 30 du matin.

Le maréchal Bazaine a écrit du 19 qu'il comptait toujours opérer son mouvement de retraite par Montmédy. Par suite, je vais prendre des dispositions.

A la même heure il avait télégraphié au maréchal Bazaine :

Reçu votre dépêche du 19. Suis à Reims; me porte dans la direction de Montmédy. Serai après-demain sur l'Aisne d'où j'agirai selon les circonstances pour vous venir en aide.

On remarquera que la dépêche du maréchal de Mac-Mahon qui annonce son changement de résolution, est datée du 22 août 1870, 11 h. 30 min. du matin, tandis que celle du ministre de la guerre est datée du 22 août, 1 h. 5 min. du soir. Ces deux dépêches se sont croisées en route; ce n'est donc pas celle du ministre de la guerre qui a déterminé définitivement le maréchal de Mac-Mahon à renoncer à son projet de retraite sur Paris, pour marcher en avant; cette détermination qu'il a prise de sa propre initiative lui a été inspirée uniquement par une dépêche du maréchal Bazaine à l'Empereur, dépêche qui portait la date du 19 août 1870, et disait notamment :

..... Je compte toujours prendre la direction du nord et

me rabattre ensuite par Montmédy sur la route de Sainte-Menehould à Châlons, si elle n'est pas fortement occupée. Dans ce cas, je continuerai sur Sedan et même Mézières pour gagner Châlons.

Cette dépêche fut apportée au maréchal de Mac-Mahon, le 22 août, à 10 heures du matin, par M. Piétri, secrétaire particulier de l'Empereur ; c'est elle, paraît-il, qui leva les dernières hésitations du maréchal. Aussi l'Empereur put-il télégraphier dans la soirée au ministre de la guerre, en réponse à son télégramme :

Courcelles, le 22 août, 4 heures.

L'Empereur au ministre de la guerre.

Reçu votre dépêche. Nous partons demain pour Montmédy. Pour tromper l'ennemi, faire mettre dans le journal que nous partons avec 150 000 hommes pour Saint-Dizier. Supprimerez les décrets que vous a portés Rouher.

C'est, par conséquent, de son propre mouvement que le maréchal de Mac-Mahon, après tant de déplorables lenteurs, s'est résolu à marcher vers Metz, ou plus exactement vers Montmédy. Cependant, le soir du 22 août, après avoir signé l'ordre général qui enjoignait à l'armée de prendre cette direction, il était déjà retombé dans son indécision antérieure ; rencontrant alors, au sortir du cabinet de l'Empereur, le général Forgeot et lui serrant la main, il lui dit :

— J'aurais mieux aimé me voir couper le bras droit que d'être forcé de signer un ordre pareil, qui est la perte de notre dernière armée.

Il est vrai que, depuis qu'il avait pris l'irrévocable résolution de se porter à la rencontre de Bazaine, le maréchal de Mac-Mahon ne pouvait assez amèrement regretter d'avoir perdu tant de journées précieuses, de s'être replié sur Reims et d'avoir inutilement passé une journée sous les murs de cette ville. Pourtant rien n'était désespéré encore le 23 août, et l'armée de Châlons avait toujours à ce moment le temps d'agir avant la jonction des deux armées prussiennes, si une marche plus rapide avait été imposée aux troupes, si on avait stimulé leur dévouement et si elles avaient fait des étapes de sept à huit lieues par jour. La distance de Reims à la Meuse pouvait être aisément franchie en quatre jours, en ne parcourant même que six lieues par jour.

« Après que Mac-Mahon se fut décidé à marcher au secours de Bazaine, dit Rustow dans la *Guerre des frontières du Rhin*, il devait chercher avant tout que le prince royal n'en fût point informé. Pour cela, il pouvait former un rideau avec une partie de sa cavalerie ; il devait ensuite faire marcher le plus rapidement possible la masse de ses troupes pour avoir la probabilité de ne combattre, de concert avec Bazaine, que la Ire et la IIe armée allemande, sans avoir affaire en même temps à la IIIe et à la IVe armée. Dans ces circonstances, il fallait exiger des troupes des marches forcées ; mais cela n'eut pas lieu et l'on ne fit que des marches très ordinaires.

« De Reims à Montmédy, par Rethel et Stenay, il y a environ 100 kilomètres ; en faisant 20 kilomètres par jour, ce n'était pas une trop longue marche ; les têtes de colonne de Mac-Mahon pouvaient, dans ce cas, arriver à Montmédy le 25 août et les dernières troupes, le 26 ; il pouvait ensuite opérer sa jonction avec Bazaine avant le 29 ou le 30 au plus tard, en avant de Metz, et livrer bataille au prince Frédéric-Charles qui n'aurait plus eu de forces égales à opposer aux deux armées françaises. Mais, au lieu d'une semblable opération, l'avant-garde de Mac-Mahon ne parvient à Mouzon que le 28. Cependant, les dispositions prises par les Allemands le 19 août facilitaient singulièrement le mouvement de l'armée de Châlons. »

D'autre part, voici comment le grand état-major prussien juge ce mouvement dans la *Guerre franco-allemande* :

Le plan conçu à Paris dans le but de dégager l'armée du Rhin et de reprendre, de concert avec elle, les territoires envahis, était hardi et grandiose ; mais il manquait en principe des conditions fondamentales nécessaires au succès. Généralement la nouvelle armée que les Français mettaient en campagne ne possédait pas, dans tous ses éléments, le degré voulu de qualités militaires pour se montrer à hauteur des exigences qu'elle allait affronter. Des vivres avaient été accumulés sur plusieurs points, et cependant, à mainte reprise, les troupes eurent à souffrir sérieusement au cours de marches et contre-marches imprévues. Le plus souvent aussi le commandant en chef, loin d'agir uniquement d'après ses propres inspirations, obéissait bien plutôt à la pression des courants politiques et des indications qui lui arrivaient de Paris.

Nonobstant ces conditions défavorables, l'entreprise était susceptible d'un succès partiel, au moins au début, car les Français avaient alors pour eux le précieux avantage de surprendre leurs antagonistes.

En effet, si, dans sa marche de Châlons vers Reims, le maréchal était assez exactement renseigné sur les mouvements des Allemands, ceux-ci, au contraire, lancés en plein pays ennemi, sans contact avec l'adversaire, manquaient de toute notion précise sur les projets des Français. On savait, il est vrai, d'une manière certaine que des forces considérables se rassemblaient à Châlons, sous les yeux de l'Empereur; on n'ignorait pas que les corps chassés d'Alsace avaient été acheminés de ce côté; mais tous les indices, toutes les considérations militaires conduisaient à penser que ces troupes étaient destinés à couvrir la capitale compromise, et que, dans ce but, elles allaient s'établir dans une position parallèle ou latérale choisie à cet effet et y attendre les Allemands.

Tout d'abord les premiers bruits, les premiers symptômes du nouveau plan de campagne élaboré à Paris et déjà en voie d'exécution ne rencontraient donc au grand quartier général que peu ou point de créance.

Bien que les Français eussent assurément perdu un temps fort précieux dans leurs mouvements sur Reims et Rethel, ils ne s'en trouvaient pas moins, dès le 25 août, au soir, au nombre de 130 000 hommes, presque dans le flanc droit de l'armée allemande, disposés face à l'ouest, tandis que celle-ci les supposait toujours entre elle et Paris. Quelques jours encore, et l'armée de Châlons allait se trouver en mesure de pénétrer du Nord dans l'Argonne, de rejeter les unes sur les autres les troupes du prince royal de Saxe, et de les battre successivement.

Mais, dans cette soirée même du 25, les opérations prenaient une tournure décisive qui enlevait d'un seul coup aux Français tous les avantages de leur situation.

Le général de Palikao, ministre de la guerre, avait donc calculé juste, et il avait raison d'affirmer que l'armée de Châlons, malgré son tardif ébranlement, pouvait au moins conserver 48 heures d'avance sur celle du prince royal, franchir la Meuse, couper les ponts, se jeter sur l'armée du roi et forcer les troupes du prince Frédéric-Charles à se replier ou à agir, suivant l'hypothèse envisagée par Rustow. Mais cette avance, qui constituait notre seule chance de victoire, fut bientôt réduite puis perdue, dans une marche languissante, indécise, maladroitement dirigée, qui permit à l'ennemi de s'interposer entre le maréchal Bazaine et le maréchal de Mac-Mahon, et de refouler celui-ci sur Sedan. C'est cette marche que nous allons maintenant suivre dans son ensemble.

MARCHE DE L'ARMÉE DE CHALONS SUR MONTMÉDY.

La marche de Reims dans la direction de l'est commença le 23 août, à 10 heures du matin ; elle avait d'abord pour objectif la traversée de la Meuse à Dun et à Stenay et la direction de Montmédy. Au début de cette marche, les quatre corps qui composaient l'armée de Châlons étaient ainsi disposés :

Le 7e corps (général Félix Douay) occupait l'aile droite ; le 1er corps (général Ducrot) et le 5e corps (général de Failly) se trouvaient au centre, le 12e corps (général Lebrun) était placé à l'aile gauche. Quant aux deux divisions de cavalerie indépendante, elles étaient placées, celle du général Margueritte, en extrême avant-garde pour éclairer la route, celle du général Bonnemain, sur les flancs du 7e corps, pour couvrir toute la droite de l'armée. L'Empereur, avec sa maison, marchait sous la protection du

1er corps, accompagné d'une telle suite de bagages, qu'un officier put s'écrier :

— On dirait l'armée de Darius !

A quoi, un interlocuteur répondit :

— Rien n'y manque, pas même Darius, et, de tous nos bagages c'est, sans contredit, le plus embarrassant.

En effet, M. de Fourny, curé de Beaumont, raconte que, le 27 août, l'Empereur étant arrivé au Chesne-Populeux pour déjeuner, il fallut « plus de deux heures pour décharger la batterie de cuisine, les provisions de bouche et les vins de Champagne de Sa Majesté ». Cependant, dès le premier jour, la marche de l'armée de Châlons se trouva entravée par la défectuosité des services de l'intendance ; celle-ci ne put approvisionner les troupes, et il fallut recourir aux réquisitions pour se procurer le pain, la viande, le bois et les fourrages nécessaires ; le pays étant trop pauvre pour subvenir aux besoins d'une nombreuse armée, on dut même fermer les yeux sur les actes de maraude commis par une foule de soldats pour se procurer ce que l'administration militaire ne pouvait leur fournir.

L'intendance manquait non seulement de provisions, mais encore de personnel et de moyens de transport ; dans la plupart des cantonnements, les officiers commandants furent réduits à faire vivre, de leur propre autorité, leurs soldats chez l'habitant, en se passant du concours de l'administration.

Dans ces conditions, l'armée mit deux jours pour faire onze lieues, de Reims à Rethel ; par surcroît de lenteur, sous prétexte de la ravitailler, le maréchal de Mac-Mahon porta, le 24 août, son quartier général dans cette ville sur le territoire de laquelle il eut la funeste inspiration d'arrêter, pendant toute la journée du 25, le 5ᵉ et le 12ᵉ corps, auxquels on ne distribua pourtant dans cet intervalle que deux jours de vivres. Cette mesure qui, il est vrai, rapprochait l'armée de la voie ferrée de Reims à Mézières, par laquelle l'administration pouvait faire arriver sûrement des approvisionnements, eut l'immense désavantage de la détourner de sa marche vers l'Est et de faire perdre, aux deux corps qui avaient les plus longues étapes à parcourir, toute une journée, c'est-à-dire la moitié de l'avance que l'on avait sur l'ennemi ; de leur côté, dans cette journée du 25 août, le 1ᵉʳ et le 7ᵉ corps firent à peine une dizaine de kilomètres en avant.

En reprenant sa marche générale, le 26 août, le maréchal de Mac-Mahon commit une faute moins excusable encore en donnant ses ordres de telle manière qu'il fit passer toute la division de cavalerie indépendante commandée par le général Bonnemain, du flanc droit sur le flanc gauche de l'armée, c'est-à-dire sur le côté opposé à l'ennemi ; il découvrit ainsi toute son aile droite, sur laquelle se trouvaient précisément les importants défilés de l'Argonne qui ne pouvaient plus être surveillés que par la cavalerie du 7ᵉ corps composée d'une seule brigade. Dans ce nouvel ordre de marche, la division de cavalerie Bonnemain couvrait, sans aucune nécessité, l'armée du côté de nos places fortes du Nord et de la Belgique, alors que l'ennemi s'approchait par le Sud et par l'Est.

« Avec une cavalerie aussi nombreuse que celle qu'il avait, dit Borbstaedt, il était permis au maréchal de pousser au loin, dans toutes les directions, des divisions isolées pour cacher à l'ennemi les mouvements de son armée, et pour se procurer en même temps des renseignements exacts sur les opérations des troupes allemandes. Cependant il n'en fit rien ; seules les deux divisions de réserve et de cavalerie furent d'abord envoyées dans ce but ; quant aux autres, elles continuaient comme par le passé à demeurer à la disposition de leurs commandants de corps, de telle sorte que, sur aucun point du théâtre des opérations, on ne sut tirer parti de la cavalerie française. »

Dans les journées du 26 et du 27 août, l'armée, qui, le 25, avait pivoté sur sa gauche, fit un mouvement de conversion sur son aile droite, dans lequel le 7ᵉ corps se porta de Vouziers sur Grand-Pré, où un régiment de hussards faillit être enlevé par de nombreux escadrons ennemis ; il fallut détacher contre ceux-ci toute une brigade et deux batteries d'artillerie. La faute que le maréchal avait commise en découvrant l'aile droite de son armée produisit alors ses conséquences ; le général Félix Donay, craignant une attaque imprévue, puisqu'il n'était pas couvert sur sa droite, fut obligé d'arrêter sa marche, d'établir son corps d'armée dans une position de combat, de le protéger par des tranchées-abris, et de le laisser pendant la plus grande partie de la journée sous une pluie battante, l'arme au pied, prêt à s'engager.

Tout un jour fut encore de la sorte perdu dans

des marches et contre-marches sans objet, dans un véritable piétinement sur place, et le maréchal de Mac-Mahon dut faire appuyer le 7ᵉ corps par le 1ᵉʳ et par le 5ᵉ corps, en faisant incliner ces deux derniers sur Terron et Buzancy. En avant de cette dernière position, la cavalerie du général de Failly, envoyée en reconnaissance, rencontra des forces ennemies imposantes en cavalerie et en infanterie soutenues par plusieurs batteries d'artillerie. Le corps tout entier du général de Goltz occupait, en effet, les hauteurs de ce côté; nos troupes furent canonnées et obligées de se replier vivement en arrière de leurs positions.

PROJET DE RETRAITE DU MARÉCHAL DE MAC-MAHON SUR MÉZIÈRES.

La situation de l'armée française était donc des plus graves; l'ennemi avait dépisté sa marche, et la suivait pas à pas sur son flanc droit, épiant le moment de l'attaquer avec résolution; il était impossible que le maréchal de Mac-Mahon se fît désormais la moindre illusion à cet égard et songeât à poursuivre son projet de passer la Meuse pour se porter sur Montmédy. Les lenteurs de notre marche, le séjour à Rethel, le stationnement du corps d'armée du général Douay nous avaient fait perdre la faible avance dont nous disposions, et le plan du ministre de la guerre ne pouvait plus à ce moment être exécuté, sans nous exposer à faire couper nos communications avec l'intérieur, et à livrer une bataille désavantageuse.

LA BATAILLE DE SEDAN.

Le maréchal de Mac-Mahon le comprit, et, le 27 août, dans la soirée, ayant reçu la confirmation de la marche rapide des deux armées allemandes, il renonça à continuer sa marche vers l'est; il résolut de se porter vers le nord-ouest et prit ses mesures à cet effet. Cette résolution lui fut uniquement inspirée, dit-il, par les éventualités; car, en dépit d'assertions formelles de plusieurs témoins, il prétend n'avoir reçu aucune des dépêches importantes que lui expédia à ce moment le maréchal Bazaine pour lui annoncer l'impossibilité dans laquelle il se trouvait de rompre son cercle d'investissement et de le rejoindre. Dans tous les cas, le maréchal de Mac-Mahon informa le ministre de la guerre de cette résolution dans les termes suivants :

Le Chesne, 27 août 1870, 8 heures 30 du soir.

Maréchal de Mac-Mahon à Guerre, Paris.

Les Ire et IIe armées, plus de 200 000 hommes, bloquent Metz, principalement sur la rive gauche; une force évaluée à 50 000 hommes serait établie sur la rive droite de la Meuse pour gêner ma marche sur Metz; des renseignements annoncent que l'armée du prince royal de Prusse se dirige aujourd'hui sur les Ardennes avec 50 000 hommes; elle serait déjà à Ardeuil. Je suis au Chesne avec un peu plus de 100 000 hommes. Depuis le 19, je n'ai aucune nouvelle de Bazaine; si je me porte à sa rencontre, je serai attaqué de front par une partie des Ire et IIe armées qui, à la faveur des bois, peuvent dérober une force supérieure à la mienne; en même temps, attaqué par l'armée du prince royal de Prusse, nous coupant toute ligne de retraite. Je me rapproche demain de Mézières d'où je continuerai ma retraite selon les événements vers l'ouest.

Peu d'heures auparavant, il avait fait télégraphier à Bazaine :

Le Chesne, 27 août 1870, 3 heures 25 du soir.

Maréchal Mac-Mahon prévient maréchal Bazaine que l'arrivée du prince royal à Châlons le force à opérer le 29 sa retraite sur Mézières et de là à l'ouest, s'il n'apprend pas que le mouvement de retraite du maréchal Bazaine soit commencé.

A cette nouvelle, le ministre de la guerre, qui ne pouvait pas se rendre compte des obstacles que le maréchal de Mac-Mahon rencontrait, et que des préoccupations politiques dominaient, répondit par l'ordre péremptoire de continuer la marche en avant. Cet ordre funeste fut notifié dans les termes suivants :

Paris, 27 août 1870, 11 heures du soir.

Guerre à Empereur, quartier impérial.

Si vous abandonnez Bazaine, la révolution est dans Paris et vous serez attaqué vous-même par toutes les forces de l'ennemi. Contre le dehors, Paris se gardera. Les fortifications sont terminées. Il me paraît urgent que vous puissiez parvenir rapidement jusqu'à Bazaine. Ce n'est pas le prince royal de Prusse qui est à Châlons, mais un des princes, frère du roi de Prusse, avec une avant-garde et des forces considérables de cavalerie. Je vous ai télégraphié ce matin deux renseignements qui indiquent que le prince royal de Prusse, sentant le danger auquel votre marche tournante expose et son armée et l'armée qui bloque Bazaine, aurait changé de direction et marcherait vers le nord. Vous avez au moins trente-six heures d'avance sur lui, peut-être quarante-huit heures. Vous n'avez devant vous qu'une partie des forces qui bloquent Metz et qui, vous voyant vous retirer de Châlons à Reims, s'étaient étendues vers l'Argonne. Votre mouvement sur Reims les avait trompés. Comme le prince royal de Prusse, ici tout le monde a senti la nécessité de dégager Bazaine, et l'anxiété avec laquelle on vous suit est extrême !

Moins de deux heures après, le maréchal de Mac-Mahon recevait encore une dépêche plus impérieuse, ainsi conçue :

Paris, 28 août 1870, 1 heure 30 du matin.

Urgent. Faire suivre.
Guerre à Mac-Mahon, au quartier général. Au nom du conseil des ministres et du conseil privé, je vous demande de porter secours à Bazaine en profitant des trente heures d'avance que vous avez sur le prince royal de Prusse. Je fais porter corps Vinoy sur Reims.

Un pareil ordre était insensé, et, cette fois, c'était incontestablement le maréchal de Mac-Mahon qui avait raison contre le ministre de la guerre ; mais, avec son absence habituelle de fermeté de caractère, il ne sut pas encore, en cette suprême occurrence, se déterminer pour le parti qui lui paraissait le plus sage et qui peut-être eût été de s'arrêter sur de bonnes positions défensives pour livrer bataille ; malgré les périls formidables qu'il voyait nettement se dresser devant lui, il mit à réaliser le plan du ministre de la guerre, au moment où il devenait inexécutable, autant d'obstination qu'il en avait mis à le repousser quand il offrait de grandes chances de succès.

En conséquence, le 28 août, il contremanda les ordres qu'il avait déjà donnés pour un mouvement de retraite sur Mézières ; notamment, il expédia la dépêche suivante au général de Failly, qui, dans l'appui qu'il avait donné au 7e corps, le 27 août, avait passé avec son corps d'armée du centre à l'aile droite et par conséquent à l'avancée :

Le Chesne, 28 août.

Il est de la plus haute importance que nous traversions la Meuse le plus tôt possible ; poussez donc ce soir dans la direction de Stenay aussi loin que vous le pourrez. Le général Douay, qui vous suit, a été invité à suivre votre dernière colonne : il campera au delà de Bar. Si l'ennemi vous force à quitter momentanément la grand'route, faites-le connaître au général Douay, pour que sa tête de colonne prenne la même direction. Nous marchons sur *Montmédy pour délivrer le maréchal Bazaine*. Attendez-vous à rencontrer une vigoureuse résistance pour enlever Stenay. Faites interroger tous les gens qui viennent de ce côté pour savoir si l'ennemi n'a pas fait sauter les ponts. Dans le cas où il les aurait fait sauter, faites-le-moi connaître. Je pars pour Stonne.

La marche sur Montmédy se trouvait donc reprise le 28 août, plus énergiquement qu'au début, mais pour des raisons purement politiques, contre toute raison militaire. L'Empereur lui-même comprenait si bien le danger de cette aventure qu'il envoya, dans la matinée, au maréchal de Mac-Mahon, d'abord un de ses écuyers, puis un de ses aides de camp, le prince de la Moscowa, pour lui rappeler :

que les deux télégrammes du ministre de la guerre ne constituaient pas des ordres, qu'il avait seul toute la responsabilité des opérations ; que le mouvement sur Montmédy était bien téméraire et qu'il vaudrait peut-être mieux reprendre le projet de la veille, la marche sur Mézières. Le maréchal de Mac-Mahon répondit qu'il avait mûrement pesé les motifs pour et contre, et qu'il persistait dans la résolution qu'il avait prise. Seulement, afin de pouvoir plaider les circonstances atténuantes devant l'histoire, imaginant que les ordres du ministre de la guerre et que son obéissance aveugle dégageraient sa responsabilité de la défaite au-devant de laquelle il marchait, de son propre mouvement, sans souci des intérêts de la France, avec le vain espoir d'éviter la plus légitime des révolutions, il fit faire par son état-major particulier quatre copies de la dépêche qu'il avait adressée au ministre de la guerre, dans la crainte qu'elle ne fût perdue.

Cependant ce n'étaient pas 100 000 ennemis que le maréchal de Mac-Mahon allait rencontrer devant lui, comme de fausses indications le lui laissaient supposer ; il n'avait plus sur eux, ni quarante-huit ni trente-six heures d'avance, comme le ministre de la guerre le lui télégraphiait arbitrairement ; en réalité, il était déjà en contact avec deux armées formidables, opérant très savamment, de manière à l'envelopper ou à le rejeter sur le territoire belge.

Avant de poursuivre, il importe de déterminer comment ces armées avaient marché pour venir ainsi couper à l'armée de Châlons la route de Metz et la réduire à une aussi fâcheuse extrémité.

MARCHE DE LA IIIᵉ ARMÉE ALLEMANDE ET DE L'ARMÉE DE LA MEUSE CONTRE L'ARMÉE DE CHALONS.

Après la bataille de Reischoffen, les Allemands, fort éprouvés, avaient dû prendre quelque repos et réparer leurs pertes en munitions et en hommes; ils ne reprirent sérieusement que le 17 août leur marche en avant, qu'ils exécutèrent avec une extrême prudence, en s'éclairant selon leur habitude avec le plus grand soin sur leur front; toute une division de cavalerie fut utilisée à cette fonction, et garda une avance constante d'une ou deux marches sur le gros de l'armée. En outre, les divers corps étaient invités à se maintenir étroitement reliés entre eux, à faire toujours bivouaquer leurs avant-gardes, et à établir le reste de leurs troupes dans des cantonnements aussi resserrés que possible. En cas de rencontre, les avant-gardes avaient ordre de se borner à une attitude purement défensive pour ménager à l'armée le temps de se déployer.

Longtemps, le quartier général prussien manqua totalement de renseignements sur la position de l'armée du maréchal de Mac-Mahon et sur le 5ᵐᵉ corps, dont la disparition lui paraissait inexplicable; mais, le 17 août, une reconnaissance de uhlans s'étant emparée d'un courrier, il apprit la formation de l'armée de Châlons, la vive impulsion donnée aux travaux de défense de Paris, l'appel sous les drapeaux de tous les hommes âgés de vingt-cinq à trente-cinq ans, en un mot, les efforts faits de toutes parts, pour endiguer l'invasion et la refouler.

LA BATAILLE DE SEDAN.

Alors le grand quartier général jugea prudent de faire concourir avec la IIIe armée qui s'avançait sur Paris, qui, le 20, avait même dépassé Nancy et se trouvait entre Commercy et Vaucouleurs, une nouvelle armée, détachée en partie de l'armée de Metz; cette armée prit le nom d'armée de la Meuse. En conséquence, la IIIe armée passa les journées du 21 et du 22 août dans les positions qu'elle avait atteintes le 20, pour permettre à l'armée de la Meuse de s'avancer jusqu'à sa hauteur et d'opérer simultanément avec elle un mouvement offensif.

Ce résultat fut obtenu dans la soirée du 22 août; alors l'armée de la Meuse se trouvait en arrière de Verdun, à Étain et Fresnes-en-Woëvre. Les deux armées allemandes affectées au mouvement sur Paris étaient placées ainsi presque sur une même ligne faisant face à l'ouest, sur un front de plus de 75 kilomètres, dont l'armée de la Meuse occupait la droite, la IIIe armée le centre et la gauche; la cavalerie battait le pays à une très grande distance en avant.

Le 23 août, ces deux armées se mirent en marche dans la direction de Paris devenu, dès ce moment, l'objectif des opérations; mais, le lendemain, le grand quartier général recevait sur l'armée de Châlons et sur sa destination probable des renseignements qui lui donnaient la plus vive inquiétude. Un télégramme de Paris, daté du 23 au soir et reçu par la voie de Londres, lui mandait :

L'armée de Mac-Mahon se concentre à Reims; l'empereur Napoléon et le prince sont avec elle; Mac-Mahon cherche à faire sa jonction avec Bazaine.

A cette nouvelle, le grand quartier général, estimant qu'il valait mieux se résigner à un retard que de s'exposer au grave danger de laisser une armée française s'engager dans le Nord, résolut de surseoir momentanément au mouvement sur Paris; toutefois il attendit, pour en modifier le sens, des faits plus précis; il décida seulement d'incliner vers Reims et de redoubler de vigilance sur la droite de l'armée. Ces ordres lancés, le grand quartier général attendit, dit-il, « avec la plus vive impatience, de nouvelles informations; car, en admettant que le maréchal de Mac-Mahon eût réellement entrepris son opération sur Metz, il pouvait avoir quitté Reims dès le 23 et se trouver déjà sur l'Aisne à Vouziers. Si, de là, il poursuivait sa marche sans désemparer, il n'était plus possible de l'aborder avec des forces supérieures sur la rive gauche de la Meuse, et il fallait abandonner précipitamment le plan en voie d'exécution, franchir, par des chemins de traverse, les vastes forêts de l'Argonne, s'engager dans une région où rien n'avait été préparé encore pour assurer la subsistance des troupes, assigner enfin une nouvelle direction aux ravitaillements de toute nature, dont le transport était déjà réglé vers l'ouest.

« Mais, pas plus tard que le 26 août, la cavalerie de l'armée de la Meuse se retrouvait en contact avec l'ennemi, à Vouziers et à Grand-Pré; la marche des Français vers l'est se trouvait ainsi confirmée; cependant le doute existait toujours, quant à la question de savoir jusqu'à quel point la masse des forces ennemies s'était déjà rapprochée de la Meuse et s'il serait encore possible de lui livrer bataille sur la rive gauche.

« En présence de la demi-incertitude qui couvrait momentanément ce point de la question, et de la nécessité d'empêcher néanmoins à tout prix la jonction projetée des deux armées du Rhin et de Châlons, les corps du prince royal de Saxe sont d'abord ramenés au nord-est dans la direction de la Meuse, avec mission de s'établir sur la rive droite près de Danvillers, pour y barrer le passage aux forces ennemies attendues de l'ouest. Les corps bavarois suivent immédiatement ce mouvement, en tenant la même marche, et, pour plus de garantie encore, les troupes de l'armée d'investissement de Metz sont appelées à Étain, tandis que l'aile gauche de la IIIe armée, trop éloignée pour parvenir à temps à l'est de la Meuse, converge fortement à droite et remonte vers le nord, le long de l'Aisne. A la suite de ce brusque changement de front, des corps d'armée se trouvaient amenés avec tout leur matériel, soit en avant, soit en arrière des colonnes par rapport auxquelles ils avaient jusqu'alors cheminé parallèlement; mais les dispositions toujours habiles des deux commandants d'armée, l'initiative dont ils n'hésitaient pas à faire preuve, partout où besoin était, arrivaient à prévenir autant que possible tout arrêt dans le mouvement. Les troupes, d'ailleurs, se comportaient dans la main de leurs chefs comme un instrument éprouvé, constamment prêtes à fournir la tâche demandée. Si fortes que pussent être les marches qu'on leur imposait, les corps ne faillirent jamais à les accomplir et à atteindre les points assignés, dussent-ils même n'y arriver qu'à une heure avancée de la nuit. Au loin, en avant du front, la cavalerie, toujours active et infatigable, se jetait dans la partie nord du massif de l'Argonne, éclairait le mouvement, et trompait l'adversaire, tandis que, sur le flanc gauche de la IIIe armée, d'autres masses de troupes à cheval battaient le pays jusqu'aux portes de Reims.

« Sur ces entrefaites, une première rencontre avec des cavaliers allemands auprès de Grand-Pré déterminait les Français à suspendre leur marche de Rethel dans la direction de l'est. Dans la soirée du 27 août, les Saxons occupaient les divers points de passage de la Meuse, depuis Dun jusqu'à Stenay, interceptant ainsi le chemin direct de Metz, et le gros de l'armée de Châlons, croyant à une attaque, faisait halte entre Vouziers et Le Chesne, de sorte qu'après cinq jours de marche, l'adversaire s'était à peine avancé de 60 kilomètres au delà de Reims. Au point de vue stratégique, cette journée décidait déjà du résultat de l'entreprise; l'opération sur Metz était déjouée, et, devant les mouvements des troupes qui s'avançaient du sud pour les envelopper, les Français n'avaient plus d'autre ressource que de se décider vivement à battre en retraite vers l'ouest. »

En effet, aussitôt que l'ensemble des renseignements recueillis lui permit de reconnaître que nous n'avions pas même poussé nos têtes de colonne jusqu'à la Meuse, que le gros de nos forces se trouvait encore à près d'une étape en arrière de ce fleuve, à

Buzancy, l'état-major allemand, opérant désormais en parfaite connaissance de cause, s'empressa de donner des ordres pour nous joindre, avant que nous pussions opérer sur la rive droite de la Meuse.

L'ordre de revenir sous Metz fut envoyé au corps de la IIe armée, jeté sur Étain et Briey, et dont le concours devenait inutile; puis toute l'armée fit un brusque changement de front à droite; l'armée de la Meuse reçut l'ordre d'appuyer sur Buzancy et Beaumont; la IIIe armée remonta, à marches forcées, vers Grand-Pré et Vouziers, tandis que le gros de la cavalerie, massé sur l'aile gauche, avait pour mission de couper nos communications, et de mettre obstacle à notre retraite vers l'ouest.

Enfin, dans la soirée du 29 août, le prince royal de Saxe eut la bonne fortune de pouvoir prendre connaissance des dispositions du commandant en chef des forces françaises et de tous les mouvements qui avaient été effectués, les jours précédents, par l'armée de Châlons. Une patrouille de uhlans s'empara, près de Germont, d'un officier d'état-major, le capitaine marquis de Grouchy, envoyé par le maréchal de Mac-Mahon au général de Failly; ce capitaine était précisément porteur de la dépêche, plus haut reproduite, par laquelle le maréchal annonçait au général de Failly qu'il marchait sur Montmédy.

Le prince royal de Saxe apprit en outre par cette dépêche que l'intention du maréchal de Mac-Mahon était de masser le lendemain toutes ses forces sur la rive droite de la Meuse; en conséquence, il résolut, de concert avec le grand quartier général, de se porter vivement en avant et d'atteindre quelques corps isolés avant l'achèvement du passage du fleuve, pour les écraser sur sa rive gauche. Cette opération, pour laquelle des dispositions préparatoires furent prises dès le soir du 29, donna lieu à la désastreuse bataille de Beaumont qui acheva de compromettre très sérieusement l'armée du maréchal de Mac-Mahon.

BATAILLE DE BEAUMONT. — COMBAT DE MOUZON. — MARCHE DE L'ARMÉE FRANÇAISE DANS LA JOURNÉE DU 30 AOUT.

D'après les ordres donnés par le maréchal de Mac-Mahon, à la suite de la funeste résolution qu'il avait prise d'obéir aveuglément aux dernières instructions du ministre de la guerre, toute son armée devait, dans la journée du 30 août au plus tard, avoir franchi la Meuse, à Mouzon et à Remilly, et se trouver entre ce dernier fleuve et le Chiers, entre Mouzon et Carignan, pour se diriger ensuite sur Montmédy. Cette opération fut exécutée sans aucune difficulté par le 12e corps qui s'établit le 29 août sur les hauteurs de Mouzon, en arrière de la Meuse, pour protéger le passage des autres corps d'armée, et par le 1er corps, qui, dans la matinée du 30 août, se porta, sans encombre, par Remilly et Villers, de Raucourt sur Carignan, ville en avant de laquelle il s'établit; mais le 7e et 5e corps furent arrêtés et détournés par de très sérieux obstacles.

Le 7e corps, commandé par le général Douay, quitta ses campements, le 30 août, vers 4 heures du matin, pour exécuter le mouvement prescrit, et se mit en marche d'Oches sur Stonne. L'intendance avait imaginé de placer dans les convois du corps d'armée tous les équipages et les voitures de subsistance vides; ces *impedimenta* occupaient la prodigieuse longueur de 15 kilomètres, et il ne fallut pas moins de sept bataillons pour les flanquer en dehors de la route; aussi est-ce à 10 heures du matin seulement que la brigade qui formait l'arrière-garde put commencer à s'ébranler. Or, à cette heure, l'ennemi surgissait sur les derrières du corps d'armée du général Douay et le harcelait sans cesse, soit avec des partis de cavaliers, soit même avec des batteries d'artillerie qui le contraignaient à se déployer, à mettre ses mitrailleuses en ligne, et à perdre tellement de temps, qu'à 1 heure de l'après-midi seulement, le général Douay se mettait en marche dans la direction de Mouzon, de Stonne sur la Besace. Arrivé dans ce dernier endroit, le général Douay, entendant une furieuse canonnade sur sa droite, du côté de Beaumont, craignit de se voir couper le passage de la Meuse à Mouzon et à Villers, et, voulant à tout prix exécuter cette opération, d'après les ordres pressants que le maréchal de Mac-Mahon lui avait donnés, il eut la fâcheuse inspiration de ne pas se préoccuper de la bataille engagée sur sa droite; il modifia son itinéraire, et remonta vers le nord pour aller passer la Meuse à Remilly et même à Sedan, tandis que la division Conseil-Dumesnil, qui formait son avant-garde, continuait sur Mouzon et allait se heurter à des troupes bavaroises.

Quant au 5ᵉ corps, commandé par le général de

Failly, il avait aussi reçu l'ordre d'accélérer sa marche pour franchir la Meuse ; mais, sans cesse inquiété par l'ennemi, obligé même de lui livrer un véritable combat à Nouart, il ne pouvait arriver à la position de Beaumont, qui lui avait été assignée pour passer la nuit du 29 au 30 août, que dans la matinée de cette dernière journée, entre 4 et 5 heures. Les troupes étaient épuisées par les alertes quotidiennes et par les marches incessantes ; le général de Failly jugea indispensable de leur accorder quelque repos avant de se remettre en route sur Mouzon ; il résolut de demeurer à Beaumont jusqu'à midi. Malheureusement il ne prit aucune mesure pour mettre, pendant ce séjour, son corps d'armée à l'abri des tentatives de l'ennemi, et fit preuve de la plus grande légèreté, de la plus coupable insouciance ; il négligea d'établir des avant-postes ; les patrouilles de cavalerie prirent à peine le soin de fouiller les environs à une très faible distance du camp ; les hauteurs environnantes ne furent point occupées, et on consacra la matinée à faire manger les troupes, à nettoyer les armes, à se reposer, avec autant de sécurité que si on eût fait une simple marche militaire, en temps de paix.

Or l'ennemi, nous l'avons dit, avait résolu d'exécuter un vigoureux mouvement offensif, pour jeter le désordre dans les rangs de l'armée de Mac-Mahon, et dans l'espoir d'en écraser une partie tandis qu'elle serait divisée par la Meuse. Dès 11 heures du soir, le 29 août, le grand quartier général allemand avait donné toutes ses instructions relativement à cette marche offensive qui devait commencer à 3 heures du matin, et amener vers les 10 heures, en avant de Beaumont, quatre grandes colonnes, appartenant à l'armée de la Meuse ; ces colonnes devaient être soutenues, sur la gauche, par le Ier corps bavarois tout entier, appartenant à l'aile droite, et à l'avant-garde de la IIIe armée, trop éloignée encore pour concourir plus efficacement à cette opération.

Des reconnaissances de uhlans saxons, chargées d'éclairer la marche des colonnes d'attaque, ayant pu arriver sans être vues jusque dans notre voisinage immédiat, constatèrent que nous n'avions aucune position de combat et que nous nous reposions en toute confiance, sans avant-postes. Les généraux prussiens, informés, résolurent de nous attaquer par surprise : ils donnèrent l'ordre à leurs divisions de se glisser aussi silencieusement que possible au travers des vastes et épaisses forêts qui couvrent les hauteurs de Beaumont, hauteurs qui forment un immense demi-cirque au fond duquel la ville est située ; ces divisions purent s'avancer jusqu'à 600 mètres du camp français, et ouvrirent inopinément, à midi et demi, le feu de leurs batteries, au milieu de nos troupes occupées aux soins les plus divers avec la plus parfaite sécurité.

Ce fut, dans le corps d'armée du général de Failly, une véritable stupeur, bientôt suivie d'un tumulte indescriptible ; de toutes parts on courut précipitamment aux armes, et d'innombrables tirailleurs criblèrent bientôt les Prussiens d'une grêle de balles, tandis que notre artillerie, prenant position, exerçait de sérieux ravages dans leurs rangs et jusque dans les troupes encore en marche sous les bois. Nos tirailleurs, prenant vigoureusement l'offensive, s'avancèrent jusqu'à 50 pas de quelques batteries ennemies et firent plier les bataillons d'infanterie qui se trouvaient placés en avant; mais des renforts arrivaient continuellement aux Allemands qui se déployaient successivement sur les collines; ils nous canonnaient presque à bout portant et culbutaient nos troupes dans leurs camps. Le général de Failly fut obligé, en conséquence, d'abandonner la position très désavantageuse dans laquelle il s'était mis; il exécuta son mouvement sur Mouzon, en combattant pied à pied, et en profitant de tout ce que la route pouvait lui offrir pour retarder la poursuite de l'ennemi; mais celui-ci ne le quitta pas un seul instant, et l'artillerie allemande, resserrant de plus en plus ses feux convergents, fit presque dégénérer cette retraite en déroute, malgré la vigueur avec laquelle les officiers français, qui ne furent qu'un instant troublés par la brusquerie de l'agression, organisèrent partout la résistance. Tandis que les Saxons à droite, les Bavarois à gauche entraient en action, de chaque côté du corps d'armée qui avait commencé l'attaque à midi et demi, 25 batteries d'artillerie arrivaient consécutivement en position sur les crêtes de Beaumont, et, marchant graduellement en avant, organisaient avec notre artillerie un véritable duel dans lequel malheureusement la supériorité restait aux canons allemands.

On se battit désespérément jusqu'à la nuit sur toute la route de Beaumont à Mouzon, et la journée aurait eu pour nous des résultats lamentables, si le général Lebrun, pour protéger la retraite du général de Failly, n'avait porté en avant, sur les collines qui forment le flanc gauche de la vallée de la Meuse, de l'artillerie et de l'infanterie. Jugeant même, dès 1 heure de l'après-midi, par la vigueur de la canonnade, que le 5ᵉ corps était fortement engagé, le général Lebrun, mieux inspiré que le général Douay, avait donné ordre au général Grandchamp de se porter aussi loin que possible sur la route de Beaumont avec toutes les troupes disponibles ; mais le maréchal de Mac-Mahon, arrivant sur ces entrefaites à Mouzon, vers 2 heures et demie, donna à une grande partie de ces troupes de secours l'ordre péremptoire de rétrograder, pour regagner leur position, au-dessus de Mouzon. Malgré lui, le général Lebrun ne prêta donc au général de Failly qu'un appui insuffisant, fortifié, il est vrai, par les batteries qu'il fit poster sur l'autre rive de la Meuse, pour diriger un feu des plus intenses contre l'ennemi, lorsqu'il commença à sortir des bois et s'engagea dans la plaine de Mouzon. Néanmoins, à la fin du jour, l'ennemi devint si menaçant, que le général de Salignac-Fénelon, qui dirigeait la division de cavalerie du 12ᵉ corps, laissée sur la rive gauche de la Meuse, crut devoir donner au 5ᵉ régiment de cuirassiers l'ordre de charger. Le colonel de Contenson, qui commandait ce régiment, se plaça, sabre en main, à la tête de ses cuirassiers, et se précipita aussitôt, à bride abattue, sur l'infanterie ennemie ; celle-ci, ayant alors reçu l'ordre formel de n'ouvrir le feu qu'au dernier moment, lança dans les rangs de cette cavalerie sacrifiée une grêle de projectiles qui causa d'effroyables ravages, et fit tomber le colonel de Contenson le premier, mortellement frappé, à quinze pas de la ligne des tirailleurs ennemis. Les débris des escadrons décimés n'échappèrent à ce massacre qu'en retournant, ventre à terre, vers la Meuse, dont les ponts et les gués étaient tellement encombrés de voitures et d'artillerie, qu'ils durent gagner à la nage la rive opposée.

A 6 heures du soir, cet encombrement devint tel, que, sans l'acharnement des troupes qui occupaient le faubourg de Mouzon, long village situé sur la rive gauche du fleuve, le corps d'armée du général de Failly aurait fini par être complètement écrasé. Ce n'est qu'en refoulant les défenseurs de maison en maison, en s'emparant des jardins et des habitations éparses l'une après l'autre, que, vers 7 heures du soir, les Allemands nous délogèrent et parvinrent à se rendre maîtres du pont de Mouzon. En vain nous cherchâmes à reconquérir ce passage dans plusieurs retours offensifs, soutenus par un feu très violent d'artillerie et de mousqueterie, provenant de la rive droite de la rivière ; mais l'ennemi, de son côté, fit de stériles efforts pour occuper la ville de Mouzon qu'il attaqua pendant la nuit ; il ne put même s'opposer entièrement au hardi coup de main du lieutenant-colonel Demange, du 88e régiment de ligne, qui, mis dans l'impossibilité de battre en retraite, et maintenu sur la rive gauche, se tint caché avec son détachement dans la ferme de Villemontry, au faubourg de Mouzon, d'où, à la faveur de l'obscurité, il se jeta sur les grand'gardes pour traverser la Meuse.

Cette marche victorieuse de l'armée allemande

avait été des plus sanglantes : elle ne lui coûtait pas moins de 3500 hommes. Toutefois le but que le grand quartier général s'était proposé était atteint ; il nous avait mis 1800 hommes hors de combat, fait 2000 prisonniers, pris 42 bouches à feu, et une grande quantité de matériel de guerre de toute nature ; il avait définitivement arrêté le maréchal de Mac-Mahon, et placé son armée sous l'impression d'un profond découragement provoqué autant par les marches et contre-marches répétées, par la fatigue qu'elles avaient occasionnée et par le peu de confiance que les chefs inspiraient, que par la défaite.

Cependant, comme si tous ces éléments d'infériorité n'eussent pas été plus que suffisants, le maréchal de Mac-Mahon en accrut encore le nombre et l'importance en transportant et en faisant séjourner son armée dans des positions désavantageuses.

SITUATION DES ARMÉES FRANÇAISE ET ALLEMANDE DANS LA JOURNÉE ET A LA FIN DU 31 AOUT.

Dans l'après-midi du 30 août, en apprenant les désastreux engagements du 5ᵉ corps et la marche presque aussi désordonnée du 7ᵉ corps, le maréchal de Mac-Mahon fut contraint de prescrire un mouvement général de retraite sur Sedan ; ce mouvement s'opéra dans la soirée et dans la nuit du 30 août, de sorte que, le 31, dans la matinée, la plus grande partie des troupes françaises était massée autour de cette ville. Le général Douay s'y était déjà rendu avec une partie du 7ᵉ corps d'armée, en accentuant son mouvement vers le nord ; le reste y arriva vers

3 heures et demie du matin. Quant au 12e corps, il quitta successivement ses positions de Mouzon, par divisions séparées, à 9 heures du soir, 10 heures, minuit, et il arriva le lendemain matin à Bazeilles et à Douzy. Les débris du 5e corps, épuisés, affamés, affolés, après avoir passé la Meuse à Mouzon, sous la protection du 12e corps, gagnèrent Sedan dans les conditions qui ont été décrites à la fin du premier chapitre. Le 1er corps enfin, qui avait atteint avec l'Empereur les environs de Carignan, fut chargé, avec la division de cavalerie Margueritte, de couvrir les derrières de l'armée et de protéger la retraite.

Après l'exécution de tous ces mouvements, la rive gauche de la Meuse était évacuée par l'armée française qui se trouvait tout entière transportée sur la rive droite ; cette retraite, effectuée presque en entier pendant la nuit, avait augmenté considérablement le désordre ; tous les corps étaient épars, toutes les armes confondues ; les routes étaient encombrées par l'artillerie et les convois ; les régiments, démoralisés, ressemblaient plus à des cohues d'hommes débandés qu'à une armée régulière ; plusieurs s'égarèrent même dans cette étape indescriptible et allèrent se perdre sur le territoire belge, ou dans la direction de Mézières ; de ce nombre furent la brigade de cavalerie Septeuil, du 1er corps, l'artillerie divisionnaire de la 3e division et la batterie d'artillerie à cheval, attachée à la division de cavalerie du même corps d'armée.

Par surcroît, l'inertie et l'imprévoyance du général en chef, en pareilles conjonctures, s'accentuèrent encore ; le maréchal de Mac-Mahon laissa séjourner son armée dans ses positions, pendant toute la journée du 31 août, comme s'il n'avait point eu l'ennemi sur lui. Les renseignements ne lui firent cependant pas défaut pour l'éclairer sur l'imminence du danger terrible auquel cette immobilité l'exposait, notamment sur l'obligation où il allait être de livrer bataille et sur l'impossibilité de continuer sa retraite en se dirigeant sur Mézières.

En effet, le Ier corps bavarois avait, pour ainsi dire, suivi, pas à pas, nos mouvements, dans une marche parallèle sur la rive gauche de la Meuse. Depuis Douzy jusqu'à Bazeilles, il avait canonné le 12e corps, dont une division fut obligée de se jeter à droite de la route, pour se soustraire à la mitraille Quatre batteries d'artillerie bavaroises qui avaient pris les devants, soutenues par une brigade d'infanterie, étaient venues s'installer sur les hauteurs du Pont-Maugy, en face de Bazeilles, en dessus du pont du chemin de fer. Quand le génie français apporta des barils de poudre, pour faire sauter ce pont et quand il voulut les disposer sous les arches, il en fut empêché par une violente fusillade, et lorsque les têtes de colonne du 12e corps atteignirent Bazeilles, elles furent aussitôt vivement canonnées. Le village fut bombardé; 37 maisons devinrent la proie des flammes. L'ennemi franchit même, en nombre, le pont du chemin de fer, sous la protection de son artillerie et pénétra jusque dans Bazeilles; il fallut que l'artillerie du 12e corps se déployât sur les hauteurs de la Moncelle et que l'infanterie de marine le chargeât plusieurs fois à la baïonnette pour le repousser; mais les Bavarois restèrent maîtres du pont. Bref, jusqu'à 5 heures du soir, le 12ᵉ corps fut étroitement aux prises avec l'ennemi, dont la marche aurait dû révéler au maréchal de Mac-Mahon qu'il était prêt à lui livrer bataille de ce côté. Le général Lebrun, le général de Wimpffen, le général Ducrot, le général Douay ne se méprirent pas sur ses dispositions.

D'autre part, dès 10 heures du matin, le 31 août, le maréchal apprit par un officier d'état-major du général Vinoy, venu de Mézières à Sedan, pour l'informer que le 13ᵉ corps arrivait dans la première de ces villes, que de fortes colonnes allemandes s'avançaient, dans la direction de Donchery; l'artillerie ennemie tenait déjà sous son feu la voie ferrée. Mais le maréchal de Mac-Mahon et l'Empereur déclarèrent à l'envi à cet officier qu'il était impossible de mettre obstacle à la retraite de l'armée sur Mézières; les Allemands, disaient-ils, ne pouvaient interposer des forces suffisantes entre les deux villes. L'Empereur ajoutait naïvement qu'ils ne pouvaient soupçonner une retraite de l'armée française sur Mézières, parce qu'ils ignoraient l'existence de la route de Saint-Menges par Saint-Albert et Vrigne-aux-Bois. Or cette route qui ne figurait pas sur les cartes de l'Empereur, était parfaitement tracée sur celles de l'armée allemande; c'est par elle que, le lendemain, son aile gauche exécuta son mouvement tournant.

Dans de pareilles dispositions d'esprit, on ne prit pas soin d'étudier ce mouvement de retraite sur Mézières et de le préparer; c'est en vain que, vers 5 heures du soir, le général Douay confirma les renseignements donnés par l'officier d'état-major du général Vinoy, en prévenant le maréchal que l'armée ennemie se disposait à franchir la Meuse à Donchery et à Dom-le-Mesnil, et qu'il était obligé de quitter ses campements de Floing pour se rapprocher du plateau et du calvaire d'Illy. C'est en vain que le général de Wimpffen fit conduire au maréchal un maire des environs de Donchery qui vint lui apporter les mêmes nouvelles; en vain que MM. Philippoteaux et Golshisch, maire et adjoint de Sedan, l'avertirent que deux fariniers qui revenaient du moulin Leblanc, près de Charleville, avaient rencontré des avant-gardes prussiennes, en marche sur Vrigne-aux-Bois. Un conseil de guerre qui se réunit à 5 heures et demie chez le maréchal de Mac-Mahon ne prit aucune résolution sérieuse; le maréchal, qui ne songeait nullement à l'imminence d'une grande bataille, exprima l'intention de laisser encore reposer ses troupes autour de Sedan pendant toute la journée du lendemain. On se borna, en conséquence, à faire interrompre des passages de la Meuse, à Fresnois et à Flize, mais on laissa libres les autres débouchés, beaucoup plus importants, de Donchery et de Bazeilles, dont le génie, par une incroyable impéritie, ne parvint pas à faire sauter les ponts en temps utile.

Dans ces heures suprêmes, où le salut de l'armée française dépendait d'une vigilance et d'une énergie incessantes, on ne trouvait rien de mieux à faire que d'adresser aux troupes une proclamation de l'Empereur, ainsi conçue :

Soldats!

Le début de la campagne n'a point été heureux. Laissant donc de côté toute considération personnelle, j'ai voulu remettre le commandement des armées à ceux des maréchaux que l'opinion publique désignait plus particulièrement.

Jusqu'à présent le succès n'a pas couronné nos efforts ; j'apprends cependant que l'armée de Bazaine a pu se refaire sous les murs de Metz, et celle du maréchal de Mac-Mahon n'a été que légèrement entamée dans la journée d'hier.

Vous n'avez donc aucun motif de vous laisser aller au découragement. Nous avons empêché l'ennemi de pousser jusqu'à la capitale, et la France tout entière se lève pour chasser l'envahisseur. Dans des circonstances aussi graves, confiant dans l'Impératrice qui me remplace dignement à Paris, j'ai préféré le rôle de soldat à celui de souverain. Aucun sacrifice ne me semblera trop lourd pour sauver notre patrie ; elle possède encore, Dieu merci, des hommes de cœur, et s'il devait s'y trouver des lâches, la loi militaire et le mépris public sauraient les punir.

Soldats ! soyez dignes de votre antique réputation !

Que chacun fasse son devoir et Dieu n'abandonnera pas notre pays.

Donné au quartier impérial de Sedan,
le 31 août 1870.

NAPOLÉON.

Tandis que les chefs de l'armée française se livraient ainsi à l'insouciance, à l'oisiveté et à la déclamation, le spectacle était tout autre au grand quartier général allemand ; l'armée ennemie agissait avec une remarquable vigueur et doublait les étapes.

Les événements de la journée du 30 août ayant amplement instruit l'état-major allemand de l'extrême gravité de notre situation, il avait compris combien son intérêt lui commandait de continuer sans retard l'offensive; dès onze heures du soir, le 30 août, il avait expédié aux chefs de l'armée de la Meuse et de la IIIᵉ armée l'ordre suivant qui expose le plan général de ses opérations :

Demain, dès l'aube, l'armée reprendra sa marche en avant; on abordera vigoureusement l'adversaire partout où il pourrait tenir encore sur la rive gauche de la Meuse, afin de le resserrer le plus étroitement possible entre cette rivière et la frontière belge. — L'armée de la Meuse aura pour mission d'empêcher l'aile gauche française de se dérober dans la direction de l'est. A cet effet, elle fera en sorte de jeter deux corps sur la rive droite de la Meuse, de manière à prendre en flanc et à dos les positions que l'ennemi pourrait occuper auprès de Mouzon. — La IIIᵉ armée opérera contre le front et la droite de l'adversaire; elle aura à déterminer en outre sur les hauteurs de la rive gauche de bons emplacements d'où son artillerie puisse inquiéter les colonnes ennemies en marche ou camper dans cette partie de la vallée. — Dans le cas où l'adversaire passerait sur le territoire belge sans y être désarmé aussitôt, on l'y suivrait sans attendre de nouveaux ordres.

D'autre part, par surcroît de prudence, le chancelier fédéral, comte de Bismarck, avait adressé, dans l'après-midi du 30 août, un télégramme au ministre de la confédération de l'Allemagne du Nord près la cour de Bruxelles, pour le prévenir que des troupes françaises pourraient bien franchir la frontière et pour lui « exprimer l'espoir que, le cas échéant, elles seraient désarmées sur-le-champ ».

Conformément à ces instructions, l'armée allemande exécuta, dans la journée du 31 août, un mouvement général et convergent vers la Meuse et la frontière belge. Le prince royal de Saxe jeta son armée entre le Chiers et la Meuse et s'avança de Mouzon et Carignan sur Sedan, en enlevant, chemin faisant, tous les convois et tous les traînards qu'il put rencontrer; le soir, après une marche très longue, il atteignait les positions d'Escombres, Saint-Remy, Douzy et Amblimont, qui constituèrent ses cantonnements pour la nuit du 31 août au 1er septembre. L'armée de la Meuse occupait ainsi tout l'espace compris entre la frontière belge, le Chiers et et la Meuse, et fermait complètement à l'armée française tout débouché dans la direction de l'est. Simultanément, dans cette même journée du 31 août, la IIIe armée s'avançait de Saint-Pierremont, de Stonne et de Raucourt jusqu'à Remilly et Bazeilles, où le Ier corps bavarois, on l'a vu, se heurtait à l'armée française et engageait avec elle un véritable combat d'artillerie et d'infanterie, à la suite duquel, pour éviter tout engagement partiel, il était obligé de se retirer momentanément en arrière. Il jetait toutefois, sans être inquiété, des ponts de bateaux sur la Meuse, à Aillicourt, et s'assurait la possession du pont du chemin de fer de Bazeilles, en le barricadant fortement. Enfin la gauche de cette IIIe armée, s'allongeant vers l'ouest, s'emparait de Donchery, dont elle trouvait aussi le pont libre et intact, et commençait à se masser entre Mézières et Sedan pour nous couper la route de ce côté; de sorte que, suivant la remarque du grand état-major prussien, dans la *Guerre franco-allemande*, « dans la soirée du 31 août, les deux armées adverses se trouvaient face à face sur toute la ligne ; leurs troupes avancées se rencontraient déjà ; le plan de débloquer Metz, hardiment conçu, mais imparfaitement préparé, exécuté avec indécision, avait échoué devant la promptitude des dispositions de l'état-major allemand, devant les qualités de marche, parfois surprenantes, des troupes, et l'armée de Châlons se trouvait, par suite, massée en arc de cercle, face à l'est, au sud et à l'ouest, autour de la petite place de Sedan, sans importance par elle-même. Les chefs de cette armée semblaient toujours ne pas se rendre fort exactement compte du caractère désespéré de cette situation, dans laquelle il ne leur restait plus d'autre alternative que de se réfugier incontinent sur le territoire belge ou de sacrifier la majeure partie de l'armée pour tenter avec le reste de regagner par Mézières l'intérieur du pays.

« En face de cette position où les Français s'entassaient, le dos à la frontière, une puissante armée allemande, constamment victorieuse et numériquement supérieure, se déployait jusqu'au loin, à l'est et au sud-est. Le prince royal de Saxe fermait l'étroit espace compris entre la Meuse et la frontière belge, avec deux corps d'armée et deux divisions de cavalerie, sur les deux rives du Chiers et le IVe corps en réserve à Mouzon ; au sud, le prince royal de Prusse, établi entre la Meuse et le Bar, avec quatre corps et deux divisions de cavalerie, se tenait prêt, soit à repousser tout effort des Français, soit à franchir la première de ces rivières, sur les quatre ponts dont il disposait, et à tomber avec sa gauche dans le flanc de l'adversaire, si celui-ci tentait à s'échapper vers l'ouest. Le cas échéant, la division wurtembergeoise et la 6ᵉ division de cavalerie pouvaient également concourir à l'opération, entre le Bar et la voie ferrée de Rethel. Enfin, en dehors de cette ligne de bataille principale des forces allemandes, à une certaine distance en arrière de l'extrême gauche de la IIIᵉ armée, se trouvaient encore la 5ᵉ division de cavalerie à Tourteron, et le VIᵉ corps à Attigny. De ces points, ces deux groupes tactiques étaient à la fois en mesure de s'opposer en temps voulu à toute entreprise de l'adversaire sur les derrières de la IIIᵉ armée, ou de couper aux troupes françaises de Mézières la retraite sur Reims et Paris. »

Pour cette lutte décisive, si mûrement étudiée, si savamment combinée, le grand quartier général allemand disposait de 188 000 hommes d'infanterie, de 35 000 cavaliers et de 813 pièces d'artillerie, auxquels nous pouvions à peine opposer 100 000 bons soldats, 402 pièces d'artillerie et 84 mitrailleuses.

Dans ces conditions, l'armée française devait être inévitablement broyée dans un cercle de fer graduellement rétréci, et la bataille de Sedan, quel que fût le général en chef, ne pouvait être qu'une lutte désespérée : l'incapacité du maréchal de Mac-Mahon, sa faiblesse, ses indécisions, son inconscience de ses devoirs militaires, avaient condamné la dernière armée de l'Empire à ne plus pouvoir jouer aucun autre rôle.

CHAPITRE III

LA BATAILLE DE SEDAN

Coup d'œil général sur le champ de bataille de Sedan. — Positions de l'armée française dans la matinée du 1er septembre. — Positions de l'armée allemande dans la matinée du 1er septembre. — Plan de bataille du grand quartier général allemand. — Premières opérations des Allemands contre Bazeilles et la Moncelle. — Blessure du maréchal de Mac-Mahon; transmission du commandement en chef au général Ducrot; ordre de retraite donné par ce dernier. — Prise du commandement en chef par le général de Wimpffen; ses ordres, son plan d'opérations. — Appréciation critique des projets de retraite sur la Belgique et sur Mézières. — Justification des mesures prises par le général de Wimpffen. — Opérations de l'armée allemande contre l'aile droite de l'armée française, et, en particulier, contre le corps d'armée du général Lebrun, de 9 heures du matin à 1 heure. — Opérations de l'armée allemande contre le centre de l'armée française, et en particulier, contre le corps d'armée du général Ducrot, de 9 heures du matin à 1 heure. — Opérations de l'armée allemande contre l'aile gauche de l'armée française (général Douay), dans la matinée du 1er septembre; — la IIIe se déploie entre Floing et Fleigneux. — Suprêmes efforts de l'armée française pour se maintenir sur ses positions. — Charges de la cavalerie française. — L'aile gauche de l'armée française est obligée d'abandonner ses positions. — Mesures prises par le général de Wimpffen pour opérer une trouée à Bazeilles dans la direction de Carignan. Ordres donnés aux généraux Douay, Ducrot et Lebrun. Lettre à l'Empereur. — Résultats du mouvement offensif ordonné par le général de Wimpffen à la gauche du 12e corps, du côté de Haybes, de Daigny et du Fond-de-Givonne. — Résultats du mouvement offensif ordonné par le général de Wimpffen à la droite du 12e corps, du côté de la Moncelle, de Bazeilles et de Balan. — Le drapeau parlementaire. — L'Empereur paralyse les dernières tentatives de résistance. — Dernier retour offensif de l'armée française dans la direction de Bazeilles ; son échec, faute de soutien. — Dernières péripéties de la bataille au bois de la Garenne. Retraite générale de l'armée française. Bombardement de Sedan. — Désespoir du général de Wimpffen ; il donne sa démission de général en chef, puis la retire, sur les instances de l'Empereur. — Conclusion.

COUP D'ŒIL GÉNÉRAL SUR LE CHAMP DE BATAILLE DE SEDAN.

Le terrain sur lequel s'est livrée la bataille de Sedan se compose essentiellement de deux demi-cirques concentriques, dont l'axe commun est dirigé diagonalement du nord-ouest au sud-est.

Sur ce diamètre se trouvent : à l'extrémité nord-ouest, un bras de la Meuse, puis les hameaux de Cazal et de Gaulier, composés d'une centaine de maisons ; au centre, la petite ville de Sedan, au-dessous de laquelle est bâti, à 1500 mètres, Balan, village de 1600 habitants ; enfin, à l'extrémité sud-est de l'axe, est placé Bazeilles (1800 habitants), éloigné de Sedan de 3 kilomètres et demi, et de Balan, de 2 kilomètres environ.

Une grande route, la route de Sedan à Douzy et à Carignan, joint Sedan à Balan et à Bazeilles, séparés de la rive droite de la Meuse, qui coule à 40 mètres au-dessous d'eux, par une vaste étendue de prairies qu'on avait submergées, le 1ᵉʳ septembre 1870, en fermant les barrages de Sedan et en faisant déborder la rivière. Le village de Bazeilles, bâti sur une pente douce, est entouré de jardins généralement clos de murs, et favorables à l'embuscade; il renferme notamment, à son extrémité sud, le château Dorival, et, à son sommet, au nord et à l'est, deux grands parcs, celui de la villa Beurmann et du château de Montvillers, plantés d'arbres, de massifs, de fourrés, entourés de haies, qui forment pour l'infanterie une excellente position; le parc du château de Montvillers s'étend sur une longueur de 500 mètres, jusque dans la vallée de la Givonne, à gauche de Bazeilles.

Entre Bazeilles et Balan, la route est dépourvue d'habitations, et seulement bordée de grands arbres; des plis de terrain auxquels on donne le nom de hauteurs de Balan, la dominent au nord-est, ainsi que ce dernier village qui est, comme Bazeilles, agrémenté, du côté de la Meuse, de jardins, de vergers, et qui, établi sur un terrain à peu près plat, ne constitue qu'un faubourg et un prolongement de Sedan.

Quant à Sedan, place forte aujourd'hui démantelée, c'était, en 1870, une ville de 15 000 habitants, tout entière recluse dans des fortifications à double enceinte, élevées par Vauban, et au centre desquelles était construite une citadelle ou château qui existe encore. Gisant au fond de la vallée de la Meuse, qui la traverse, entourée de toutes parts, à peu de distance, par des hauteurs qui la dominent de 150 et de 200 mètres, véritable nid à boulets,

Sedan était sans aucun moyen de défense contre l'artillerie moderne; elle n'a été d'aucun secours pour la lutte; son voisinage a même été bien plus nuisible qu'utile à l'armée française, parce qu'elle a exercé sur les troupes qui abandonnaient le champ de bataille, un attrait irrésistible, en leur offrant la séduction d'un abri, d'où il fut bientôt impossible de les arracher.

C'est à l'ouest, au nord et à l'est de Sedan, que les collines des Ardennes forment les deux cirques concentriques, auxquels la ligne que nous venons de décrire et qui constitue la base du champ de bataille, sert de diamètre.

Le cirque intérieur, occupé par l'armée française, commence à l'ouest, à Gaulier, par des pentes douces qui s'élèvent assez brusquement au-dessus de Floing jusqu'à 238 mètres d'altitude; de là, elles se prolongent de l'ouest au nord jusqu'au-dessus d'Illy, en formant un vaste plateau, dont le point culminant (276 mètres d'altitude) est à l'extrémité nord, à laquelle on donne le nom de Calvaire d'Illy, parce qu'une croix, objet de pèlerinages catholiques, est érigée là sur le versant. Du calvaire d'Illy, qui est à 5 kilomètres de Sedan, le terrain s'élève encore à l'est jusqu'à 293 mètres, puis il descend, suivant la direction nord-sud, par des pentes qui ont 200 mètres, 190 mètres d'altitude, et qui finalement s'abaissent jusqu'à la Meuse (160 mètres d'altitude) au-dessous de Bazeilles.

Ce premier cirque est de toutes parts séparé du second par des vallées profondes qui portent, à l'ouest, le nom de vallée de Floing, à l'est, le nom de vallée de la Givonne. Dans la vallée de Floing coule le ruisseau du même nom; la vallée de la Givonne est aussi arrosée par une petite rivière qui sert à la dénommer.

Au fond de la vallée de Floing existent les villages de Floing et d'Illy; dans la vallée de la Givonne se trouvent, outre le village de Bazeilles, placé presque au confluent de la Givonne et de la Meuse, les villages ou hameaux de la Moncelle, de la Petite Moncelle, de Daigny, de Haybes et de Givonne.

Le plateau qui s'étend des hauteurs de Floing au calvaire d'Illy est partout découvert, et le terrain descend en pente douce dans la vallée; mais, au-dessus de Floing, son flanc Est est abrupt; plus loin, il est, en partie, recouvert par un bois, et, à mesure qu'on se rapproche du calvaire d'Illy, on trouve, sur ce même flanc de moins en moins incliné, des plis de terrains profonds, de nombreuses haies et des bouquets de bois. En arrière de ce plateau on remarque : au sud, de nombreux et profonds accidents de terrains, des parcs, des petits bois, qui ne permettent pas d'établir une seconde ligne, mais qui sont propres à abriter les tirailleurs, et à faciliter une retraite d'infanterie bien ordonnée; au nord, un bois très vaste et très épais, le bois de la Garenne, qui occupe toute la portion nord du premier cirque. Ce bois, qui a une longueur de 2 kilomètres, et une largeur de 700 mètres environ, offre la plus grande élévation du champ de bataille français; il est traversé par une route qui conduit de Sedan à Corbion, en Belgique, par Illy et Fleigneux, ou par Illy et Olly.

Les hauteurs de la vallée de la Givonne, qui contribuent, avec les précédentes, à former le cirque intérieur, sont encore couvertes, au nord, par le bois de la Garenne qui s'étend de ce côté, du calvaire d'Illy jusqu'au-dessus de Givonne et au delà; puis un immense plateau, limité par une pente abrupte, le plateau de la Moncelle, succède à ce bois et se prolonge jusqu'à Bazeilles, au-dessus de Haybes, de Daigny et de la Moncelle. Ce plateau est complètement découvert; il est occupé par des champs, et n'offre aucun abri. Il en est de même des flancs ouest de la vallée, flancs à brusque inclinaison, où il existe seulement, au-dessus de Daigny et de Haybes, quelques bouquets de bois insignifiants. En arrière du plateau de la Moncelle, sur presque toute son étendue, le terrain offre de larges et profondes ondulations, encore peu propres à l'établissement d'une seconde ligne; au fond de l'une d'elles, qui le sépare du bois de la Garenne, serpente la route de Sedan à Bouillon, en Belgique, par le Fond-de-Givonne, Givonné et la Chapelle.

Enfin, pour achever la description du cirque intérieur occupé par l'armée française, il faut ajouter qu'il existe, vers son centre, un autre cirque très étroit, constituant comme un second champ de bataille. On donne à cette position le nom de Redoutes ou de Vieux-Camp, parce que, au commencement de ce siècle, on avait établi à cet endroit une sorte de camp retranché dont il n'existe plus de trace. Le Vieux-Camp, dont l'altitude est de 242 mètres, est séparé du plateau de Floing et du bois de la Garenne, de même que du plateau de la Moncelle, par des vallons profonds, qu'il commande tous, et au-dessus desquels il est établi comme une citadelle. Sur la droite du Vieux-Camp, à l'est, sur la route de Sedan à Bouillon, se trouve le village du Fond-de-Givonne, faubourg de Sedan, encaissé de toutes parts dans les coteaux. Le Vieux-Camp est relié à Sedan par des pentes rapides.

Bref, intrinsèquement, et au point de vue défensif, l'ensemble des positions sur lesquelles l'armée française a dû livrer bataille le 1er septembre 1870, était bon, bien qu'il ne renfermât pas de seconde ligne autre que le Vieux-Camp, et bien que son périmètre de 10 kilomètres environ fût trop étendu pour son effectif; ces positions auraient même été excellentes avec l'ancien système de guerre, car elles permettaient généralement de repousser un assaut avec succès; mais elles perdaient ce privilège avec l'incomparable portée de l'artillerie ennemie qui pouvait écraser notre infanterie, sans lui laisser la faculté d'utiliser ses armes, et dont le maréchal de Mac-Mahon ne pouvait plus ignorer la supériorité, depuis la bataille de Reischoffen.

Or, cette artillerie put s'installer autour de l'armée française, sur des positions telles que, presque partout, son efficacité fut encore, de ce fait, augmentée.

Le second cirque qui ceint Sedan à l'ouest, au nord et à l'est, et sur lequel l'armée allemande prit successivement position dans la matinée du 1er septembre, domine, en effet, généralement le premier, au-dessus duquel, vu de loin, il constitue comme un second étage de collines.

Ce cirque excentrique commence à l'ouest, en arrière de Floing, par une pente qui s'élève aussitôt brusquement, jusqu'à 258 mètres d'altitude, au-dessus de Saint-Menges, où sont les hauteurs, dites de Saint-Menges ; puis la ligne de collines se continue de l'ouest au nord, par un long plateau qui présente au-dessus de Fleigneux, en arrière d'Illy, un boursouflement, dont l'altitude n'est pas beaucoup inférieure à celle du précédent. Le cirque subit ensuite, au passage de la vallée de la Givonne, à Olly, une brusque solution de continuité ; il est interrompu par une gorge étroite et profonde, dans laquelle coule la rivière ; mais il se reforme aussitôt, à l'est de la vallée, où il atteint, sur les plateaux de Villers-Cernay, de Francheval et de Rubécourt, à l'est de Givonne, de Daigny et de la Moncelle, des altitudes de 321 mètres, 288 mètres et 254 mètres ; puis, il s'incline mollement, comme le premier, à l'est de Bazeilles, jusque dans la vallée de la Meuse, qui présente, dans la direction de Douzy et de Carignan, un large espace, relativement dégarni.

Ce cirque est donc presque partout supérieur en élévation au premier ; en outre, il est généralement couronné de bois, sauf, sur le plateau qui s'étend entre Saint-Menges et Fleigneux. Les hauteurs de Saint-Menges sont garnies par le bois de La Hattois, et celles de la partie Est, par le bois Chevalier, qui couvre les plateaux de Francheval et de Rubécourt, et se relie au bois du plateau de Villers-Cernay.

Toutes ces conditions ont permis à l'armée allemande d'établir favorablement son artillerie, en surélévation, à couvert, et surtout de faire converger la plus grande partie de ses feux contre nos positions du plateau de Floing, du calvaire d'Illy et du bois de la Garenne, d'où nous ne pouvions riposter que par un tir en éventail. Il importe principalement de signaler parmi les positions de l'ennemi, les hauteurs de Saint-Menges et le bois de La Hattois, qui constituaient véritablement, à l'ouest, la clef du champ de bataille.

Non seulement ce monticule domine de 30 mètres le plateau de Floing qui lui est opposé ; non seulement, par la raideur de ses pentes, à l'ouest, au sud et à l'est, il constitue une merveilleuse forteresse ; il commande encore la route qui contourne la boucle de la Meuse et qui, étroitement resserrée entre la rive droite du fleuve et les hauts coteaux du bois de la Falizette, va de Sedan à Sugny, en Belgique, ou de Sedan à Mézières, par Vrigne-aux-Bois. Avec quelques batteries d'artillerie, on peut balayer tout ce défilé qui devient alors, pour une armée ennemie, un passage des plus dangereux. Or, c'est par cette route, qui se relie à la route de Donchery à Sugny, que s'est achevé le mouvement tournant de l'aile gauche de l'armée allemande. Des régiments de tirailleurs, placés dans le bois de la Falizette, des batteries d'artillerie, postées sur les hauteurs de Saint-Menges et dans le bois de La Hattois, auraient donc rendu ce mouvement très difficile, pour ne pas dire impossible, et la physionomie de la bataille, son résultat peut-être, auraient été singulièrement modifiés. Il aurait fallu, dans tous les cas, que l'ennemi fît des sacrifices inouïs et des prodiges de valeur, pour nous déloger de cette position.

Le général Douay, comprenant son extrême importance, l'avait fait occuper dans l'après-midi du 31 août; mais, au lieu de s'y maintenir et de s'y renforcer, il dut l'abandonner dans la soirée, pour se conformer à la déplorable résolution du maréchal de Mac-Mahon, de se concentrer autour de Sedan, résolution que ne modifia pas, hélas! la nouvelle que l'ennemi traversait la Meuse à Donchery et à Dom-le-Mesnil. Le défilé de la Falizette demeura ainsi complètement libre, et les hauteurs de Saint-Menges, avec le bois de La Hattois, furent laissés à l'absolue discrétion de l'ennemi, qui s'en empara, sans coup férir, pour assurer ses opérations et nous foudroyer avec son artillerie.

Pour compléter la description du cirque occupé par l'armée allemande, il ne reste plus maintenant à ajouter que des détails secondaires, en signalant qu'en arrière de lui se trouvent : à l'ouest, les villages de Saint-Menges et de Fleigneux, en partie masqués, reliés entre eux par un embranchement de la route de Sedan à Sugny, qui se dirige vers Corbion, en Belgique; au nord et à l'est, sur les plateaux du même nom, à 2 et 3 kilomètres de la berge de la vallée de la Givonne, les villages de la Chapelle, de Villers-Cernay et de Francheval, que relie la route de Douzy à Bouillon, en Belgique; ces mêmes villages sont aussi unis par des routes, à la Moncelle, Bazeilles et Balan.

D'autre part, derrière ce second cirque, au nord, sur tout le fond de l'horizon qu'elles ferment, se dressent de hautes collines, recouvertes par la sombre et épaisse forêt des Ardennes, dont le bois de la

Falizette n'est que la terminaison dans la vallée de la Meuse.

Mais Sedan et le cirque intérieur occupé par l'armée française ne sont pas seulement entourés à l'ouest, au nord et à l'est, par des collines dominantes; ils sont de même ceints au sud, sur toute la rive gauche de la Meuse, par des hauteurs boisées plus dominantes et rapprochées. Les hauteurs de Fresnois et de la Croix-Piot ont 307 mètres d'altitude et sont élevées de plus de 150 mètres au-dessus de Sedan; celles de Wadelincourt et du bois de la Marfée ont 324 mètres d'altitude; les hauteurs de Noyers, du Pont-Maugy, et d'Aillicourt dominent Bazeilles. Du haut de ces positions, la puissante artillerie de l'ennemi ne pouvait pas seulement pulvériser Sedan en quelques heures; elle pouvait intervenir avec efficacité dans la bataille elle-même, en inquiétant les derrières de nos troupes, sur le plateau de Floing, au Vieux-Camp, à Balan et à Bazeilles.

Enfin, du moment où le vaste cirque qui entoure ainsi de toutes parts celui que l'armée française occupait, tombait au pouvoir de l'ennemi, le champ de bataille ne présentait plus pour nous de ligne de retraite; à peine une étroite issue nous était-elle laissée entre les plateaux du bois Chevalier et la Meuse, dans la direction de Bazeilles, de Douzy et de Carignan.

POSITIONS DE L'ARMÉE FRANÇAISE DANS LA MATINÉE
DU 1ᵉʳ SEPTEMBRE.

L'armée française occupait sur le champ de

bataille ainsi décrit, dans la matinée du 1ᵉʳ septembre, les positions suivantes :

Le 12ᵉ corps et le 1ᵉʳ corps étaient dépliés, à l'est, sur les crêtes du flanc ouest de la vallée de la Givonne ; le 12ᵉ corps formait, au sud, l'extrême droite de l'armée ; le 1ᵉʳ corps formait au nord le centre de l'armée. Le 7ᵉ couvrait de ses troupes, à l'ouest, le plateau qui s'étend des hauteurs de Floing au calvaire d'Illy ; il formait la gauche de l'armée. Quant au 5ᵉ corps, il se trouvait au centre du cirque, au-dessus de la ville ; enfin le diamètre diagonal que nous avons décrit, et sur lequel se trouve la place dont le canon pouvait battre toute la vallée et les berges de la rive gauche de la Meuse, était généralement dégarni de troupes ; il était d'ailleurs protégé par ce fleuve dont les eaux submergeaient tout l'espace qui le sépare de Bazeilles et de Balan.

Le 12ᵉ corps (général Lebrun) occupait Balan, Bazeilles et la Moncelle ; la brigade Martin Des Pallières, de la division d'infanterie de marine de Vassoigne, était à Bazeilles et en arrière, avec le 1ᵉʳ et le 2ᵉ régiment de cette infanterie ; la brigade Reboul, de la même division, était en réserve à Balan avec le 3ᵉ et le 4ᵉ régiment d'infanterie de marine ; le reste du 12ᵉ corps occupait les hauteurs à l'ouest de la Givonne. La 1ʳᵉ brigade de la division Grandchamp était entre Bazeilles et la Moncelle ; la division Lacretelle s'étendait de la Moncelle à Daigny ; le reste de la division Grandchamp était en réserve au Fond-de-Givonne. Les avant-postes de ce corps d'armée se trouvaient à Bazeilles, au château de Montvillers, au château Dorival, et à la Moncelle, dans la vallée de la Givonne; dans la vallée de la Meuse, ils étaient placés dans la direction du viaduc du chemin de fer.

Le 1er corps (général Ducrot) s'étendait depuis Daigny jusqu'à Givonne, se reliant par sa droite près de ce premier village avec la gauche du 12e corps. La division Lartigue occupait les crêtes de Daigny, de Haybes et une partie du versant oriental de la vallée, au-dessous du bois Chevalier; la division Wolff, les crêtes de Haybes et de Givonne, en avant du bois de la Garenne. En deuxième ligne se trouvaient la division L'Hériller, la division Pellé et la division de cavalerie Michel. Les avant-postes de ce corps d'armée étaient à Haybes, à Givonne, à Daigny, et en avant de ce dernier point sur la route de Villers-Cernay.

Le 7e corps (général Félix Douay) se reliait par sa droite dans le bois de la Garenne et au calvaire d'Illy avec le 1er corps, et occupait toute la croupe des collines qui relient le calvaire à Floing. Tous les bords de cette croupe avaient été fortifiés par des tranchées à épaulements. En première ligne se trouvaient : à droite, la division Dumont; à gauche, la division Liébert; en seconde ligne, la division Conseil-Dumesnil et la division de cavalerie Ameil. Les avant-postes du 7e corps étaient à Saint-Menges, où se trouvaient deux bataillons et dans le village de Floing.

Le 5e corps (général de Wimpffen) s'étendait en arrière du bois de la Garenne, où il appuyait à la fois, à droite, le 1er corps, à gauche, le 7e corps; le gros de ses troupes était placé, comme réserve générale, au Vieux-Camp.

Enfin les deux divisions de cavalerie indépendante (généraux Margueritte et Bonnemain) étaient placées, dans la matinée du 1er septembre, en réserve, entre Floing et la Meuse.

En réalité, toutes ces positions étaient plutôt des lieux de campement que des places de bataille. En dépit des avertissements sans nombre qu'ils avaient reçus, le maréchal de Mac-Mahon et son état-major n'avaient rien déterminé d'une manière raisonnée, en prévision d'une lutte prochaine qui pouvait, dans le voisinage même, être préparée sérieusement et avoir une meilleure issue. Les divers chefs de corps avaient disposé leurs troupes, suivant les commodités du terrain sur lequel ils séjournaient, mais sans avoir étudié les environs, et recherché s'ils n'offraient pas des positions meilleures, qu'il était imprudent d'abandonner à l'ennemi. Le général Douay, après avoir pris d'excellentes positions sur les hauteurs de Saint-Menges, dans la matinée du 31 août, les avait même abandonnées pour se porter en arrière sur un espace moins étendu et uniquement en rapport avec le faible effectif dont il pouvait disposer. Le général Ducrot, qui avait voulu très sagement s'établir sur les hauteurs d'Illy et de Fleigneux, en avait été détourné par les ordres du maréchal. Le 5e corps, qui constituait la seule réserve de l'armée, était impuissant à suppléer les autres dans les incidents de la bataille ; il était désorganisé depuis le désastre de Beaumont, et il était déjà privé de deux brigades : la brigade Maussion, chargée d'appuyer la gauche du 7ᵉ corps ; la brigade Fontanges, chargée de maintenir dans le bois de la Garenne le 7ᵉ corps en rapports avec le 1ᵉʳ.

Enfin, le maréchal de Mac-Mahon, n'imaginant pas qu'il serait attaqué dans ces positions, n'avait donné aucun ordre général, pris aucune mesure, dressé aucun plan de bataille ; de sorte que celle-ci, du côté de l'armée française, s'engagea à l'aventure, par surprise, et fut abandonnée à l'inspiration des lieutenants du général en chef, à la merci des circonstances.

POSITIONS DE L'ARMÉE ALLEMANDE DANS LA MATINÉE DU 1ᵉʳ SEPTEMBRE. — PLAN DE BATAILLE DU GRAND QUARTIER GÉNÉRAL ALLEMAND.

Nous avons fait connaître les positions de l'armée allemande dans la soirée du 31 août, et montré combien elles étaient déjà menaçantes pour l'armée française. Ces positions furent rectifiées dans la nuit du 31 août ou dans la matinée du 1ᵉʳ septembre, pour garantir le succès du grand mouvement enveloppant que l'armée allemande devait opérer.

Le soir du 31 août, le quartier général allemand avait eu à examiner trois hypothèses. Écartant l'idée que le maréchal de Mac-Mahon pût songer à livrer volontairement bataille dans la situation désavantageuse où il était placé, il s'attendait à le voir tout tenter pour se soustraire à la poursuite, soit en battant vivement en retraite sur Mézières, soit en se faisant jour du côté de Carignan, soit enfin en se dérobant derrière la frontière belge. L'examen comparatif de ces diverses hypothèses conduisit l'état-major allemand à conclure que l'armée française adopterait de préférence le parti de se replier sur Mézières, et, dès le 31 août, dans la soirée, il mettait tout en œuvre pour nous couper la retraite de ce côté.

A 8 heures du soir, le général de Moltke adressait au commandant de la IIIe armée une dépêche dans laquelle il insistait sur la nécessité de jeter, pendant la nuit même, des troupes au nord de la Meuse, de manière à se trouver à cheval sur la route de Sedan à Mézières, et prêt à agir offensivement dès le point du jour. Aussitôt, le prince royal de Prusse arrêtait que toute l'aile gauche de son armée franchirait la Meuse dès l'aube à Donchery et à Dom-le-Mesnil. Le XIe et le Ve corps devaient prendre la direction de Vrigne-aux-Bois, avec la division wurtembergeoise comme réserve; le IIe corps bavarois était invité à établir une de ses divisions et la réserve d'artillerie sur les hauteurs de la rive gauche, en face de Donchery, et à disposer l'autre division entre Fresnois et Wadelincourt, afin de s'opposer à toute tentative vers le sud. Quant au Ier corps bavarois, qui formait l'aile droite de la IIIe armée, il était chargé de nous immobiliser solidement du côté de Bazeilles, sans attendre l'arrivée en ligne de l'armée de la Meuse, dont le commandant en chef, le prince royal de Saxe, reçut à 1 heure du matin communication des dispositions précédentes.

Cette armée avait pour mission spéciale d'opérer un mouvement simultané sur la droite de l'armée française, non seulement pour nous couper la retraite vers l'est, mais pour nous empêcher, par un mouvement en avant de sa droite, de nous dérober derrière la frontière. Conformément à ces dispositions, le prince royal de Saxe envoyait à tous les corps de sa première ligne, à une heure trois quarts du matin, le 1er septembre, l'ordre de prendre les armes par alerte et de se porter sur Villers-Cernay, Francheval, Lamécourt et la Moncelle.

Dans la nuit même du 31 août ou dès l'aube de la journée du 1er septembre, les masses allemandes s'ébranlaient donc de toutes parts, sur une ligne d'attaque qui n'avait pas moins de 30 kilomètres. A la droite de cette ligne, dit le grand état-major prussien, trois corps d'armée marchaient de l'est et du sud-est vers les hauteurs de la Givonne, pour immobiliser les forces françaises sur ce point ; au sud, un corps faisait face à Sedan ; à l'aile gauche, trois corps gagnaient la route de Sedan à Mézières, afin de prendre en flanc les troupes que l'on croyait en retraite dans cette direction ; enfin trois divisions d'infanterie et une nombreuse cavalerie demeuraient encore disponibles et prêtes à s'engager, selon les besoins.

PREMIÈRES OPÉRATIONS DES ALLEMANDS CONTRE BAZEILLES ET LA MONCELLE.

Le général Von der Tann, qui commandait le Ier corps bavarois, ayant reçu, dans la nuit, l'ordre qui concernait ce corps d'armée, mit ses troupes en mouvement dès 3 heures du matin. Une brigade d'infanterie quitta le village d'Aillicourt où elle s'était cantonnée, et franchit la Meuse sur les ponts de bateaux jetés la veille, tandis que, simultanément, une autre brigade passait par le viaduc du chemin de fer demeuré intact et longeait la voie ferrée jusqu'auprès de la gare. Ces deux colonnes avaient ordre de marcher sur Bazeilles dans le plus profond silence et de pousser sans tirer jusqu'à la lisière du village. Favorisés par un épais brouillard, les Bavarois exécutèrent ces mouvements; comptant s'emparer de Bazeilles par surprise, ils pénétrèrent hardiment dans la grande rue du village; mais ils se heurtèrent à des barricades, à des maisons crénelées et à un feu très violent de notre première ligne, feu qu'ils cherchèrent vainement à éviter en se jetant dans les rues latérales, également barricadées.

Le général Lebrun, fort inquiété par les attaques qu'il avait dû repousser, dans l'après-midi du 31 août, avait fait sonner le réveil au petit point du jour, à 4 heures du matin, et son corps d'armée était debout. — D'ailleurs toute la partie du village que les Bavarois attaquaient avait été organisée en vue d'une vigoureuse résistance; le combat fut donc bientôt très acharné.

Les Bavarois échouèrent dans plusieurs assauts répétés contre les postes occupés par nos troupes, notamment dans l'assaut de la villa Beurmann, au nord, et du château de Montvillers, à l'est; vers 5 heures et demie du matin, nous parvenions même à les repousser et à les forcer à battre en retraite avec tant de rapidité qu'un de leurs détachements, retranché dans l'une des maisons les plus avancées, était contraint de mettre bas les armes. Toute la portion occidentale du village étant évacuée, les troupes, qui opéraient du côté du sud, étaient alors également obligées de se retirer pour aller se rallier et se réapprovisionner de munitions derrière le remblai du chemin de fer. En vain, un nouveau bataillon amenait à bras deux pièces de canon dans la grande rue pour vaincre notre opiniâtre résistance ; un feu des plus violents arrêtait sa tentative. Tous les servants d'artillerie étaient jetés à terre et l'infanterie devait elle-même retirer les pièces. Mais nous échouions aussi dans nos offensives pour déloger les Bavarois des derniers postes dans lesquels ils s'établirent, à l'angle de la grande rue de Bazeilles et de la route de Douzy, et dans le château Dorival. La lutte acquérait ainsi une rare violence, entretenue de part et d'autre par des renforts que les généraux jetaient sans cesse dans la mêlée ; de notre côté, les quelques habitants de Bazeilles demeurés dans le village y prenaient eux-mêmes une part très active.

Vers 7 heures du matin, l'intensité du combat fut encore accrue par l'entrée en ligne de l'artillerie bavaroise postée sur les hauteurs du Pont-Maugy et d'Aillicourt et à laquelle le brouillard n'avait pas permis jusque-là de diriger son tir. Notre artillerie riposta ; mais la brume, persistant dans le fond de la vallée, rendit tous les premiers effets incertains, et l'action de l'infanterie continua à prédominer dans la bataille, où les quatre brigades du Ier corps bavarois s'engagèrent successivement, sans parvenir à nous repousser, même du château de Montvillers, dans le parc duquel plusieurs compagnies de chasseurs avaient cependant pénétré par des brèches, faites par les pionniers à la muraille qui borde la route de Bazeilles à Daigny. Le général Von der Tann finit par voir sa position assez compromise pour faire demander à la division prussienne, en réserve à Remilly, de traverser la Meuse, et de venir se placer sur les derrières de ses troupes afin de les appuyer au besoin.

Tandis que ceci se passait à Bazeilles, à la droite du général Lebrun, sa gauche avait aussi été attaquée. L'armée de la Meuse s'était mise en mouvement, conformément aux ordres que nous avons indiqués; le XIIe corps de cette armée, qui formait son aile gauche, avait reçu à ses cantonnements de Douzy, à 3 heures et demie du matin, l'ordre de se rassembler sur-le-champ et de se porter sur la Moncelle, à droite de Bazeilles, pour opérer simultanément avec le Ier corps bavarois. Le jour n'avait pas encore paru quand les éclaireurs de cavalerie de ce corps d'armée pénétrèrent dans ce village et furent obligés de faire volte-face devant le feu de nos troupes. Mais l'avant-garde du XIIe corps saxon ne tarda pas à arriver par la route de Lamécourt. A 6 heures du matin, la bataille s'engagea définitivement dans cette direction où nous maintînmes encore très énergiquement l'ennemi en lui faisant essuyer des pertes très sérieuses; notre infanterie, bien postée derrière les haies, les bosquets et les maisons, soutenait la lutte de pied ferme, d'abord efficacement secondée par notre artillerie, placée sur les pentes orientales de la Givonne. Cette infanterie ne tardait pas, il est vrai, à abandonner le village, où elle n'était pas en sûreté, pour s'installer plus favorablement en arrière de la rivière et cribler de balles les premières batteries d'artillerie qui prenaient position sur les hauteurs de Lamécourt; mais, vers 7 heures du matin, le prince Georges de Saxe qui s'était transporté à la Moncelle avec l'espoir d'assister seulement à notre retraite, voyant la tournure que prenait le combat, envoya l'ordre à toute l'artillerie du XIIe corps d'arriver vivement par Douzy. Douze batteries se déployaient ainsi successivement à l'abri des bois, à droite et à gauche de la route de Lamécourt, où se trouvaient déjà une batterie saxonne et deux batteries bavaroises, tandis que trois autres batteries, criblées par la mitraille et par la mousqueterie, étaient obligées de converser à droite pour aller s'établir au-dessus de la Petite-Moncelle. Nos canons ne purent, avec leur faible portée, incommoder sérieusement cette puissante artillerie, à laquelle les compagnies de tirailleurs jetés par le général Lebrun sur toutes les pentes infligèrent au contraire des pertes considérables, malgré lesquelles elle se maintint, pour préparer, par un feu violent, selon la tactique habituelle de l'armée allemande, l'attaque de l'infanterie dont le gros demeurait en arrière.

Le XIIe corps était ainsi immobilisé par nous à la Moncelle et dans l'impossibilité de se déployer sur sa droite, jusqu'à Daigny, comme il en avait reçu l'ordre; il était même d'autant plus sérieusement engagé que, sur l'invitation du général Lebrun, la brigade de cavalerie Michel du 1er corps d'armée, soutenue par la division d'infanterie Lartigue du même corps, qui prenait l'offensive sur les pentes du bois Chevalier, traversait la Givonne à Daigny, dans le but d'aller sabrer les canonniers et les attelages de son artillerie qui commençait à faire de grands ravages dans la division Lacretelle du 12ᵉ corps, à la Moncelle.

En résumé, vers 8 heures du matin, malgré la vigueur de son attaque, malgré la quantité des troupes et surtout de l'artillerie qu'elle avait mises en ligne contre la droite de l'armée française, l'armée allemande se heurtait partout à une invincible résistance de celle-ci; cette résistance faiblissait un instant pour des raisons que nous allons maintenant exposer; mais bientôt elle s'accentuait avec plus d'énergie.

BLESSURE DU MARÉCHAL DE MAC-MAHON. — TRANSMISSION DU COMMANDEMENT EN CHEF AU GÉNÉRAL DUCROT. — ORDRE DE RETRAITE DONNÉ PAR CE DERNIER.

Dès que le combat s'était engagé à Bazeilles, le général Lebrun s'était empressé d'en informer le maréchal de Mac-Mahon, en l'avertissant que c'était probablement le prélude d'une grande bataille. Le maréchal était aussitôt monté à cheval, et s'était rendu à Bazeilles, où il avait trouvé la division Vassoigne très chaudement engagée. Il revenait de visiter ces positions, et se disposait à parcourir le reste du champ de bataille pour étudier les autres mouvements des troupes allemandes, quand, entre 6 heures et demie et 7 heures du matin, alors qu'il était en observation sur les hauteurs de la Moncelle, il fut grièvement blessé par un éclat d'obus[1]. Obligé de quitter le champ de bataille et de se faire transporter à Sedan, il désigna pour son successeur, au commandement en chef, le général Ducrot, chef du 1er corps d'armée.

Le général Ducrot n'était arrivé que la veille, au soir, au camp de Sedan, et, dans l'hypothèse de la continuation de la retraite sur Mézières, il avait d'abord très sagement, comme nous l'avons dit, songé à établir son corps d'armée à Illy et à Fleigneux, pour dominer la vallée de la Givonne et fermer l'entrée de la vallée de Floing ; mais il avait reçu l'ordre du maréchal de se replier sur Sedan dans les positions que nous avons fait connaître. Le général Ducrot, commme tous les autres chefs de corps d'armée, comprenait si bien le danger de ces positions, qu'il n'obéit, dit-il, « qu'avec rage aux ordres du maréchal de Mac-Mahon » ; sans tenir compte des modifications qui avaient pu se produire dans les positions de l'armée allemande depuis la veille, uniquement préoccupé du mouvement tournant qui se dessinait sur notre droite, il était, dans la matinée du 1er septembre, encore obsédé par cette pensée qu'il fallait sortir à tout prix de Sedan et continuer la retraite sur Mézières.

Aussi, quand le chef d'état-major général de l'armée française, le général Faure, vint l'inviter à prendre le commandement et se mettre à sa disposition avec son état-major, sans lui communiquer

---

[1]. L'endroit précis où le maréchal de Mac-Mahon a été blessé est actuellement indiqué, sur le champ de bataille, par une croix monumentale érigée sur le plateau de la Moncelle, à droite de la route qui conduit de Balan à la Moncelle.

d'ailleurs aucune instruction du maréchal, le général Ducrot s'écria :

— Il est bien tard ; la responsabilité est bien lourde. N'importe : nous la supporterons avec résolution.

Puis, s'adressant à ses officiers d'état-major, il ajouta :

— Il n'y a pas un instant à perdre. Il faut reprendre notre plan d'hier. L'ennemi nous amuse sur notre centre, pendant qu'il cherche à envelopper nos ailes. C'est son éternel mouvement de Capricorne ; cette fois nous ne serons pas assez sots pour nous y laisser prendre. Il faut sur-le-champ prévenir les commandants de corps que l'armée entière va se concentrer sur le plateau d'Illy.

Inutilement le chef d'état-major du général Ducrot, son aide de camp, lui firent des objections et lui dirent que tout allait bien, que la journée ne faisait que commencer, qu'on pouvait attendre.

— Attendre quoi ? répondit le général Ducrot, que nous soyons complètement enveloppés ? Il n'y a pas un instant à perdre. Exécutez mes ordres : trêve de réflexions !

Et, ayant prescrit au général Forgeot, commandant l'artillerie de l'armée, de faire filer tous les *impedimenta* de l'artillerie, à l'intendance d'évacuer toutes les voitures de l'administration, il alla lui-même trouver le général Lebrun qui devait naturellement, le premier, commencer le mouvement de retraite puisqu'il était le plus éloigné ; mais le général Lebrun opposa de très sérieuses contradictions au plan du général Ducrot[1].

1. Tous ces détails sont empruntés à l'ouvrage même que le

— Si le 12° corps, lui dit-il, qui tient vigoureusement sur ses positions, reçoit l'ordre de se replier pour battre en retraite, son moral en sera certainement fort ébranlé. Il y a de très jeunes troupes dans ce corps ; un mouvement de recul les impressionnera d'une manière très fâcheuse, et alors le désordre se jettera dans leurs rangs, tandis que jusqu'ici l'ennemi n'a pu parvenir à les entamer. Je vous en

général Ducrot a publié, en 1871, sous le titre : *la Journée de Sedan* ; mais le rapport du général Robert, chef de l'état-major du général Ducrot, constate aussi l'opposition de cet état-major dans les termes suivants :

« Lorsque le matin, vers 8 heures et demie, le général Ducrot reçut du maréchal blessé, qu'il ne vit point d'ailleurs, l'ordre de prendre le commandement en chef, le nouveau commandant de l'armée eut aussitôt la pensée de reprendre en partie, autant que cela pouvait se faire alors, les dispositions qu'il avait projetées la veille, en portant le 1er et le 12e corps par un mouvement en arrière vers les hauteurs d'Illy...

« Il fut un moment arrêté dans l'exécution de ce plan par quelques objections de son chef d'état-major. »

D'autre part, voici comment le général Lebrun, commandant le 12° corps, s'exprime dans son rapport officiel, daté du 3 septembre 1870, sur le projet de retraite sur Mézières :

« Tout en étant prêt à exécuter ce mouvement de retraite, s'il m'était confirmé d'une manière positive, je crus devoir faire remarquer au général Ducrot que le mouvement dont il était question, présentait des difficultés sérieuses ; qu'il n'était possible qu'à la condition de traverser le bois de la Garenne par une ou deux routes au plus, sur lesquelles il serait difficile à l'artillerie de marcher; qu'en outre il était à craindre que mes troupes, qui s'étaient maintenues avec énergie sur toutes leurs positions depuis le matin, n'eussent plus la même confiance et la même énergie dès qu'elles verraient qu'il s'agissait pour elles d'un mouvement de retraite. J'ajoutai en outre que, suivant moi, le moment n'était pas encore venu de recourir à ce moyen extrême, alors que, sur tous les points de la ligne de bataille, nous paraissions avoir l'avantage. » Cette opinion a été de nouveau soutenue énergiquement et développée par le général Lebrun, dans le livre *Bazeilles-Sedan* qu'il a publié en 1884.

conjure, réfléchissez encore un instant sur le mouvement de retraite que vous indiquez[1].

Le général Ducrot, qui ne pouvait contester la justesse de ces observations, quitta le général Lebrun sans insister, et retourna vers le 1er corps; mais, constatant que des masses ennemies marchaient sur les hauteurs de Givonne, dans la direction de la Belgique, il revint en toute hâte, une demi-heure après, c'est-à-dire vers 8 heures du matin, vers le général Lebrun, et lui intima l'ordre formel de retirer son corps d'armée des positions qu'il avait jusque-là si courageusement et si victorieusement défendues.

La division Vassoigne fut invitée à se retirer pied à pied en retardant de son mieux la marche de l'ennemi, tandis que les divisions L'Hériller et Pellé, du 1er corps, qui se trouvaient en seconde ligne et n'avaient point encore été engagées, venaient s'établir avec l'artillerie de réserve à la hauteur du bois de la Garenne, suivies dans le fond de la vallée par la division de cavalerie Michel, dont le mouvement offensif fut contremandé. Cette retraite des divisions du 1er corps s'exécuta avec tant d'imprudence que le flanc gauche du 12e corps, que protégeaient la division L'Hériller et la division Michel, se trouva complètement découvert, et que, s'il s'était continué, la division Lartigue, qui était à ce moment fortement engagée, de l'autre côté de la Givonne, aurait été entièrement sacrifiée.

La situation devint si critique pour le 12e corps

1. Le général Lebrun venait de rouler à terre, renversé par son cheval atteint de deux blessures; mais il n'était que contusionné.

et pour cette division, que l'Empereur, qui parcourait alors le champ de bataille et que ce mouvement rétrograde de l'armée, exécuté quand nous paraissions avoir l'avantage à Bazeilles, avait fortement surpris, envoya demander par l'un de ses officiers d'ordonnance, le capitaine Guzman, des explications au général Ducrot.

— Vous direz à Sa Majesté, répondit le général, que ce qui se passe à notre droite est insignifiant. L'ennemi nous amuse là pendant qu'il manœuvre pour envelopper nos ailes ; c'est derrière nous, vers Illy, que se livrera la vraie bataille. Dites à l'Empereur que je prends mes dispositions en conséquence; j'exécute mes mouvements de retraite et de concentration avec ordre, mais le plus rapidement possible. Rien ne saurait les arrêter.

Heureusement, au moment où, par ses ordres, le général Ducrot compromettait, plus gravement encore que ne l'avait fait le maréchal de Mac-Mahon, les intérêts de l'armée française à Sedan, le général de Wimpffen vint mettre obstacle à sa folle et dangereuse entreprise.

PRISE DU COMMANDEMENT EN CHEF PAR LE GÉNÉRAL DE WIMPFFEN ; SES ORDRES, SON PLAN D'OPÉRATIONS.

Le général de Wimpffen avait été informé, vers 7 heures un quart du matin, de la blessure du maréchal de Mac-Mahon, et de la transmission du commandement en chef que ce dernier avait faite au général Ducrot, contrairement à toutes règles; car non seulement ce commandement en chef revenait par droit d'ancienneté au général de Wimpffen, mais encore, en son absence, il devait être conféré au général Félix Douay, plus ancien dans son grade que le commandant du 1er corps. Pensant que, plus heureux que lui, le général Ducrot avait reçu des instructions du maréchal, qu'il connaissait le plan qu'il avait dû arrêter pour la bataille, le général de Wimpffen se garda bien, dans des circonstances si critiques, de faire des observations et d'élever un conflit; il fit abnégation de ses droits et attendit les ordres du nouveau général en chef pour les exécuter.

Une heure s'écoula ainsi. Mais le général de Wimpffen vit s'accomplir le mouvement de retraite prescrit par le général Ducrot; il reçut communication, de la bouche de ce dernier, du plan qu'il avait conçu, et il considéra, pour plusieurs raisons majeures, qui vont être exposées, qu'il avait le devoir impérieux de s'opposer à ce plan, pour le salut de l'armée et pour l'honneur de la France.

— Jamais, s'écria-t-il, je ne laisserai exécuter un pareil mouvement de retraite; une bataille sur place comme celle de Valmy est bien préférable.

Vers 8 heures et demie du matin, le général de Wimpffen, sur les conseils mêmes de son état-major, se prévalut donc de sa lettre de commandement, revendiqua la périlleuse responsabilité des opérations ultérieures et, prenant la direction générale de la bataille, il adressa à tous les commandants de corps l'ordre formel de se maintenir énergiquement sur leurs positions.

L'officier d'état-major qu'il envoya au général

Ducrot, pour l'informer de sa résolution, était porteur du billet suivant :

Le général de Wimpffen au général Ducrot.

L'ennemi est en retraite sur notre droite. J'envoie à Lebrun la division Grandchamp. Je pense qu'il ne doit pas être question en ce moment de mouvement de retraite. J'ai une lettre de commandement de l'armée du ministère de la guerre ; mais nous en parlerons après la bataille. Vous êtes plus près de l'ennemi que moi ; usez de toute votre énergie et de tout votre savoir pour remporter la victoire sur un ennemi dans des conditions désavantageuses. En conséquence, soutenez vigoureusement Lebrun, tout en surveillant la ligne que vous étiez chargé de garder.

Au général Lebrun, le général de Wimpffen adressait l'ordre suivant, à 9 heures et demie :

Je vous envoie des troupes en grand nombre ; j'espère que, si vous avez perdu des positions, vous pourrez les reprendre. Par conséquent, tenez ferme.

Enfin, à 10 heures du matin, le général de Wimpffen écrivait au général Douay :

Je crois à une démonstration sur votre armée, mais surtout pour vous empêcher de porter secours aux 12e et 1er corps. Voyez si vos positions vous permettent d'utiliser une partie de vos troupes pour venir en aide au général Lebrun. Je vous engage à porter de l'artillerie et la brigade Labadie du 5e corps, au bois de la Garenne, pour s'y joindre aux troupes du général de Fontanges.

Conformément à ces ordres, les divisions Pellé et

L'Hériller, du 1ᵉʳ corps, redescendirent des hauteurs de la Garenne et reprirent leur ligne de bataille, en arrière des divisions Wolff et Lartigue, du même corps; la division Grandchamp vint appuyer le 12ᵉ corps, et notre résistance, un instant alanguie par suite des mesures du général Ducrot, reprit partout sa vigueur.

Aussi, le général de Wimpffen, qui se rendait auprès du général Lebrun, ayant rencontré l'Empereur en haut du Fond-de-Givonne, lui dit:

— Sire, les choses vont bien; nous regagnons du terrain.

L'Empereur ayant fait observer au général de Wimpffen que l'ennemi commençait à montrer des forces considérables sur notre gauche, le général répondit :

— Nous allons d'abord nous occuper de jeter les Bavarois à la Meuse; puis, avec toutes nos troupes, nous ferons face à notre nouvel ennemi.

Dès ce moment, en effet, le plan du général de Wimpffen était de maintenir l'armée française dans ses positions et de tâcher d'y gagner une bataille défensive, pour attaquer ensuite énergiquement les Bavarois et s'ouvrir la route de Carignan. Ce plan n'était point arbitraire ni légèrement conçu; il était inspiré au général de Wimpffen par la connaissance qu'il avait acquise des mouvements de l'ennemi sur Mézières, par l'étude raisonnée et par une judicieuse appréciation des conditions dans lesquelles la bataille était engagée. Nous allons le prouver par de nombreux et irréfutables documents.

APPRÉCIATION CRITIQUE DES PROJETS DE RETRAITE SUR LA BELGIQUE ET SUR MÉZIÈRES. — JUSTIFICATION DES MESURES PRISES PAR LE GÉNÉRAL DE WIMPFFEN.

En arrivant à l'armée du maréchal de Mac-Mahon, le 30 août, le général de Wimpffen avait été vivement impressionné par le spectacle qu'il avait eu sous les yeux ; l'indiscipline, le désordre, la désagrégation des divers corps, en un mot tout le mal que l'absence d'un chef énergique détermine dans une armée, lui avaient immédiatement montré le danger de notre situation. Ce danger l'avait d'autant plus préoccupé que le général de Wimpffen n'était pas atteint par le découragement et par la résignation quasi fataliste qui altérait l'initiative de beaucoup d'autres généraux, victimes des revers qui avaient signalé le début de la campagne.

Rempli d'angoisses patriotiques, le général de Wimpffen n'avait laissé échapper, dans la journée du 31 août, aucun des moyens susceptibles de l'éclairer sur les intentions de l'ennemi. La marche des Bavarois sur la rive gauche de la Meuse, parallèlement à notre 12ᵉ corps qui marchait sur la rive droite, l'attaque audacieuse qu'ils avaient dirigée, dans l'après-midi, contre le village de Bazeilles, et beaucoup d'autres indices révélateurs, dont un homme de guerre aussi expérimenté que lui ne pouvait méconnaître la signification, lui avaient fait penser qu'une grande bataille serait livrée le lendemain par l'armée allemande. Il annonça cette bataille à ses officiers d'état-major, dès l'après-midi du 31 août, et

8.

leur signala même alors l'importance pour l'armée française de la position culminante du bois de la Garenne, qui permettait de dominer complètement la contrée, et de suivre au loin les mouvements de l'ennemi.

Enfin, dans la soirée du 31 août, le général de Wimpffen réunit un certain nombre de renseignements précis qui lui permirent de soupçonner le mouvement tournant que l'aile gauche de l'armée allemande opérait, pour nous couper la retraite sur Mézières.

A 4 heures du soir, il recevait la visite d'un maire des environs de Donchery qui venait l'informer que de nombreuses troupes allemandes passaient la Meuse dans cette ville; il faisait immédiatement conduire ce précieux messager au maréchal de Mac-Mahon par l'un de ses officiers d'ordonnance, le marquis de Laizer[1].

A 5 heures et demie, le général de Wimpffen assistait au conseil de guerre tenu chez le maréchal, avec le général Lebrun, le général Robert, chef

---

1. *Déposition du marquis de Laizer devant le jury de la Seine dans le procès du général de Wimpffen contre M. Paul de Cassagnac, en février* 1875.

« Le 31 août, vers 5 heures du soir, j'ai été chargé par le général de Wimpffen de conduire au maréchal un maire qui avait vu les Prussiens faire des travaux sur les hauteurs de la Marfée, et signalait le passage de la Meuse par de nombreuses troupes allemandes en aval de Sedan, vers Donchery.

« Vers minuit, j'ai entendu plusieurs fois le général de Wimpffen demander des nouvelles qu'il attendait du côté du bois de la Garenne.

« Enfin, le 1er septembre, au moment de l'attaque, dans la direction de Bazeilles, le général me déclara que le danger de la journée serait vers le bois de la Garenne. »

d'état-major du 1er corps, et le chef d'état-major Seigland, aide de camp du général Douay. Ce dernier donna au conseil des détails sur les faits communiqués par le général Douay au maréchal dans un billet que le capitaine de Faillet avait apporté à ce dernier peu de temps auparavant. Dans ce billet, le général Douay avertissait le maréchal que, vers 4 heures, un ancien militaire, habitant du pays, était venu l'informer que l'ennemi se préparait à passer la Meuse à Donchery, et qu'il avait rassemblé là toute une armée.

De retour aux Vieux-Camp, centre des positions de son corps d'armée, le général de Wimpffen, ému par toutes ces nouvelles, était si préoccupé de la situation de l'armée française, de la faute qu'on commettait en l'immobilisant et du désavantage de ses emplacements, qu'il avait de sa propre initiative décidé, d'accord avec le général Guyot de l'Espart, d'envoyer, d'un côté, une brigade du 5e corps au général Douay, de l'autre, de l'artillerie dans le bois de la Garenne, pour maintenir la jonction entre le 7e et le 1er corps.

Ces dispositions prises, et la nuit venue, tandis que le maréchal reposait, inconscient, le général de Wimpffen s'était étendu sur le sol nu, sans tente ni manteau[1]; maintenu éveillé par le froid de la nuit et par les plus sombres inquiétudes, il ne put goûter un instant de sommeil, et ne cessa de s'entretenir avec ses officiers[2].

1. Tous les autres chefs de corps, le général Lebrun, le général Ducrot, le général Douay, passèrent cette triste nuit, dans les mêmes conditions, autour de leurs feux de bivouac.
2. La déposition du marquis de Laizer citée plus haut a été

Aussi, lorsqu'à 4 heures et demie du matin, le 1er septembre, le général de Wimpffen avait entendu le bruit de la fusillade dans la direction de Bazeilles, il avait aussitôt cherché à savoir si une attaque ne se prononçait pas vers le bois de la Garenne ou du côté du 7e corps. Ayant appris qu'il n'en était rien, il envoya l'un de ses officiers d'état-major, le capitaine Léonce de Piépape, sur la ligne de bataille, pour se rendre compte de l'importance de l'engagement et revenir immédiatement l'informer.

— Messieurs, dit-il alors à ses officiers, l'attaque sur Bazeilles contre le corps d'armée Lebrun place l'armée ennemie entre nous et une rivière. Cette attaque est tellement contraire à toutes les règles de la guerre, que ce ne doit être qu'une diversion.

D'autre part, à 6 heures du matin, le général de Wimpffen, rencontrant le général Margueritte qui venait d'achever une reconnaissance au nord-est d'Illy, et apprenant qu'il n'avait trouvé de ce côté aucune trace de l'ennemi, lui avait dit encore :

— A mon point de vue, le mouvement des Allemands sur le 12e corps n'est pas l'opération principale ; des masses considérables doivent être en marche pour nous couper la route de Mézières et attaquer notre aile gauche. Je vous engage vivement à faire une re-

---

corroborée devant le jury par d'autres témoins, notamment par le colonel d'état-major Mircher, appartenant au 12e corps et qui, par suite d'une erreur de marche, bivouaquait, le 31 août, dans le voisinage du 5e corps.

« Le 31 août 1870, vers 11 heures du soir, dit M. Mircher, le général de Wimpffen me dit qu'il résultait des renseignements qu'il avait recueillis et des reconnaissances qu'il avait ordonnées, que l'ennemi enveloppait nos positions et qu'il fallait s'attendre à une attaque générale pour le lendemain matin. »

connaissance à Saint-Menges et sur la boucle de la Meuse.

Le général Margueritte déféra sur-le-champ à cette invitation.

Le général de Wimpffen avait donc, lorsqu'il prit le commandement de l'armée de Sedan, à 8 heures et demie du matin, attentivement étudié la situation générale de cette armée, et il possédait un ensemble de renseignements assez complet pour lui permettre de diriger ses opérations avec efficacité.

Or, à ce moment, l'armée de Sedan n'avait plus d'autre ressource que celle à laquelle le général de Wimpffen recourut, pour empêcher l'exécution des ordres funestes du général Ducrot.

La retraite sur la Belgique ou sur Mézières, qui était encore possible la veille, était impraticable dans la matinée du 1er septembre.

La première, dont il ne faut parler que pour mémoire, car personne n'y a songé dans l'armée française, n'aurait été qu'une inutile déroute, puisque, en admettant qu'elle eût permis à quelques milliers d'hommes d'échapper sains et saufs, elle aurait abouti à leur faire déposer les armes sans combat, dans un pays neutre, c'est-à-dire à une honte plus grande que la capitulation devant la force, combattue jusqu'à la dernière extrémité.

Quant au second projet de retraite, conçu par le général Ducrot et préféré par lui, même à une bataille sur place, il était plus inexécutable et non moins dangereux.

Pour opérer cette retraite, il aurait fallu non seulement sacrifier la division Lartigue engagée au delà de la Givonne, mais aussi le corps d'armée Lebrun qui, chargé de protéger la retraite générale, aurait été écrasé dans ses emplacements, ou aurait été poursuivi, la baïonnette dans les reins, s'il les avait abandonnés. De telles opérations auraient eu, sur les corps dégagés, autant que sur les autres, une influence morale d'autant plus désastreuse que, jusque-là, nous étions restés maîtres du terrain et que nous avions triomphé des plus violentes attaques de l'adversaire.

On peut se rendre compte du désordre qu'une retraite aussi injustifiée, aussi incompréhensible pour les troupes, aurait produit, par ce fait, que le commencement sommaire d'exécution qu'elle a reçu après les ordres du général Ducrot, a fait perdre à celui-ci une des brigades de sa division de cavalerie, la brigade Nansouty, qui, avec le général Michel à sa tête, accompagnée de la batterie d'artillerie à cheval du 1er corps, est allée s'égarer en Belgique, en suivant la route du fond de la vallée de Givonne; de même une partie du 3e zouaves qui appartenait à sa 1re division et dans laquelle se trouvait la compagnie chargée de la garde du drapeau, fut abandonnée sur le plateau du bois Chevalier. Ces troupes, n'ayant pas reçu communication de l'ordre de retraite, furent bientôt coupées par l'armée allemande; elles ne purent rejoindre le 1er corps et ne se dégagèrent qu'en se jetant vers la frontière, par la route de Bouillon, d'où elles revinrent à Rocroy, puis à Paris.

La division Lartigue, le corps d'armée Lebrun, ainsi délaissés, puis accablés, dispersés, opiniâtrément pourchassés par les Saxons et les Bavarois victorieux, seraient venus jeter le désordre dans le reste de l'armée, où une indescriptible panique se serait répandue ; l'ennemi nous aurait écrasés sans résistance sérieuse.

En réalité même, il n'y avait plus alors de route convenable, disponible, pour effectuer la retraite [1].

Aussi, sur le champ de bataille de Sedan, le général Ducrot fut-il seul de son avis. Nous avons déjà signalé l'opposition que lui firent ses officiers d'état-major, le général Lebrun, l'Empereur lui-même, dans une certaine mesure ; mais le maréchal de Mac-Mahon n'était pas moins hostile à la retraite sur Mézières ; il l'a du moins déclaré dans son importante déposi-

---

1. *Déposition de M. Payard-Poterlot, grand filateur et grand propriétaire, à Olly, près d'Illy, devant le jury de la Seine, en février* 1875.

« Pour aller du bois de la Garenne à Illy, il n'y a qu'une route très peu large ; elle a 8 mètres au maximum, y compris ses accotements et traverse le village d'Illy aux rues étroites et tortueuses ; puis elle se dirige vers Olly, présente une côte très escarpée, et traverse un terrain des plus accidentés ; d'ailleurs, elle se rend à Corbion en Belgique.

« D'autre part, il n'y a pas de grande voie de communication allant de Givonne à Fleigneux et conduisant à Mézières. De ce côté, tous les chemins conduisent en Belgique ; il existe seulement un chemin de transit pour vider les coupes de bois : il suit une ligne droite à 500 mètres de la frontière et aboutit à la route de Saint-Menges ; à partir de là se trouve un chemin de même genre aboutissant à Bosseval.

« Il n'y a, dans cette contrée, aucun autre chemin pour se diriger sur Mézières, de même qu'il n'y a que le chemin qui passe à Olly pour aller d'Illy vers la frontière ; aussi, à mon avis, l'ennemi, une fois maître de Givonne et de Vrigne-aux-Bois, l'armée et même un corps d'armée étaient dans l'impossibilité matérielle de battre en retraite soit sur Mézières, soit sur la Belgique. »

tion devant la commission d'enquête sur les événements du 4 septembre. Nous extrayons de cette déposition les passages suivants qui contiennent une approbation implicite du plan d'opérations du général de Wimpffen :

« Je n'avais pas l'intention de livrer bataille sur le terrain où nous étions ; je savais déjà que je n'avais plus de vivres et que la place était à peine approvisionnée en munitions.

« Mais je ne savais encore de quel côté le lendemain je devrais effectuer la retraite.

« Le général Ducrot n'était arrivé que la veille à son bivouac, le soir, et assez tard. Je n'avais pu le voir ; *peut-être n'était-il pas informé que des troupes ennemies, nombreuses, avaient traversé la Meuse à Donchery, pour chercher à nous barrer la route de Mézières.* Quoi qu'il en soit, il jugea que la retraite devait avoir lieu dans la direction de cette place, et donna des ordres en conséquence au général Lebrun.

« Ce dernier se replia d'abord sur les hauteurs de Givonne, abandonnant ainsi Bazeilles et la Moncelle, positions importantes à conserver si on avait dû se porter du côté de Carignan.

« Ce mouvement de retraite était exécuté quand le général de Wimpffen prit le commandement ; il était porteur d'une lettre du ministre de la guerre qui le lui donnait, dans le cas où je serais blessé.

« Si je suis bien informé, le général de Wimpffen, au moment où il apprit que j'étais blessé, et que j'avais remis le commandement au général Ducrot, aurait hésité pour savoir s'il ferait usage de la lettre de service dont il disposait.

« Sur les instances du général Besson, son chef d'état-major, il se serait décidé dans ce sens.

« *Le général de Wimpffen, qui avait connaissance des mouvements de l'ennemi sur notre ligne de retraite par Mézières*, voyant que les troupes du général Lebrun combattaient vaillamment, jugea, paraît-il, que le mouvement de retraite devait s'exécuter par l'est, du côté de Carignan. Il arrêta donc le mouvement de retraite commencé par le général Lebrun.

« Si le général en chef n'avait pas été blessé, peut-être les choses se seraient-elles passées ainsi : sur les 6 heures du matin, il aurait pris un parti pour marcher soit sur Mézières, soit sur Carignan.

« A 6 heures moins un quart, il n'apercevait que les Bavarois sur le plateau du bois Chevalier.

« Si, dans ce moment, tout le corps du général Ducrot, appuyé par le corps entier du général Douay, avait reçu ordre de traverser le ravin de Givonne, pour se porter sur ce plateau, il est plus que probable que ces sept divisions bien commandées auraient culbuté les deux divisions saxonnes, et arrêté, avant qu'elles ne fussent arrivées sur le plateau du bois Chevalier, les deux divisions de la Garde royale, dont l'une n'arriva que vers 8 heures et demie, en face de Villers-Cernay, tandis que l'autre se portait sur La Chapelle.

« Les Bavarois qui avaient été un moment sur le point de battre en retraite devant les seuls efforts du corps Lebrun, ainsi qu'a bien voulu le dire le prince de Saxe, pris en flanc par les divisions du général Ducrot, auraient pu être jetés dans la Meuse et la Chiers ; les soixante escadrons de cavalerie dont aurait pu disposer le général en chef auraient pu agir dans la vallée de la Chiers et rendre difficile la retraite de l'ennemi.

« Je persiste donc à dire que, si le général en chef avait porté sur les 6 heures et demie toute son armée à l'est, les Bavarois, les Saxons et la Garde royale n'auraient pu l'arrêter. Il suffisait, pour assurer ses derrières, de laisser dans le bois de la Garenne une partie ou la totalité du corps du général de Wimpffen, qui, à la rigueur, se serait rejeté plus tard dans Sedan.

« Qui peut dire le résultat qu'aurait eu cette attaque contre des troupes ayant à dos la Meuse et la Chiers? »

Mais, ce qui, mieux que toutes les hypothèses, mieux que toutes les déductions, mieux que toutes les combinaisons *à posteriori*, condamne le projet de retraite de l'armée de Sedan sur Mézières le 1er septembre, ce sont les faits contemporains. Or ceux-ci démontrent que, même dans le cas où cette retraite n'aurait pas présenté de difficultés matérielles et morales, même dans le cas où elle se serait accomplie dans les meilleures conditions d'ordre et de résistance, elle n'aurait pas sauvé l'armée qui serait de la sorte venue se jeter d'elle-même dans le piège dressé par le grand quartier général allemand, et se serait placée spontanément, dès le matin, entre le feu de l'armée de la Meuse et celui de la IIIe armée.

Le plan général d'opérations de l'armée allemande, qui a été plus haut exposé, le démontre suffisamment ; la description qui sera faite plus loin de son exécution l'attestera davantage encore ; enfin le fait est mis hors de doute par une note officieuse que l'état-major général allemand a communiquée en 1874, au général de Wimpffen, sur sa demande et sur l'ordre du feld-maréchal, comte de Moltke. Cette note était ainsi conçue[1] :

ARMÉE DU PRINCE ROYAL DE PRUSSE.

Le XIe corps d'armée avait déjà, le 31 août, près de Donchery, une avant-garde sur la rive droite de la Meuse. Le 1er septembre, à 5 heures trois quarts, ce corps était concentré en avant vers le nord, excepté quelques fractions qui arrivèrent un peu plus tard.

Le Ve corps d'armée commençait à franchir la Meuse à 5 h. 30 min.

La division wurtembergeoise, à 6 heures, près de Dom-le-Mesnil.

La 4e division de cavalerie, derrière le XIe corps, à 7 h. 30 min.

La 2e division de cavalerie, à 8 heures, près de Dom-le-Mesnil.

A 9 heures, tous les corps avaient terminé leur passage.

---

1. Cette note était accompagnée de la lettre suivante :

« Berlin, le 3 novembre 1874.

« Votre Excellence,

« J'ai reçu votre honorée du 21 octobre et je suis particulièrement heureux de vous envoyer les renseignements que vous désirez ; tout en me recommandant pour l'avenir à votre bienveillant souvenir, je reste, avec une grande estime, et me dis de Votre Excellence

« Le tout dévoué,

« Comte DE MOLTKE,

« *Feld-maréchal.* »

Les forces effectives étaient :

XI⁰ corps : 20 592 infanterie, 1239 chevaux, 83 canons.
V⁰ corps : 18574 infanterie, 2110 chevaux, 84 canons.
Division wurtembergeoise : 13 322 infanterie, 1393 chevaux, 58 canons.
4⁰ division de cavalerie : 3 294 chevaux, 12 canons.
2⁰ division de cavalerie : 3 624 chevaux, 12 canons.

La force des troupes dirigées sur les routes de Mézières à Sedan était donc de : 52 488 infanterie, 11 660 chevaux, 249 canons.

La direction à droite des deux corps prussiens eut lieu :
Pour le V⁰ corps, de Vivier-au-Cours, à 7 h. 30 min.
Pour le XI⁰ corps, de Montimont, de Briancourt et de Vrigne-aux-Bois, à 7 heures.

D'après la direction des corps, leur marche vers le champ de bataille ne pouvait avoir lieu que par la seule route de Saint-Menges, où l'on n'arrivait qu'en traversant le défilé, près du bois de la Falizette.

A 9 heures, il se trouvait trois bataillons et quatre escadrons ainsi que deux batteries du XII⁰ corps, derrière la rivière de Fleigneux, avec l'aile droite, dans la petite forêt au nord de Floing ; avec l'aile gauche, à l'est de Saint-Menges.

Jusqu'à 10 heures, ces troupes se trouvèrent renforcées de neuf bataillons et de douze batteries du XI⁰ corps ; c'est à ce moment que deux batteries du V⁰ prirent une position à l'est de Saint-Menges.

Une partie de ce qui n'était pas entré en ligne de ces deux corps, se plaça en bataille sur les hauteurs de la ferme du Champ-de-la-Grange ; une autre partie se trouvait encore de l'autre côté du défilé de la Falizette.

ARMÉE DU PRINCE ROYAL DE SAXE.

Le prince héritier de Saxe avait ordonné, avant 8 heures,

qu'aussitôt que les villages de Daigny et de Givonne auraient été enlevés aux troupes françaises, la garde prussienne eût à se diriger par la vallée sur Fleigneux, et le XIIᵉ corps sur Illy.

Le XIIᵉ corps pouvait en outre s'étendre d'Illy à l'est, vers Saint-Menges; *la résistance prolongée des troupes françaises près de Givonne fut seule cause du retard apporté à ces mouvements.*

C'est après l'occupation de Daigny et de Givonne par les Allemands que la 23ᵉ division exécuta sa marche à droite de Bazeilles au bois de la Garenne, et que la garde attaqua ce bois à l'est, après que la division de cavalerie de la garde eût paru, à 11 heures, vers le calvaire d'Illy.

Si le 12ᵉ corps et le 1ᵉʳ corps français avaient continué la marche en arrière commencée entre 8 et 9 heures du matin, la conséquence de ces instructions était que la garde et le XIIᵉ corps auraient exécuté la marche à droite, ainsi que le voulait le prince royal, pendant que les Bavarois, et peut-être la 1ʳᵉ division du XIIᵉ corps, auraient été chargés de la poursuite, de Balan au Fond-de-Givonne.

Outre les troupes engagées entre Bazeilles et Illy, et se composant des Bavarois, des Saxons, et de la garde prussienne, il se trouvait encore, à 3 heures de l'après-midi, complètement intactes, la 7ᵉ division prussienne près de Lamécourt et la plus grande partie de la 8ᵉ division, près de Bazeilles; il n'y avait pas de troupes dans et près Carignan.

Le VIᵉ corps et la 5ᵉ division de cavalerie avaient reçu l'ordre, le 1ᵉʳ septembre, de rester dans leurs cantonnements, à Attigny, pour observer des troupes françaises nombreuses, venant de Paris sur Reims.

La 6ᵉ division de cavalerie s'était avancée le 31 août sur Mézières; elle était à Flize, le 1ᵉʳ septembre.

Une marche de l'armée française sur Mézières aurait eu probablement pour conséquence le départ immédiat de ces troupes dans la direction du nord ; elles n'auraient cependant pu atteindre Mézières qu'en deux jours de marche.

Par conséquent, l'armée allemande avait déjà fait, dans la matinée du 1er septembre, le plus grand effort pour déjouer le dessein du général Ducrot. La retraite sur Mézières, praticable dans la journée du 31 août, était absolument impossible à exécuter après le mouvement des corps ennemis sur la rive droite de la Meuse, mouvement dont l'effet définitif n'a été retardé que par les résolutions du général de Wimpffen ; car, ainsi que le lui a écrit le comte de Moltke, « la situation de l'armée de Sedan était déjà regardée comme entièrement désespérée par le grand quartier général allemand, au moment où il en prit le commandement en chef[1] ».

---

[1]. Voici le texte intégral de la lettre du comte de Moltke dans laquelle cette appréciation est consignée :

« Berlin, le 8 janvier 1872.

« Excellence,

« Je n'ai pas voulu répondre à votre honorée lettre en date du 20 décembre avant d'avoir pris connaissance de l'œuvre historique qui l'accompagnait, et que j'ai lue avec le plus grand intérêt.

« *Au moment où Votre Excellence prit le commandement en chef de l'armée de Sedan, la situation de ces troupes, qui se sont vaillamment battues jusqu'à la fin, était déjà regardée par nous comme entièrement désespérée.*

« Votre Excellence peut se rendre le témoignage qu'aucun chef d'armée n'aurait obtenu pour elles des conditions meilleures que celles qui furent accordées aux égards particuliers attachés à votre nom.

« J'apprécie avec reconnaissance les termes bienveillants

Ce fait est confirmé : par le rapport officiel allemand sur la bataille de Sedan ; par la lettre écrite à la suite de cette bataille par le roi Guillaume à la reine Augusta ; enfin, par les généraux ennemis qui, le 2 septembre, déclaraient à l'envi aux généraux français : « *Que la retraite sur Mézières, commencée à 7 heures et demie, leur avait fait espérer de voir l'armée française prisonnière vers 9 heures du matin ; qu'ils*

avec lesquels Votre Excellence s'exprime à mon sujet dans sa publication.

« Ce sont là de ces courtoisies dont les généraux mêmes qui se sont battus la veille peuvent user réciproquement, sans blesser en rien la délicatesse de leurs sentiments patriotiques.

« Veuillez agréer l'assurance de la considération très distinguée avec laquelle j'ai l'honneur d'être

« De votre Excellence, le tout dévoué

« Comte DE MOLTKE,

« *Feld-maréchal général.* »

A la même époque, le général de Wimpffen recevait de M. de Bismark la lettre suivante :

« Berlin, le 9 janvier 1872.

« Monsieur le Général,

« J'ai reçu la lettre que vous m'avez fait l'honneur de m'adresser, en date du 20 dernier, de même que votre livre sur les événements de Sedan.

« Je vous remercie, mon général, du souvenir bienveillant que vous gardez de nos entretiens, et je me suis réjoui, en lisant votre relation, de cet esprit de justice qu'elle respire.

« Mes sympathies resteront toujours acquises à un général qui, ayant fait ses preuves ailleurs, *ne fut appelé sur le terrain qu'au moment où le sort des armes se trouvait déjà jeté de manière à ne plus laisser de chance à sa bravoure et à son génie.*

« Veuillez agréer, Monsieur le général, l'assurance de ma haute considération.

« P. BISMARK. »

Les deux lettres qui précèdent, répondaient aux lettres sui-

avaient été fort surpris de notre retour offensif et surtout de notre résistance prolongée jusqu'à la nuit. »

Donc, le mouvement de retraite sur Mézières est jugé ; il est condamné : c'était la dernière faute à commettre sur le champ de bataille de Sedan ; elle n'eût pas évité la capitulation, elle l'eût hâtée, au contraire, et on eût été contraint de la subir sans combat, pour ainsi dire, sans avoir recouru à tous les moyens susceptibles d'éloigner une aussi désastreuse extrémité.

Le plan du général de Wimpffen, bon ou mauvais,

vantes que le général de Wimpffen avait adressées la première, au comte de Moltke, la seconde au prince de Bismark :

« 20 décembre 1871.

« Monsieur le Comte,

« Depuis ma rentrée en France, retiré en Algérie, je me suis occupé à réunir les matériaux susceptibles de m'aider à combattre les attaques violentes et injustes dirigées contre moi.

« J'ai l'honneur de vous offrir, monsieur le comte, un volume que j'ai cru devoir publier, et vous prie de l'agréer comme remerciement des lettres bienveillantes que vous avez bien voulu m'écrire et qui m'ont facilité mon voyage en Allemagne.

« Recevez, monsieur le comte, l'assurance de ma haute considération.

« Général de Wimpffen. »

« Monsieur le Prince,

« Je n'oublierai jamais les paroles consolantes que vous avez bien voulu m'adresser, le 2 septembre, au moment où j'allais mettre mon nom au bas d'une funeste capitulation.

« Veuillez agréer, comme marque de souvenir de ma part, le livre que je viens de publier sur cet événement, si désastreux pour mon pays.

« Recevez, monsieur le prince, l'assurance de ma haute considération.

« Général de Wimpffen. »

était le seul dont on pût tenter la réalisation dans la matinée du 1ᵉʳ septembre ; il était imposé par la fatalité ; il n'y avait ni à en concevoir, ni à en adopter d'autres. C'était le seul parti honorable, qu'un général en chef, résolu à ne pas se courber passivement sous le poids de la défaite, pouvait tirer d'une situation aussi effroyable que celle où le maréchal de Mac-Mahon s'était placé. S'il n'a point été couronné du succès désiré, il a du moins épargné à l'armée française la honte d'une reddition sans résistance, et, grâce à lui, cette armée n'a mis bas les armes qu'après avoir épuisé toutes les chances d'une bataille opiniâtre, dont nous allons maintenant recommencer à suivre les douloureuses péripéties.

OPÉRATIONS DE L'ARMÉE ALLEMANDE CONTRE L'AILE DROITE DE L'ARMÉE FRANÇAISE, ET EN PARTICULIER CONTRE LE CORPS D'ARMÉE DU GÉNÉRAL LEBRUN, DE 9 HEURES DU MATIN A 1 HEURE.

Pour relater avec plus de clarté les diverses péripéties de la bataille de Sedan, à partir du moment où le général de Wimpffen prit le commandement de l'armée, nous considérerons successivement, en particulier, les opérations des armées allemandes : contre le corps d'armée du général Lebrun ; contre le corps d'armée du général Ducrot et contre celui du général Douay, d'abord, de 9 heures du matin à 1 heure de l'après-midi, c'est-à-dire jusqu'à l'achèvement de l'investissement de l'armée ; nous résumerons ensuite, dans une révision synthétique, la situation faite aux deux armées à ce moment de la journée. Nous suivrons la même méthode pour les péripéties de la bataille dans l'après-midi.

Conformément à l'ordre du général de Wimpffen, le général Lebrun, ayant fait reprendre à son corps d'armée, et notamment à la division Vassoigne, les positions de Bazeilles qu'ils commençaient à abandonner par suite des instructions du général Ducrot, la division Lartigue, malheureusement privée du concours de la division de cavalerie Michel, ayant, d'autre part, poursuivi son offensive sur le versant est de la vallée, un mouvement en avant très énergique se produisit vers 9 heures du matin, sur toute notre aile droite, contre le Ier corps bavarois et contre le XIIe corps saxon.

Cette offensive de l'armée française fut si hardie qu'elle força d'abord l'artillerie saxonne à se dissimuler sous la lisière du bois Chevalier, et que la situation des troupes qui s'étaient emparées de la Moncelle fut un moment des plus précaires. Les Bavarois et les Saxons qui, en maints endroits, allaient être réduits à leur dernière cartouche, durent faire appel à toutes leurs réserves d'artillerie, et, vers 9 heures et demie, il n'y avait pas, sur les collines que couronne le bois Chevalier, moins de treize batteries saxonnes et de trois batteries bavaroises en action pour briser notre élan général; néanmoins nous gagnions du terrain à Bazeilles, où l'infanterie de marine faisait des prodiges et chassait l'ennemi jusqu'à la lisière du village. Mais le IVe corps prussien, auquel le général Von der Tann avait fait appel, entrait en ligne de ce côté, vers 10 heures et demie, après avoir traversé la Meuse sur les ponts de bateaux ; des troupes fraîches très nombreuses venaient renforcer le front de bataille des Saxons et des Bavarois, à la Moncelle et à Bazeilles. Ces renforts permettaient à l'ennemi de maintenir ses positions, de repousser notre attaque et de reprendre la sienne, en la faisant soutenir par tous les feux de sa puissante artillerie qui massacrait notre infanterie à grande distance et rendait son action absolument inutile.

Écrasée sous la mitraille, la division Lacretelle redoubla en vain la violence de son tir d'artillerie et de mousqueterie ; elle dut finalement reculer derrière la multitude des bataillons saxons qui, vers 11 heures, gravissant les flancs du plateau, occupèrent les crêtes qu'elle venait d'abandonner, et la forcèrent à battre en retraite sur le Fond-de-Givonne.

La division Vassoigne et le village de Bazeilles se trouvaient ainsi découverts sur la gauche. Malgré les pertes incessantes qu'elle infligeait à l'ennemi, l'infanterie de marine, enveloppée de tous côtés, sans espoir de renforts, dut évacuer, en continuant de combattre, le parc de Montvillers, Bazeilles, la villa Beurmann, et battre en retraite sur Balan. A 11 heures, le village tombait au pouvoir des Bavarois qui s'y livraient à de cruelles représailles dont ils ont vainement cherché à se disculper. Rendus furieux par la résistance inouïe qu'ils avaient rencontrée dans Bazeilles, fous de rage, ils fusillaient les habitants, et, arrosant de pétrole les lits et les boiseries, ils incendiaient à la main 363 maisons. Tout le village, où déjà les obus des batteries d'Aillicourt avaient mis le feu en maints endroits, devenait la proie des flammes [1].

Par suite de ces événements et des vides nombreux que le combat avait laissés dans les rangs de l'agresseur, la lutte se trouvait nécessairement ralentie vers midi, à l'aile droite de l'armée française. Le corps d'armée du général Lebrun se retirait pas à pas, avec une admirable fermeté, sur Balan et sur le Fond-de-Givonne, des hauteurs duquel son artillerie couvrait la retraite. Le gros de ses troupes allait prendre position au Vieux-Camp, étendant son aile droite jusque dans Balan, tandis que le Ier corps bavarois reconstituait ses bataillons décimés, ses munitions presque complètement épuisées, et installait toutes ses forces dans les positions qu'il avait conquises. Le général Von der Tann donnait alors l'ordre d'occuper fortement Bazeilles et la Moncelle, et de s'y maintenir à tout prix. De son côté, le XIe corps saxon garnissait le plateau de la Moncelle de son artillerie devenue inutile au bois Chevalier, et il la tournait contre Balan, le Fond-de-Givonne et Sedan, prête à entrer en action.

---

[1]. Le nombre des atrocités dont les Bavarois se sont rendus coupables à l'égard des personnes, à Bazeilles, a été exagéré ; le monument élevé sur la place publique de Bazeilles, par souscription nationale, en l'honneur de l'infanterie de marine et des victimes de ce combat meurtrier, ne porte que vingt-sept noms d'habitants. Encore quelques-uns ont-ils péri asphyxiés dans leurs caves pendant l'incendie.

LA BATAILLE DE SEDAN.

OPÉRATIONS DE L'ARMÉE ALLEMANDE CONTRE LE CENTRE DE L'ARMÉE FRANÇAISE ET EN PARTICULIER CONTRE LE CORPS D'ARMÉE DU GÉNÉRAL DUCROT, DE 9 HEURES DU MATIN A 1 HEURE.

Le XIIe corps saxon, qui avait concouru, dès les premières heures de la matinée, à l'attaque de la Moncelle avec les Bavarois, était aussi parvenu, grâce au mouvement de retraite ordonné par le général Ducrot, à s'étendre sur sa droite, vers Daigny; il avait d'abord engagé, sur les collines situées à l'est de ce village, une lutte très meurtrière avec les tirailleurs français, surtout avec les turcos et le 3e régiment de zouaves, de la division Lartigue, qui avait prononcé une vigoureuse offensive à la requête du général Lebrun, et dont les régiments exécutèrent plusieurs charges à la baïonnette. A 8 heures, les troupes saxonnes, qui opéraient sur ce point, avaient épuisé toutes leurs munitions; elles n'avaient plus d'autre ressource que l'arme blanche, pour défendre leur droite que nous allions déborder, et pour repousser une dernière attaque, que les zouaves, soutenus par des canons et des mitrailleuses, préparaient contre elle. Si, à ce moment, la cavalerie du général Michel avait chargé comme elle s'était antérieurement disposée à le faire; si des renforts avaient été envoyés du 1er corps à la division Lartigue, l'aile droite saxonne était culbutée; mais c'était précisément l'heure où le général Ducrot faisait retirer la division L'Hériller qui servait de soutien et de seconde ligne à la division Lartigue, pour la faire monter dans le haut du bois de Garenne, et où le général Michel, avec la brigade Nansouty, se retirait par la route d'Olly, qui servit, pendant la matinée, de canal d'écoulement dans cette partie du champ de bataille, aux troupes débandées et aux fuyards qui gagnèrent la Belgique ou Mézières.

Au contraire, l'ennemi n'hésitait pas à jeter, sur le point menacé, des régiments en marche et des troupes fraîches, provenant de l'armée de la Meuse en mouvement. Ces troupes, débouchant simultanément au Sud et au Nord, vinrent tirer les Saxons de leur situation critique. Alors, toute la ligne de bataille du XIIe corps saxon, appuyée par de nouvelles batteries qui prirent position sur la lisière nord-est du bois Chevalier, au-dessus de la petite Moncelle, se porta vigoureusement en avant, en comblant sans cesse les vides nombreux que notre feu faisait dans ses rangs par de nouvelles compagnies. Malgré son énergique résistance, la division Lartigue qui fit des broussailles, des jardins, des fermes et des carrières, autant de postes de combat acharné, mais qui ne reçut aucun renfort, finit par être refoulée jusque dans Daigny, où l'ennemi pénétra. Ici, la lutte redoubla d'intensité, dans les maisons, dans le moulin, dans le château, dans les rues ; mais nos bataillons non renforcés s'éclaircissaient de plus en plus, tandis que les Bavarois venaient, par la vallée de la Givonne, prêter leur concours aux Saxons.

En vain les turcos défendirent avec héroïsme les débouchés du pont de la Givonne, et ne se laissèrent arracher leur drapeau qu'après avoir entassé des cadavres à son pied ; ils succombèrent sous le nombre. A 10 heures, la division Lartigue, dont le chef lui-même était grièvement blessé, se trouvait complètement rejetée au delà de la Givonne, qui forma jusqu'à midi, à cet endroit, la ligne de démarcation entre les deux armées ; avantageusement abrités derrière les murs, les haies, et le peu de bois qui garnit dans cette région le flanc de la vallée, nous maintenions, en effet, un feu intense d'artillerie et de mousqueterie contre l'ennemi.

Malheureusement, le reste de l'armée de la Meuse entrait vivement en ligne contre les autres divisions du 1er corps, formant le centre de l'armée française. D'après le plan général de bataille dressé par les chefs de l'armée allemande, on a vu que l'armée de la Meuse avait pour mission d'arriver le plus promptement possible à se relier par sa droite avec la IIIe armée qui opérait sur notre gauche, afin de nous empêcher de nous dérober derrière la frontière. En conséquence, le prince royal de Saxe, ne pouvant imaginer que nous aurions l'imprudence de stationner autour de Sedan, s'était proposé de porter la Garde sur Fleigneux et le XIIe corps saxon sur Illy ; mais la longueur imprévue de la lutte à Bazeilles, à la Moncelle et à Daigny, avait singulièrement modifié ce mouvement que les Allemands pensaient pouvoir terminer de très bonne heure ; dans sa route, le XIIe corps saxon avait subi les péripéties que l'on sait, et le corps d'armée de la Garde, qui constituait l'extrême droite de l'armée de la Meuse, ne s'était pas lui-même porté, sans obstacles, sur les positions de Villers-Cernay et de Givonne, qui lui avaient été assignées comme premier objectif de sa marche dans la matinée. A Villers-Cernay, déjà, son avant-garde avait rencontré quelques troupes françaises qui ne s'étaient repliées qu'en escarmouchant, et, en face de Givonne, la droite de l'armée de la Meuse s'était heurtée à une vigoureuse résistance du 1er corps, qui avait contraint le prince royal de Saxe à amener en ligne deux brigades de l'infanterie de la Garde.

Comme toujours, l'attaque dirigée de ce côté contre le 1er corps français fut très habilement préparée par une formidable artillerie qui, accourant au grand trot, prit position, malgré un feu violent de mousqueterie et de mitraille, sur les hauteurs, au nord-est de Daigny, entre Daigny et Haybes, et sur les hauteurs situées à l'est de Givonne, au-dessous du bois de Villers-Cernay. Exécuté à quatre mille pas, le tir convergent de l'artillerie allemande était cependant si supérieur au nôtre, qu'il mettait aisément nos batteries hors de combat, et qu'il força l'infanterie et la cavalerie de la division Wolff à chercher un abri dans les profondeurs du bois de la Garenne. A midi, toutes les batteries du corps d'armée de la Garde étaient déployées au-dessus de la Givonne; six batteries étaient en action sur l'aile droite de ce corps d'armée, et huit batteries sur l'aile gauche, qui se reliait à la droite du XIIe corps saxon et pouvait le seconder efficacement, pour arrêter les retours offensifs que nous pourrions tenter.

C'est en vain qu'à maintes reprises, nos tirailleurs cherchèrent à traverser la vallée, en foule dispersée, sous une pluie de mitraille, pour diminuer l'action de cette furieuse canonnade, en se jetant sur ceux qui l'entretenaient; c'est en vain que nous nous lancions dans Givonne avec dix bouches à feu. Les régiments de fusiliers qui soutenaient les pièces allemandes, se précipitèrent sur le village et, après un court et sanglant engagement, notre artillerie fut réduite à rendre les armes, sans avoir pu décrocher ses pièces.

Encore une fois, la puissante artillerie de l'ennemi maintenait la masse de notre infanterie à distance, et permettait à la sienne de se rendre maîtresse de tout le flanc est de la vallée de la Givonne, et de chasser nos tirailleurs de Haybes, de Givonne et de tout le fond de la vallée.

En même temps, la division de cavalerie de la Garde avait accentué sa pointe vers Illy, et, tout en marchant, avait délogé du village de la Chapelle le 1er bataillon des francs-tireurs de Paris, Lafon-Mocquart, qui n'avait cédé la place qu'après une heure et demie de courageuse résistance; à midi, l'avant-garde de cette cavalerie rencontrait dans la forêt des Ardennes, au-dessus d'Olly, les troupes avancées de la IIIe armée, et la communication se trouvait établie entre l'extrême droite de l'armée de la Meuse et l'extrême gauche de la IIIe armée.

La division de cavalerie de la Garde marchait alors sur Illy et ses colonnes parvenaient au nord de Givonne.

OPÉRATIONS DE L'ARMÉE ALLEMANDE CONTRE L'AILE GAUCHE DE L'ARMÉE FRANÇAISE (GÉNÉRAL DOUAY), DANS LA MATINÉE DU 1ᵉʳ SEPTEMBRE. — LA IIIᵉ ARMÉE SE DÉPLOIE ENTRE SAINT-MENGES ET FLEIGNEUX.

La note officieuse, communiquée au général de Wimpffen par le grand état-major allemand, et que nous avons publiée plus haut, a déjà fait connaître les mouvements accomplis par la IIIᵉ armée, chargée de nous couper la retraite sur Mézières, dans la matinée du 1ᵉʳ septembre ; mais il importe de préciser ces mouvements, pour montrer combien le cercle de mitraille dans lequel l'armée française allait être broyée, s'est, dès le matin, resserré autour d'elle.

La IIIᵉ armée opéra à la fois dans la journée du 1ᵉʳ septembre, au sud, à l'ouest et au nord de Sedan.

Au sud, le IIᵉ corps bavarois, quittant ses bivouacs de Raucourt à 4 heures du matin, devait se diriger sur Wadelincourt, en face de Sedan ; mais en route, vers 8 heures, il reçut l'ordre de détourner une partie de ses forces sur sa droite, pour soutenir le 1ᵉʳ corps bavarois, à Bazeilles. Ce fut seulement une portion de ce corps d'armée qui vint s'établir entre Fresnois et Wadelincourt ; du bois de la Marfée et de la croupe située au nord du château de Bellevue, son artillerie engagea la lutte, dès 9 heures du matin, avec l'artillerie des remparts de la ville ; malgré l'éloignement considérable, elle prit même, sous un feu d'enfilade et de revers, l'artillerie de campagne du 7ᵉ corps, postée sur les hauteurs de Floing; ses obus passaient ainsi par-dessus Sedan, où quelques-uns tombaient par instants.

Des sommets de Wadelincourt, l'artillerie bavaroise contraignit, d'autre part, à la retraite, des batteries françaises placées au nord de Balan, d'où elles faisaient feu sur la Moncelle. La 4e division du IIe corps bavarois prenait en outre de fortes positions sur toutes les hauteurs de Wadelincourt et de Fresnois, au-dessous du bois de la Marfée, coupait les routes et barricadait les villages, pour s'opposer, le cas échéant, à une sortie de l'armée française dans cette direction. Des patrouilles de chasseurs, se glissant dans le faubourg de Torcy, s'approchaient des murs de Sedan et cherchaient à abattre les servants des pièces de remparts.

La 3e division du IIe corps bavarois allait, pendant ce temps, prêter son concours au général Von der Tann, sur l'ordre duquel elle traversait les prairies basses situées à l'ouest de Bazeilles, pour opérer contre Balan; elle pénétrait dans ce village vers 1 heure, après une lutte acharnée, dans le parc du château, et sur les hauteurs situées au nord-ouest; dans cette lutte, les troupes avancées épuisaient leurs munitions et subissaient de grandes pertes.

Toutes ces opérations s'accomplissaient sous les yeux du roi Guillaume qui, à 7 heures et demie du matin, entouré d'une suite nombreuse, était venu s'installer, à côté du prince royal de Prusse et de son état-major, à la Croix-Piot, sur un mamelon, situé au sud de Fresnois, et particulièrement favorable pour suivre tous les événements; car, de là, on embrasse l'horizon entier du champ de bataille, jusque dans les points les plus éloignés.

Quant au XIe et au Ve corps prussiens, soutenus par la division wurtembergeoise et la 4e division de cavalerie, ils avaient traversé la Meuse, les premiers à Donchery sur le pont fixe et sur deux ponts de bateaux, les secondes à Dom-le-Mesnil, sur un pont de bateaux, dans le cours de la nuit et de la matinée, comme l'indique la communication officieuse de l'état-major allemand. A 5 heures du matin, le Ve corps, en marche depuis 2 heures et demie, le XIe corps, debout depuis 3 heures, s'étaient reformés sur la rive droite du fleuve et avaient repris leur mouvement, le premier, à gauche, sur Vivier-au-Court, le second, à droite, sur Vrigne-aux-Bois, pour intercepter la route de Sedan à Mézières. Ils n'avaient pas tardé à constater que cette route était libre et à en informer le quartier général allemand.

« Dès lors, selon la remarque du grand état-major prussien, deux hypothèses seulement demeuraient en présence : ou les Français n'avaient pas quitté leurs positions autour de Sedan, ou ils avaient marché à l'est. Dans un cas, comme dans l'autre, il s'agissait donc, non plus d'intercepter la route de Mézières, mais de se porter vivement sur l'ennemi, et de donner la main au plus tôt à l'armée de la Meuse qui se rapprochait par l'est. En conséquence, à 7 heures et demie, le prince royal de Prusse prescrivait aux deux corps prussiens de la IIIe armée de contourner la boucle de la Meuse, et de marcher au canon, de manière à prendre l'adversaire à dos.

Pour l'exécution de ce mouvement, le XI° corps devait passer par Saint-Menges; le V° devait suivre l'aile gauche du XII° corps. »

Ces opérations, si menaçantes pour les derrières de l'armée française, s'exécutèrent sans obstacle. Vers 8 heures du matin, la tête du XI° corps rencontrait seulement, au delà de Saint-Menges, les patrouilles de cavalerie que le général Margueritte avait envoyées en reconnaissance de ce côté, sur les ordres du général de Wimpffen. Les éclaireurs français cherchèrent un instant à résister dans Saint-Menges; mais ils furent bientôt obligés de se replier, et les troupes prussiennes s'emparèrent de ce village sans combat.

Aussitôt plusieurs compagnies et les premières batteries disponibles escaladaient les crêtes de Saint-Menges, et prenaient position sur leurs sommets, dans le bois de La Hattois, dont nous avons signalé l'exceptionnelle importance, dans la description générale du champ de bataille. Pour garantir cette position contre toute surprise, deux compagnies de fusiliers contournaient le mamelon et se précipitaient dans Floing, où elles s'installaient dans les premières maisons.

L'infanterie de la division Liébert se jeta avec impétuosité sur ces audacieuses avant-gardes du XI° corps et les chargea plusieurs fois à la baïonnette; mais elles repoussèrent tous les efforts que nous fîmes pour les déloger, et se maintinrent.

D'ailleurs, dès 9 heures du matin, les batteries ennemies ouvraient leur feu sur les hauteurs du bois de La Hattois et commençaient la lutte avec l'artillerie de notre 7ᵉ corps, déployée sur la croupe du plateau qui relie Floing au calvaire d'Illy. Les premières batteries prussiennes étaient fort maltraitées par notre canonnade, et quelques pièces étaient mises hors de combat ; mais le général en chef du XIᵉ corps venait lui-même reconnaître le terrain, et, suivant l'habile tactique constamment suivie par l'armée allemande, il prescrivait aussitôt d'amener toute l'artillerie en première ligne ; accélérant son allure dans toutes les colonnes qui suivaient paisiblement la route circulaire de la boucle de la Meuse, celle-ci devançait l'infanterie, et parvenait successivement, avec de grands efforts, sur les hauteurs et le plateau de Saint-Menges ; à 11 heures, quatorze batteries étaient en action sur ce point et déblayaient le sol sur lequel l'infanterie serait plus tard appelée à opérer. Pendant ce temps, cette infanterie se massait au sud et à l'est de Saint-Menges, repoussait plusieurs retours énergiques que nous faisions contre la droite des positions de l'artillerie, et engageait le feu avec les tirailleurs du 7ᵉ corps, embusqués sur les pentes est de la vallée de Floing, dans des tranchées à épaulement.

Notre cavalerie, avec une admirable intrépidité, cherchait à troubler le déploiement de quelques-unes de ces batteries qui lui paraissaient mal soutenues, sur les crêtes au sud-est de Saint-Menges, et de l'infanterie qui cherchait à s'étendre vers Illy et Givonne ; une charge impétueuse descendait du calvaire d'Illy, commandée par le général de Galliffet, composée de trois régiments de chasseurs d'Afrique et de deux escadrons de lanciers ; mais elle était fauchée par la mousqueterie ennemie, broyée par les obus de son artillerie, et obligée de tourner bride, à 400 mètres de celle-ci.

A la suite de cette charge, le général de division Brahaut et son état-major étaient entraînés par un courant de cavaliers sur la route de Corbion, en Belgique, et capturés par la cavalerie ennemie, à laquelle le général de brigade de Bernis, emporté par le même peloton, n'échappa qu'en se jetant isolément dans les bois et en traversant la frontière.

Pendant que ces diverses opérations s'accomplissaient, le Ve corps prussien avait atteint les hauteurs de Fleigneux et d'Illy et les avait couvertes d'artillerie en massant son infanterie sur l'aile gauche de celle-ci, entre Fleigneux et Olly, où elle achevait de former le cercle avec des escadrons de cavalerie. Les officiers supérieurs d'artillerie, prenant les devants pour reconnaître les emplacements, établissaient eux-mêmes les batteries à mesure qu'elles débouchaient ; à 11 heures, les dix batteries du Ve corps constituaient en face d'Illy une nouvelle ligne de bouches à feu qui, réunies aux quatorze batteries du XIe corps, et croisant ses feux avec les quatorze batteries de la Garde, qui tonnaient sur les hauteurs de Givonne, labouraient toutes nos positions du plateau d'Illy et du bois de la Garenne, broyant principalement notre 7e corps sous ses projectiles.

Deux cent trente pièces de canon vomissaient, de ce côté, la mitraille contre nous.

En résumé, entre midi et 1 heure, l'investissement de l'armée française était complet ; nous étions cernés de toutes parts et le projet du grand état-major allemand était réalisé, mieux même qu'il ne l'avait conçu.

Au sud, les hauteurs inexpugnables de Fresnois et du bois de la Marfée étaient garnies de canons. A l'est, les Bavarois étaient maîtres de Bazeilles et des hauteurs de la Moncelle ; ils commençaient à entrer dans Balan, et toute la vallée de la Givonne, sur le flanc gauche de laquelle nous étions partout repoussés, était dominée par l'ennemi, dont l'artillerie, considérablement supérieure, sous le rapport du nombre et de la portée, nous écrasait au nord et à l'ouest sur les positions de Givonne, du calvaire d'Illy, du bois de la Garenne et du plateau de Floing, sans permettre à notre infanterie de s'engager avec efficacité.

SUPRÊMES EFFORTS DE L'ARMÉE FRANÇAISE POUR SE MAINTENIR SUR SES POSITIONS.

Dès qu'il avait entendu s'accentuer le retentissement de la canonnade, sur la gauche de l'armée, le général de Wimpffen s'était rendu de sa personne auprès du général Douay, vers 11 heures. Dès ce moment, le général Douay lui déclara que « nous ne nous battions plus que pour l'honneur de nos armes ». En effet, le général de Wimpffen, ayant parcouru avec lui le front de ses troupes, en suivant la crête qui aboutit au bois de la Garenne, constata que les formidables batteries de l'ennemi balayaient toutes nos positions et éteignaient le feu de nos batteries avec une précision qui était sans cesse rectifiée, selon les besoins, comme dans un tir de polygone.

Le général de Wimpffen invitait néanmoins le général Douay à se maintenir énergiquement, ce que celui-ci s'engageait à faire, pourvu que sa droite fût sérieusement garantie par une forte occupation du calvaire d'Illy et du bois de la Garenne.

Le général de Wimpffen se rendit dans ce bois que, dès la veille, il avait signalé comme devant être l'objectif de l'ennemi. Notre infanterie ne s'y maintenait plus avec assurance, et les obus prussiens désorganisaient notre artillerie à mesure qu'elle entrait en ligne. Le général adressa la parole aux fantassins, et les exhorta à se porter jusqu'à la partie extérieure du bois; il dépassa les soldats les plus avancés pour leur donner l'exemple et pour mieux reconnaître la position des nombreux bataillons allemands couchés ou assis en avant de leurs batteries, et attendant le moment favorable pour se précipiter sur nous.

Le général de Wimpffen revint ensuite au Vieux-Camp, point central d'où il pouvait embrasser l'ensemble des opérations; il y rencontra le général Ducrot et le général Lebrun; le premier s'attardait à de vaines récriminations au sujet de l'obstacle apporté à son dessein du matin; mais le général de Wimpffen coupa court à ces oiseuses observations, en ordonnant au général Ducrot de rejoindre ses troupes et de faire tous ses efforts pour demeurer au calvaire d'Illy, à raison de l'extrême importance que la conservation de ces positions avait pour nous. Aussitôt celui-ci retournait à son corps d'armée et donnait l'ordre au général Forgeot d'amener sur le plateau, en face de Fleigneux, tout ce qui restait d'artillerie disponible; il commandait en outre à son chef d'état-major, le colonel Robert, de faire remonter vers la crête les divisions Pellé et L'Hériller, jusque-là demeurées en seconde ligne ; enfin, il appelait à lui toute la cavalerie postée dans les environs.

D'autre part, pour arrêter le mouvement de retraite du 12e corps, le général de Wimpffen donna l'ordre au général Goze du 5e corps de prêter son appui au général Lebrun ; il le fit, de plus, soutenir par la brigade Maussion du 5e corps, qui avait été affectée comme réserve au 7e, et même par quelques brigades de la division Dumont, du même corps, qui fut remplacée à son aile droite au calvaire d'Illy, par la division Conseil-Dumesnil qui passa de la seconde ligne à la première.

Grâce à ces mesures, l'opiniâtreté de notre résistance augmenta, notamment à notre centre et à notre aile gauche, en face du XIe et du Ve corps prussiens.

Mais l'artillerie de ces corps ennemis redoublait son action, que le tir précipité du début et le manque de munitions avaient un moment permis à notre artillerie de ralentir ; deux batteries du Ve corps étaient encore appelées et venaient remplir sur le chemin de Saint-Menges à Illy l'intervalle qui séparait les lignes d'artillerie des deux corps d'armée. Vingt-six batteries se trouvaient ainsi déployées contre nous par le XIe et le Ve corps ; elles continuaient à croiser leurs feux avec les quatorze batteries d'artillerie de la Garde, et produisaient des effets irrésistibles. Les servants, les attelages de l'artillerie française tombaient dès qu'elle prenait position ; ses caissons sautaient en grand nombre, et nos batteries étaient d'autant plus rapidement pulvérisées, que nos feux divergeaient, tandis que ceux de l'ennemi étaient tous convergents; ses projectiles, venant à la fois de face, de gauche et de droite, tombaient partout sur les emplacements que nous occupions.

Dans un retour offensif, tenté pour reprendre un poste important, abandonné par des troupes du 1ᵉʳ corps chargées de le défendre, deux batteries de la réserve, qui accompagnaient le mouvement, étaient à peine arrivées sur le terrain qu'elles furent écrasées par des feux d'une puissance et d'une précision telles que toute lutte leur fut interdite; plusieurs coffres sautèrent instantanément, les pièces furent démontées et après avoir subi des pertes énormes en personnel, ces batteries durent se retirer, en abandonnant sur place une partie de leur matériel.

Les abords d'Illy furent ainsi dégagés par l'artillerie allemande; nos troupes écrasées reculèrent dans le bois de la Garenne, et l'infanterie ennemie, commençant à s'ébranler, marcha de Fleigneux vers Illy, d'où elle entama la fusillade contre les hauteurs, soutenue par la cavalerie de la Garde qui, ayant traversé Givonne, détachait des pelotons de uhlans pour déloger nos tirailleurs.

Le général Ducrot, mettant l'épée à la main, avec tout son état-major, entraîna encore, par trois fois, son infanterie contre les assaillants; le général Douay agit de même avec les bataillons de la brigade Bordas et défendit, en désespéré, la hauteur menacée; mais tous nos retours offensifs échouèrent, malgré leur vigueur, devant la convergence des feux des batteries prussiennes, devant la grêle de fer qu'elles faisaient pleuvoir, et devant les lignes de plus en plus épaisses des fantassins qui finirent par monter sur le mamelon et s'y établirent. A partir de ce moment, l'infanterie du XIe corps, massée au calvaire d'Illy, dirigea ses feux de mousqueterie contre le bois de la Garenne, où notre infanterie, délogée de la hauteur, découragée par l'impuissance à laquelle elle était réduite, se réfugiait.

L'aile droite du 7e corps et la gauche du 1er corps, formant le centre de notre armée, se trouvaient enfoncées.

Pendant ce temps, la division Liébert, à la gauche du 7e corps, placée dans des positions plus avantageuses, au nord de Cazal, au-dessus de Floing, repoussait d'abord avec succès les attaques auxquelles elle était en butte. Par un feu très violent d'artillerie et de mousqueterie, elle arrêtait les mouvements offensifs de l'infanterie ennemie qui, descendant par petits groupes dans le village, s'y était réunie en force et montait sur les escarpements; elle rejetait plusieurs compagnies jusqu'au pied de la pente, sur le ruisseau de Floing. Mais, entre midi et 1 heure, l'ennemi recevait des renforts considérables, avec l'arrivée de nouvelles divisions qui entraient aussitôt en ligne, et, criblée d'obus par les batteries prussiennes, pressée de plus en plus par une infanterie numériquement très supérieure, l'aile gauche de notre 7e corps faiblit à son tour. C'est alors que dans l'espérance de briser l'élan de l'ennemi, sur toute la ligne de Floing à Illy, le général Ducrot imagina de faire donner la division Margueritte, et que se produisirent, pendant une demi-heure, ces charges impétueuses dans lesquelles la cavalerie française s'est inutilement couverte de gloire; simultanément l'artillerie, se sacrifiant de son côté, faisait un dernier effort et cherchait à détourner sur elle le terrible feu de l'adversaire.

CHARGES DE LA CAVALERIE FRANÇAISE.

Les charges de la cavalerie française sur le champ de bataille de Sedan ont été exécutées par cinq régiments de cavalerie légère (1er, 2e et 3e régiments de chasseurs d'Afrique, 1er et 6e chasseurs à cheval) par une brigade de lanciers de la division Salignac-Fénelon du 12e corps, et par plusieurs escadrons de cuirassiers de la division Bonnemains. D'abord commandée par le général Margueritte, bientôt mortellement blessé, puis par le général de Galliffet, cette charge déboucha à l'ouest du bois de la Garenne au-dessus de Cazal sur le plateau de l'Algérie, en laissant Floing en arrière et à gauche; elle se précipita dans la vallée de Floing comme une trombe sur l'infanterie ennemie, chaque régiment ayant l'ordre de culbuter tout ce qui se trouvait devant lui. Malgré les conditions très défavorables du terrain, malgré les vides énormes que l'artillerie prussienne faisait dans ses rangs, enfin, malgré le tir soutenu et meurtrier de l'infanterie, abritée derrière les haies, les fossés et les abris, ou pelotonnée en carré, la charge tourbillonna pendant une demi-heure sur les crêtes et les pentes du plateau, en sabrant avec intrépidité.

Des escadrons arrivèrent même, sous un violent feu de mitraille, jusqu'aux huit pièces prussiennes, en batterie sur la crête située au sud de Floing, et engagèrent un combat corps à corps avec les servants, réduits à se défendre à coups de sabre et d'écouvillon. D'un autre côté, deux escadrons du 1er régiment de cuirassiers s'ouvrirent un passage vers Gaulier, au travers de l'infanterie prussienne, et, irrésistiblement lancés, atteignirent les abords de Saint-Albert, sur la boucle de la Meuse, où ils semèrent le désordre et la panique dans les convois de l'ennemi. A l'aile gauche de la ligne prussienne, les chasseurs d'Afrique et les lanciers parvenaient aussi à bousculer d'abord et à sabrer l'infanterie ennemie, mais bientôt, partout, la charge se brisait et se désagrégeait sous une fusillade terrible, et les pelotons de cavaliers, débandés, mélangés, galopaient au hasard sur le sanglant théâtre de leurs exploits. Trois fois nos escadrons repoussés se reformèrent et renouvelèrent leur course impétueuse; tandis qu'ils se rassemblaient pour la dernière tentative, le général de Galliffet fit remarquer au général Ducrot que l'héroïsme de ses cavaliers demeurait bien stérile.

— Sacrifiez-les au moins pour l'honneur de nos armes, lui dit le général Ducrot.

— Soit! mon général; tant qu'il restera un cavalier, nous chargerons, répondit le général de Galliffet.

Et, reprenant la tête des escadrons, il se jeta une dernière fois, avec eux, dans les abîmes de la vallée.

Voici, sur quelques épisodes de cette charge mémorable, des renseignements précis, fournis au général de Wimpffen, dans une note importante, par le lieutenant de Pierres, attaché à la personne du général Margueritte, dans la matinée du 1ᵉʳ septembre :

Après la première charge dirigée vers 11 heures du matin par la cavalerie française sous les ordres du général de Galliffet, contre les troupes prussiennes, en position au-dessous de Fleigneux, le général Margueritte donna l'ordre à sa division de quitter Illy et de traverser le bois de la Garenne (direction de la Givonne). — Le passage du bois s'effectua sous une grêle d'obus et de balles, qui arrivaient d'autant mieux à destination que cette cavalerie, montée en chevaux gris et blancs, formait une belle cible lorsqu'elle apparaissait à la lisière. Le 1ᵉʳ hussards fut particulièrement éprouvé.

MM. de Pierres, lieutenant, de Kergariou et de Boisguéhéneuc, sous-lieutenants au 3ᵉ chasseurs d'Afrique, furent alors placés près du général Margueritte pour porter et transmettre ses ordres.

On s'arrêta en arrière du bois de la Garenne, dans un pli de terrain, balayé par les obus, où le général fit mettre pied à terre et resangler les chevaux.

Les projectiles éclataient au milieu des rangs où ils causaient de grands ravages. Le général Zillard et son aide de camp furent tués par le même obus.

La division alla chercher un abri entre Gaulier et Floing, en arrière de la crête qui réunit ces deux points ; c'est là que le général Margueritte reçut du général Ducrot l'ordre de faire charger de nouveau toute sa division.

Le général Ducrot lui dit :

— Vous allez charger par échelons sur notre gauche. Après avoir balayé ce qui est devant nous, vous vous rabattrez à droite et prendrez en flanc toute la ligne ennemie.

Le général Margueritte, suivi de son état-major et de

son peleton d'escorte du 1ᵉʳ hussards, se porta alors de sa personne au travers du bois de la Garenne jusque sur la crête d'Illy pour reconnaître les positions de l'ennemi sur lesquelles il devait se diriger.

Le général, dont le sang-froid était sublime, engagea, sa longue-vue à la main, un colloque avec les officiers qui se trouvaient près de lui pour déterminer le plus exactement possible la position et le nombre des troupes qui s'avançaient.

L'énorme masse noire que nous avions sous les yeux comprenait plusieurs divisions.

C'était en effet l'infanterie du XIᵉ corps.

Pendant ce temps, le régiment ennemi qui se trouvait en tête de colonne s'était déployé en tirailleurs et avançait au pas de course vers notre position, dont il ne devait pas se trouver à plus de 500 mètres.

Une violente fusillade dirigée vers la crête sur laquelle nous étions postés la rendait intenable; le général fit demi-tour; l'escorte et l'état-major partirent au galop. Dans ce demi-tour, le général Margueritte se trouva naturellement le dernier. Il arrêta brusquement son cheval et cria :

— Ah! Messieurs, ne retournons pas si vite vers la division.

Et il grommela entre ses dents :

— Nous avons l'air de nous sauver.

Tout le monde s'étant arrêté, le général Margueritte tourna son cheval et dit :

— Remontons voir!

A ce moment, le général Margueritte, en raison de son éclatante bravoure, a cédé à un sentiment irréfléchi; il n'y avait plus rien à voir: tout était bien vu; on ne savait que trop que tout un corps d'armée s'avançait vers la position sans être inquiété ni par notre artillerie ni par notre infanterie.

La raison ordonnait, au contraire, de ne pas perdre de temps et de se rendre au plus vite vers la division, soit pour lancer l'attaque insensée de quelques régiments de cavaliers contre 30 000 hommes d'infanterie, dont les têtes de colonne commençaient à gravir la pente, soit pour se retirer et éviter une inutile boucherie.

Le général Margueritte venait à peine de remonter sur la crête, quand il reçut une balle qui lui traversa les deux joues et lui coupa la langue; il tomba ainsi que le cheval qu'il montait[1]. Son officier d'ordonnance, lieutenant Révérony, du 1er chasseurs d'Afrique, et son aide de camp, capitaine Arronhson, mirent pied à terre pour le relever et le placer sur le cheval d'un des hommes de l'escorte.

On se mit en marche au pas pour redescendre; le général, à cheval, la figure ensanglantée, horrible à voir, était soutenu sous le bras gauche par un hussard, sous le bras droit par le lieutenant Révérony.

Bientôt on passa devant le front du 1er chasseurs d'Afrique. Les hommes debout, sur leurs étriers, le sabre à la main, hurlaient :

— Vengeons le général !... En avant! en avant! Vengeons le colonel!

Le général Margueritte lui-même, tête nue, la langue pendante, tout sanglant, poussait des cris rauques et ordonnait avec la main de charger, et, au même moment, on emportait également le colonel Cliquot, du 1er chas-

---

1. L'endroit précis où le général Margueritte a été blessé est aujourd'hui indiqué sur le champ de bataille par une croix. Cette croix est érigée dans une position extrêmement avancée, au-dessous du calvaire d'Illy, à gauche et au-dessus d'Illy, sur le bord du ravin de Floing; cette indication autorise à croire que le général Margueritte a été blessé par quelqu'un des tirailleurs déjà embusqués dans les jardins ou derrière les haies d'Illy.

seurs d'Afrique, qui venait de recevoir une balle dans le ventre.

Alors, sans autres ordres, je crois, le 1ᵉʳ chasseurs d'Afrique s'élança et chargea follement.

Il était bientôt suivi des autres régiments, le général de Galliffet ayant pris le commandement de la division et fait exécuter la charge à la place du général Margueritte.

A la nouvelle qu'il avait le commandement et la direction de la charge, le général de Galliffet fit sonner aux officiers pour ses régiments de chasseurs d'Afrique, et, le cercle formé, leur dit :

— Messieurs, nous avons l'honneur d'être désignés pour protéger l'armée ; je compte sur vous ; il est probable que nous ne nous reverrons pas tous ; je vous fais mes adieux !

Les chasseurs d'Afrique étaient arrêtés sur le plateau de l'Algérie, en colonnes par escadrons, et, sous la pluie de projectiles qui arrivaient de toutes les directions, les chevaux reculaient, hennissant de douleur et de frayeur.

On entendait distinctement le bruit des balles qui pénétraient dans leur chair (le bruit sourd que fait un fer chaud plongé dans l'eau) ou qui frappaient sur les sabres, sur les canons de fusils. En une minute, un monceau de cadavres d'hommes et de chevaux était jeté bas sur la crête.

Néanmoins les trompettes sonnaient la charge ; les vieux chasseurs d'Afrique étaient admirables de bravoure et de sang-froid ; ils tombaient sans quitter le rang, sans proférer ni une plainte ni un murmure.

Enfin, sur l'ordre du général de Galliffet, les régiments s'élancent et chargent dans cette fatale descente ; ils vont s'engloutir dans des trous de carrières et se faire écharper à quelques mètres des carrés prussiens. Pêle-mêle, chasseurs, hussards, lanciers, cuirassiers, tourbillonnaient autour des gros carrés qu'ils ne pouvaient entamer, et qui, *fatigués de tuer, par humanité, finirent par cesser le feu,* ainsi que l'a raconté, à Ems, au général de Galliffet, un major prussien qui se trouvait dans l'un d'eux.

Il y eut des pelotons entiers qui ne reparurent pas. On m'a cité au 1er chasseurs d'Afrique un peloton commandé par le lieutenant Launay dont il ne revint pas un homme; au 3e chasseurs d'Afrique, le sous-lieutenant Badenhuyer rentra seul dans Sedan après avoir laissé tous les hommes de son peloton devant les carrés prussiens ; presque tous les officiers du 3e chasseurs d'Afrique qui n'avaient été ni tués ni blessés durent changer deux et trois fois de cheval. Le lieutenant de La Houssaye, du même régiment, chargeait le soir avec une blessure à l'épaule et après avoir eu trois chevaux tués sous lui.

En résumé, la charge que put voir le roi de Prusse de la position où il se trouvait, et pendant laquelle on raconte qu'il s'écria : « Oh! les braves gens! » fut exécutée par fractions successives par les différents régiments qui se trouvaient en arrière du bois de la Garenne ; elle fut glorieuse, mais sans but et sans espoir, car on ne pouvait, avec une poignée de cavaliers, avoir la prétention soit d'arrêter, soit de traverser un corps d'armée de troupes fraîches venant assurer le succès déjà complet sur toute la ligne. C'est donc à une mort inutile que ces cavaliers furent envoyés.

Ceux qui ordonnèrent ces charges, avaient sans doute au cœur la rage aveugle qui animait les chefs des légendaires carrés de Waterloo, et ils trouvèrent pour leur obéir des soldats aussi braves, aussi disciplinés que les vieux grenadiers de la garde.

C'est le plus bel éloge que l'on puisse faire de la division de cavalerie Margueritte dans cette néfaste journée, et il est incontestable que la valeur, l'abnégation de pareilles troupes pouvaient être employées plus utilement.

Le lendemain de la bataille, le général Margueritte, de l'ambulance où il se trouvait, fit parvenir un ordre du jour à ses troupes..., quelques mots seulement, écrits au crayon sur un morceau de papier. On se passa de mains en mains ce dernier adieu d'un chef aimé de tous, qui devait succomber quelques jours après à la fièvre déterminée par sa blessure. — Qu'est devenu ce papier? Il est peut-être entre les mains du général de Galliffet. Que de choses il y avait là en peu de mots! Combien, en le lisant, chacun se sentait fier d'avoir fait partie de cette division, dans un aussi triste moment!

Le grand état-major prussien lui-même parle de cette charge qui, d'après le rapport du général de Galliffet, nous a coûté 83 officiers et 709 hommes tués ou blessés, dans les termes les plus élogieux :

La série d'attaques de la cavalerie française fut exécutée, dit-il, avec une remarquable vigueur et un complet dévouement; mais, sur toutes les parties du champ de bataille, ses efforts échouèrent également. En certains points, l'assaillant avait bien réussi, dans un premier choc, à enfoncer quelques faibles lignes de tirailleurs abordées à l'improviste; mais partout son impétueux élan était venu se briser sur le feu des troupes établies en arrière. Devant les charges suivantes, la résistance devenait plus énergique encore, car l'infanterie prussienne bordait alors en forces les crêtes du plateau, et y trouvait le moyen de s'embusquer derrière les accidents du sol. Son feu exerçait des ravages de plus en plus terribles, au milieu de ces escadrons déjà en désordre, et qui ne tardaient pas à se trouver bientôt totalement dispersés. Des monceaux d'hommes, de chevaux, morts ou blessés, couvraient les hauteurs; beaucoup de cavaliers, après avoir échappé aux balles, allaient se précipiter dans les carrières de Gaulier et y périssaient. Outre le général Margueritte, le général Zillard avait été tué; le général de Salignac-Fénelon était blessé; les régiments qui avaient pris part à la charge avaient perdu en moyenne la moitié de leur effectif. Quant à l'infanterie prussienne, ses pertes étaient insignifiantes; cependant, aux chasseurs surtout, des hommes, en nombre relativement considérable, avaient été blessés par des coups de sabre dans leur combat corps à corps avec les cavaliers ennemis. Les débris de cette cavalerie allaient chercher un refuge dans les ravins du bois de la Garenne.

Bien que le succès n'ait pas répondu aux efforts de ces braves escadrons, bien que leur héroïque tentative ait été impuissante à conjurer la catastrophe, à laquelle l'armée française était déjà irrémissiblement vouée, celle-ci n'est pas moins en droit de jeter un regard de légitime orgueil vers ces champs de Floing et de Cazal, sur lesquels, dans cette mémorable journée de Sedan, sa cavalerie succomba glorieusement sous les coups d'un adversaire victorieux.

Mais l'insuccès de cette charge meurtrière laissait la gauche de l'armée française extrêmement menacée, et elle ne tardait pas à être enfoncée par les forces toujours grossissantes de l'ennemi.

L'AILE GAUCHE DE L'ARMÉE FRANÇAISE EST OBLIGÉE D'ABANDONNER SES POSITIONS.

Ayant eu raison de la cavalerie française, l'infanterie prussienne reprit son offensive contre la division Liébert et contre toute notre aile gauche; elle l'aborda au nord et à l'ouest, de front et de flanc, et elle chercha à la tourner au sud, en arrière de Cazal, pour lui couper sa ligne de retraite sur Sedan ; dans ce mouvement, elle fut soutenue de toutes parts par un redoublement d'action de l'artillerie qui, comme au calvaire d'Illy, prépara préalablement, avec une grande puissance, l'attaque de l'infanterie.

A la droite du 7e corps, une brigade ennemie se déployait malgré le tir de notre artillerie qui balayait le vallon dans toute sa longueur, et, gravissant, avec des pertes très sensibles, les talus escarpés de la route d'Illy à Floing, elle parvenait jusqu'aux gradins inférieurs du plateau. L'infanterie de la division Conseil-Dumesnil occupait la partie supérieure de cette croupe, en forces sérieuses, derrière une double rangée de tranchées-abris, établies sur le versant ; elle salua l'assaut des premiers bataillons prussiens par une grêle de balles, d'une telle violence, que quelques groupes seulement purent se maintenir. Mais l'infanterie ennemie, affectée jusque-là comme soutien à la grande ligne des batteries, prenait part au mouvement, et les batteries placées au sud de Fleigneux enfilaient nos positions et les balayaient si bien, que les bataillons qui suivaient, quoique cruellement éprouvés, parvenaient à planter leur drapeau sur les crêtes, et à refouler la division Conseil-Dumesnil dans le bois de la Garenne.

Pendant ce temps, l'attaque vigoureuse, dirigée contre l'aile gauche du 7e corps et la division Liébert, avait produit des résultats non moins désastreux pour nous.

Désespérant d'emporter d'assaut nos positions du plateau de Floing, au-dessus de ce village, comme ils avaient d'abord tenté de le faire, les Prussiens, tout en se maintenant dans les maisons et sur les terrasses inférieures de la pente dont les abords sont très difficiles, avaient résolu de nous tourner. Longeant la Meuse, traversant les prairies, ils passèrent au sud de Floing, dans la direction de Gaulier, puis, conversant à gauche vers Cazal, montèrent peu à peu le long des escarpements sur nos derrières. Ce résultat obtenu, les troupes établies dans le village débouchaient à leur tour ; elles étaient encore accueillies par un feu violent et momentanément désorganisées. Mais les batteries du bois de La Hattois nous criblaient d'obus ; une batterie était amenée près de Floing, pour prendre en flanc nos positions. En arrière, toute une division montait à l'assaut contre nous. Les offensives de notre infanterie étaient ainsi repoussées. Finalement, au bruit des hurrahs, les bataillons prussiens escaladaient les hauteurs de Cazal et nous délogaient d'une ferme bien crénelée, entourée de tranchées-abris, qui constituait, sur ce côté, notre dernière position sérieuse.

L'aile gauche du 7ᵉ corps, en reculant pas à pas, allait chercher un refuge sous les murs de Sedan, d'où les troupes de rempart fusillaient l'assaillant, et aussi dans le bois de la Garenne, qui constituait, vers 2 heures, le dernier retranchement de l'armée française dans cette partie du champ de bataille. L'ennemi était tellement éprouvé, il avait marché sous un feu de mousqueterie d'une telle violence, ses régiments enfin étaient dans un tel état de confusion, que, après avoir enlevé les plateaux d'Illy et de Floing, les hauteurs de Cazal, ainsi que ce dernier village et la ferme située au nord, il était obligé de suspendre son mouvement, de reformer ses troupes, et d'appeler des renforts avant d'attaquer le bois de la Garenne.

D'autre part, pour ne pas écraser ses propres troupes, l'artillerie allemande était obligée de diminuer ses formidables feux convergents, au moins du côté de Saint-Menges et de Fleigneux ; mais, dans l'étroit espace où elle était refoulée, l'armée française ne s'en trouvait pas moins, vers 2 heures, sous le feu de soixante-et-onze batteries ennemies ; car, outre les quatorze batteries du XIe corps et les douze batteries du Ve qui étaient déployées au nord de Sedan, quinze batteries de la Garde, sept batteries saxonnes, deux batteries bavaroises, étaient déployées sur la rive gauche de la Givonne ; quatre autres batteries saxonnes et dix batteries bavaroises étaient braquées au sommet du plateau de la Moncelle ; enfin, au sud, onze batteries du IIe corps bavarois occupaient l'espace compris entre Wadelincourt et Villette.

MESURES PRISES PAR LE GÉNÉRAL DE WIMPFFEN POUR OPÉRER UNE TROUÉE A BAZEILLES DANS LA DIRECTION DE CARIGNAN. — ORDRES DONNÉS AUX GÉNÉRAUX DOUAY, DUCROT ET LEBRUN. — LETTRE A L'EMPEREUR.

Du Vieux-Camp où il s'était placé, après avoir parcouru le champ de bataille, le long des positions du général **Douay** et du bois de la Garenne, le général de Wimpffen n'avait pas tardé à voir plier l'aile gauche du 1er corps, malgré l'énergie de sa résistance. Il avait aussitôt compris qu'il était désormais impossible de songer à maintenir l'armée française en ligne ; sans plus attendre, il avait pris la résolution de l'arracher, le mieux possible, à l'ouragan de fer qui pleuvait sur elle, et de faire tous ses efforts pour éviter de la laisser acculer sous les murs de Sedan par l'ennemi victorieux. La retraite n'était concevable que sur un seul point du formidable cercle qui étreignait l'armée française ; elle ne pouvait être tentée que du côté de Bazeilles. Dans cette direction, en effet, les Bavarois avaient, depuis quelque temps, ralenti leurs attaques ; le corps d'armée du général Lebrun, malgré sa retraite, ne s'était point laissé entamer ; il restait ferme et compact sur ses positions ; enfin, au moment où le général de Wimpffen arrêtait son plan, le corps du général Douay se maintenait dans les siennes. Aucun désordre grave ne s'était encore mis dans les rangs de l'armée.

Pour toutes ces raisons, le général de Wimpffen pensa légitimement qu'en invitant le général Douay à soutenir la retraite et le général Ducrot à protéger la gauche du 12ᵉ corps, il pouvait exercer, avec ce 12ᵉ corps et toutes les autres troupes disponibles, une formidable poussée sur les lignes bavaroises affaiblies qui opéraient l'investissement à Bazeilles.

En conséquence, il envoya au général Douay l'ordre suivant :

1ᵉʳ septembre, 1 heure après midi.

Le général en chef au général Douay.

Je me décide à passer sur le ventre des troupes qui sont

devant moi, et à marcher sur Carignan, dans la direction de Montmédy.

Je vous charge de soutenir la retraite.

Vous rallierez à vous les troupes qui sont dans le bois de la Garenne.

Général DE WIMPFFEN.

D'autre part, le général de Wimpffen adressait au général Ducrot le billet ci-dessous :

1er septembre, 1 heure après midi.

Le général en chef au général Ducrot.

J'appelle à moi les troupes du général Douay. Maintenez-vous sur vos positions jusqu'à son arrivée ; je veux forcer la ligne qui est devant vous et Lebrun.

Général DE WIMPFFEN.

Quant au général Lebrun, il venait de quitter le général de Wimpffen, pour exécuter l'ordre que nous avons fait connaître, de se maintenir et même de reprendre l'offensive [1], avec l'appui de la division Goze du 5e corps, de la brigade Maussion du même corps et de presque toutes les brigades de la division Dumont du 7e corps; le général de Wimpffen, se disposant à le rejoindre, jugea superflu de lui donner communication des ordres adressés aux généraux Douay et Ducrot. Enfin, le général de

---

1. Il convient de dire que, dans ses lettres, devant la cour d'assises, dans son livre, le général Lebrun a partout déclaré qu'il n'avait considéré cet ordre verbal que comme un ordre de résistance, particulier au 12e corps, et non comme se rapportant à un plan d'opérations combinées, destinées à nous ouvrir la route de Carignan.

Wimpffen adressa, en double exemplaire, à l'Empereur, la lettre suivante :

Sire,

Je me décide à forcer la ligne qui se trouve devant le général Lebrun et le général Ducrot, plutôt que d'être prisonnier dans la place de Sedan.

Que Votre Majesté vienne se mettre au milieu de ses troupes; elles tiendront à honneur de lui ouvrir un passage.

1er septembre, 1 heure et un quart.

De Wimpffen.

Comme aucun de ces ordres du général de Wimpffen, sauf celui qui concerne le général Lebrun, n'a reçu d'exécution, il importe, afin de restituer à chacun sa part de responsabilités, de prouver qu'ils sont cependant tous parvenus, en temps utile, à leurs destinataires. Les rapports adressés au général de Wimpffen par les officiers chargés de les porter en font foi. Ces officiers n'appartiennent pas tous à l'état-major, car, par suite d'un abandon inqualifiable, le général de Wimpffen a été privé, pendant toute la bataille, de l'état-major général du maréchal de Mac-Mahon; cet état-major, à l'exception de deux capitaines, crut devoir rentrer dans Sedan, à la suite du maréchal, lorsqu'il y fut transporté comme blessé. C'est ainsi, par exemple, que le général de Wimpffen fut réduit à utiliser le dévouement d'un sous-intendant militaire de 1re classe, M. Méry, qui s'offrit spontanément pour transmettre ses ordres.

Quoi qu'il en soit, voici le rapport du capitaine du

12ᵉ chasseurs à cheval, comte d'Ollone, sur la mission dont il fut chargé auprès du général Douay :

Mon général,

C'est je crois, vers 1 h. 1/4, au Vieux-Camp, que vous m'avez donné l'ordre de porter au général Douay un billet au crayon que j'appris par cœur, et qui lui ordonnait de faire avec son corps d'armée l'arrière-garde des troupes avec lesquelles vous alliez tenter de rompre, dans la direction de Carignan, le cercle qui nous entourait de toutes parts. J'en fis à la hâte une copie que je remis au brigadier Hébert, du 12ᵉ chasseurs, auquel je prescrivis de suivre la même direction que moi, afin de remettre l'ordre au général Douay, en cas d'accident. Quelques instants après, dans le fond du ravin qui sépare les positions du Vieux-Camp de celles qu'occupait le 7ᵉ corps sur la hauteur voisine, de l'autre côté du bois de la Garenne, j'entendis un cri : c'était le brigadier qui était renversé avec son cheval, par un obus. Je retrouvai ensuite le général Douay avec son état-major, au point même où vous l'aviez entretenu le matin. Je lui remis votre ordre, en réclamant une réponse qu'il me donna, écrite au crayon, après quelques minutes de réflexion ; elle portait en substance :

« Mes troupes sont en désordre ; tout ce que je puis faire, c'est de les retirer du champ de bataille. »

Je repris le chemin par lequel j'étais venu. Il n'y avait déjà plus de troupes sur le Vieux-Camp ; mais une nombreuse colonne d'infanterie qui venait de le quitter, descendait les pentes du côté de la Meuse ; je la longeai, et parvins à vous rejoindre au moment où, à sa tête, vous débouchiez sur le Fond-de-Givonne. Je ne crois pas avoir été beaucoup plus d'une demi-heure pour remplir cette mission, dont je comprenais l'urgence ; j'étais d'ailleurs très bien monté.

Un fait qui pourrait servir à préciser le moment auquel j'ai remis l'ordre au commandant du 7e corps, c'est que, à cet instant, arrivaient sur nous, dans une course insensée, une centaine de chevaux arabes, sans cavaliers, sanglants et mutilés pour la plupart. C'était donc peu après l'héroïque et inutile charge exécutée avec la division de cavalerie de réserve par le général de Galliffet. Une troupe de ces chevaux arrivait également dans le Fond-de-Givonne en même temps que vous.

A partir de ce moment, je ne vous ai plus quitté que pour aller dans la ville rallier des combattants. Les troupes, dispersées et hors de la main des chefs, étaient difficiles à ébranler. Cependant en criant : « Bazaine arrive », je réussis à vous amener quelques centaines d'hommes de toutes les armes. Je ne pourrais donc plus dès lors que répéter moins bien ce que vous avez écrit fort exactement dans votre rapport officiel.

Je suis avec un profond respect, mon général, votre très humble et très obéissant serviteur,

D'OLLONE.

Le porteur de l'ordre du général de Wimpffen au général Ducrot fut d'abord le sous-intendant Méry ; mais il ne tarda pas à revenir avec son cheval blessé et dans l'impossibilité de remplir sa mission ; celle-ci fut alors transférée au marquis de Laizer, officier de mobiles, que le général de Wimpffen s'était, on se le rappelle, attaché, à Paris, en qualité d'officier d'ordonnance. Le marquis de Laizer a rendu compte de sa mission au général de Wimpffen dans le rapport ci-dessous :

Mon général,

Le 1er septembre, vers 1 heure et demie, revenant de porter un ordre, je vous rejoignais au-dessous du Vieux-

Camp. Le général Lebrun venait de vous quitter; on me dit qu'un officier avait été envoyé au général Ducrot, tandis que j'apercevais, entrant dans le bois de la Garenne, le comte d'Ollone qui allait au général Douay.

Peu de temps après, l'intendant Méry revint avec son cheval blessé et ne pouvant continuer sa route sur le 1er corps; c'est alors que votre chef d'état-major, le général Besson, m'envoya à mon tour au général Ducrot, pour porter votre ordre qui lui enjoignait d'appuyer le 12e corps et de diriger ses efforts sur les hauteurs de la Moncelle, pour faire une trouée sur Carignan.

Je me dirigeai sur la droite du bois de la Garenne, et, prenant un sentier que j'avais déjà parcouru le matin, j'arrivai à une brigade du 1er corps; je communiquai mes ordres au général qui la commandait et qui me dit que le général Ducrot devait être sur son extrême gauche.

Ma course devint très difficile; mais, vers 11 heures, j'avais été au 7e corps, ce qui me permit de me diriger vers la partie du bois qui fait face au calvaire d'Illy. Là, je me trouve au milieu d'une confusion complète, d'un torrent d'hommes et de chevaux; une charge de cavalerie venait d'être repoussée. Je galope sur la crête; mon cheval est tué par un obus; je suis culbuté et je reste quelques instants sans connaissance. Un sous-officier d'artillerie me relève, me donne un cheval et je repars.

Bientôt j'aperçois le général de Galliffet, suivi seulement de quelques chasseurs d'Afrique; je cours à lui et il m'apprend que le général Ducrot descend sur Sedan avec le général Douay.

J'atteignis le général Ducrot au moment où il mettait pied à terre avec le général Douay pour rentrer dans la citadelle.

Je lui remis vos ordres, mon général, en ajoutant que, du Vieux-Camp, vous aviez dû vous porter sur les positions occupées par le 12e corps.

Le général Ducrot me répondit qu'il n'avait plus de troupes sous la main, que le 7ᵉ corps avait été mis en pleine déroute, que le 1ᵉʳ avait suivi, que tout était perdu. Cependant il monta sur un talus élevé et découvert, disant aux officiers et soldats qui étaient autour : « Allons nous faire tuer. »

Toute cette face était balayée par l'artillerie prussienne, et des tirailleurs étaient déjà installés au bois de la Garenne.

Le général Ducrot me dit :

— Vous voyez qu'il est impossible de rallier aucune troupe ici et de parvenir au général en chef par cette direction.

Et il redescendit à Sedan.

Je cherchai quelque temps pour mon compte à regagner les hauteurs du Vieux-Camp par les vignes; je dus y renoncer. Je me rabattis de nouveau sur la ville. — Je vis alors le drapeau blanc qui flottait sur la citadelle. Je rencontrai le capitaine de Saint-Haouen qui revenait de chez l'Empereur; il m'indiqua où vous étiez, et je vous rejoignis, mon général, à la porte de Balan.

Veuillez agréer, mon général, l'hommage de mon profond respect.

De Laizer.

La lettre du général de Wimpffen à l'Empereur lui fut portée, en double exemplaire, par les capitaines d'état-major, de Saint-Haouen et de La Nouvelle. Voici le rapport du premier de ces officiers :

Mon général,

A 1 heure 1/4 de l'après-midi, le 1ᵉʳ septembre, au Vieux-Camp de Sedan, j'écrivais sous votre dictée une lettre à l'Empereur, faisant connaître que vous alliez tenter un suprême effort pour faire une trouée dans la direction de Carignan, afin de ne pas être fait prisonnier dans Sedan, et invitant Sa Majesté à venir se mettre à la tête de ses troupes qui tiendraient à honneur de lui ouvrir un passage.

Dès que cette lettre fut signée, je partis au galop pour la remettre à l'Empereur.

Je trouvai les portes de Sedan fermées, et j'obtins à grand'peine, après de longs pourparlers, que l'on m'ouvrit une petite poterne basse, par laquelle je m'introduisis, à pied, dans la place.

Je parvins jusqu'à Sa Majesté qui se trouvait à la sous-préfecture, et je lui remis mon message. L'Empereur ayant quelque peine à lire ces lignes écrites au crayon et à la hâte, j'eus l'honneur de lui répéter à haute voix le contenu de la dépêche que j'avais apprise par cœur.

Je fournis toutes les explications qui me furent demandées par Sa Majesté ou son entourage sur les péripéties de la lutte.

M. le colonel d'artillerie Stoffel prit la parole pour faire observer que la bataille pouvait à la rigueur être considérée comme indécise. Je déclarai aussitôt que la bataille était, non pas indécise, mais perdue, complètement perdue, que la déroute de notre gauche était déjà imminente au moment où j'avais quitté le Vieux-Camp, et qu'il fallait prendre immédiatement un parti.

L'un des officiers généraux attachés à Sa Majesté me demanda si je pourrais conduire l'Empereur au point où se trouvait le général de Wimpffen. — Je répondis affirmativement.

Le même officier général me demanda si le chemin à suivre était dangereux, et combien je pensais que l'on perdrait de monde en route. — Je répondis qu'il y avait des dangers sérieux à courir et que l'on pourrait bien perdre un tiers de l'escorte. — A ce même moment plusieurs obus éclatèrent sur la sous-préfecture et sur la caserne voisine.

Il se tint, alors, je crois, une sorte de conseil, dans lequel *il fut décidé que la trouée proposée par le général en chef était impraticable, qu'en prolongeant la lutte, on sacrifierait plusieurs milliers d'hommes, sans aucune chance de succès, et qu'il ne restait plus qu'à capituler. Un officier fut chargé de faire arborer le drapeau blanc sur les murs;* un autre fut envoyé, si je ne me trompe, au général en chef.

Au bout d'un certain temps, je fus rappelé par un des aides de camp de Sa Majesté. — Je reçus ordre de retourner près du général de Wimpffen et de lui dire que *l'Empereur l'invitait à entrer en pourparlers avec l'ennemi*, une plus longue lutte ne pouvant aboutir qu'à une effusion de sang inutile.

Après avoir, par suite d'une fausse indication, erré dans les fossés de la citadelle, j'allai chercher le général au Vieux-Camp où je l'avais quitté. Le Vieux-Camp était vide, et quand je voulus m'avancer dans la direction du Fond-de-Givonne, je fus reçu par le feu d'une ligne de tirailleurs embusqués à 500 mètres environ.

Le drapeau blanc flottait sur la citadelle.

Croyant la lutte finie et pensant que le général avait dû rentrer dans Sedan, je revins à la sous-préfecture. J'y reçus de nouveau l'ordre de chercher M. de Wimpffen et de l'inviter à venir près de Sa Majesté pour capituler.

Cette fois, je trouvai la place déjà pleine de fuyards, encombrée de canons, de caissons, de voitures de toutes sortes, et je parvins à grand'peine à traverser la foule. Je sortis par la porte de Balan, et, près de ce village, du côté de la prairie, si je me souviens bien, je rejoignis enfin le général qui continuait à lutter avec quelques débris de son armée.

Le général écouta mon message et me dit :

— Répondez à l'Empereur *que je refuse absolument*

de parlementer, et que je veux continuer à combattre.

Je retournai vers Sa Majesté. Je trouvai à la sous-préfecture plusieurs chefs de corps d'armée.

On me renvoya encore une fois au général en chef, pour lui donner l'ordre formel de se rendre immédiatement près de l'Empereur.

Je parvins, non sans peine, à rejoindre le général de Wimpffen qui rentrait dans la ville. Il refusa, comme précédemment, de parlementer, et écrivit à Sa Majesté pour lui envoyer sa démission.

Je portai cette lettre à la sous-préfecture et j'en revins avec mon chef d'état-major général, le général Besson.

Veuillez agréer, mon général, les sentiments de respect et de dévouement, avec lesquels j'ai l'honneur d'être

Votre obéissant subordonné,

A. DE SAINT-HAOUEN.

Quant au second messager du général de Wimpffen près de l'Empereur, voici comment il rend compte de sa mission :

Mon général,

Il était une heure et quart (à ma montre), lorsque j'ai écrit, sous votre dictée, ainsi que M. le capitaine de Saint-Haouen, un billet que vous adressiez à l'empereur Napoléon, et par lequel vous l'invitiez à se rendre au milieu de ses troupes qui tiendraient à honneur de lui ouvrir un passage.

Je partis après vous avoir vu envoyer des officiers à MM. les généraux Doüay et Ducrot, et donner de vive voix des ordres pour un mouvement en avant sur la droite de notre position.

Nous franchîmes, M. de Saint-Haouen et moi, le plus rapidement possible la distance qui nous séparait de la porte de Givonne (environ 1 500 mètres); nous la trouvâmes fermée. Après quelques pourparlers, nous pûmes entrer dans la ville par une poterne, en abandonnant nos chevaux.

Le temps que je perdis à chercher un cavalier qui voulut bien se charger du mien jusqu'à mon retour, me fit perdre de vue M. de Saint-Haouen, qui prit les devants.

J'arrivai à pied à l'hôtel de la sous-préfecture. L'ennemi, établi depuis la veille sur les hauteurs de la rive gauche de la Meuse, bombardait la ville de Sedan. La place Turenne, les ponts de la Meuse et la sous-préfecture paraissaient être les principaux objectifs du feu de ses batteries.

Il était environ 2 heures lorsque j'arrivai en présence de Sa Majesté.

M. de Saint-Haouen avait déjà rempli sa mission.

L'Empereur lut le billet que j'avais l'honneur de lui remettre. Il me répondit que le mouvement projeté avait bien peu de chances de succès, que l'ennemi était à Carignan, mais que néanmoins le général de Wimpffen devait agir s'il espérait obtenir un résultat.

Sa Majesté me demanda alors ce qui se passait sur le champ de bataille.

Je répondis que le 7e corps paraissait être en présence de forces très considérables, et que le 12e corps se maintenait avec succès sur ses positions.

Ayant fait connaître à l'Empereur que j'allais rejoindre le général en chef, Sa Majesté me chargea de vous exprimer son désir d'être informée de tout ce qui se passerait.

L'Empereur, paraissant supposer que, s'il accédait à votre invitation de se rendre sur le champ de bataille, il tomberait au pouvoir de l'ennemi, conclut en disant qu'il ne pouvait se faire prendre.

Les rues de Sedan commençaient à être encombrées d'hommes n'écoutant la voix d'aucun chef, de voitures et de caissons : quelques ponts-levis avaient été baissés, et déjà des troupes pénétraient dans la place que l'ennemi bombardait sans relâche.

Après m'être procuré un second cheval, je me dirigeai, en traversant la ville avec peine, vers la porte de Balan, par laquelle je pensais pouvoir vous rejoindre. Cette porte était alors fermée. J'arrivai bientôt à la sortie du côté du Fond-de-Givonne, où le pont-levis venait d'être abattu.

Il était environ 3 heures. La foule des soldats de toutes armes rentrant dans la place était si compacte, sur le pont-levis et dans le chemin couvert, que je dus renoncer à lutter contre ce torrent irrésistible, et attendre l'arrivée du général en chef.

Vers 5 heures, je pus me joindre à vous dans la ville et vous rendre compte de ma mission. Mais l'Empereur venait de vous inviter à entrer en négociations avec le commandant des troupes allemandes.

Deux fois je fus envoyé à Sa Majesté pour lui porter, de votre part, un refus énergique de négocier avec l'ennemi.

Vers 5 heures, un parlementaire prussien ayant été introduit au quartier impérial, je reçus, la dernière fois que je m'y présentai, l'ordre d'informer le général de Wimpffen qu'on était en pourparlers avec l'ennemi.

Le parlementaire faisait observer que, bien que le drapeau blanc fût arboré sur la citadelle, on continuait à se battre sur les bords de la Meuse. Le général en chef devait, en conséquence faire cesser le feu, rentrer à Sedan et se rendre auprès de l'Empereur ; à défaut de celui-ci, son chef d'état-major devait le remplacer.

Je rencontrai tout d'abord, en allant à Balan, M. le général Besson à qui je transmis l'ordre dont j'étais porteur, et qui se rendit au quartier général impérial. Je pus enfin vous faire part des dispositions prises par Sa Majesté, au moment où, accompagné par M. le général Lebrun, vous abandonniez le village de Balan pour rentrer dans la place.

G. de La Nouvelle.

Donc, le fait est hors de doute, le général Douay reçut l'ordre du général de Wimpffen, au moment où il était encore sur ses positions, et où son corps d'armée avait assez de cohésion pour soutenir la retraite comme le général de Wimpffen le lui prescrivit. L'ordre destiné au général Ducrot lui parvint au moment où il entrait dans Sedan, et alors qu'une partie de ses divisions était encore en ligne. Le général Lebrun reçut de la bouche même du général en chef l'ordre de reprendre vivement l'offensive à une heure où son corps d'armée tenait toujours très vaillamment tête à l'ennemi. Enfin, l'Empereur connut l'avis qui le concernait, avant deux heures de l'après-midi et, sans renseignements précis sur la situation de la bataille, sans avoir conféré, ni avec le général en chef, ni avec le général Douay, ni avec le général Ducrot, ni avec le général Lebrun; sur le simple avis d'un entourage qui n'était presque pas sorti de ses appartements, il qualifiait « d'inutile » la tentative suprême que lui proposait le général de Wimpffen, et songeait à capituler.

Cependant, à cette heure de la journée, l'armée française pouvait encore faire agir, à l'endroit désigné par le général de Wimpffen, une trentaine de mille hommes agrégés. Énergiquement commandée, ayant les chefs de corps et l'Empereur au milieu d'elle, pour lui donner l'impulsion, cette masse aurait certainement fait plier l'adversaire, car ce résultat a été obtenu avec des forces bien moins considérables, et abandonnées, pour ainsi dire, à leur propre initiative.

Bazeilles était, en effet, le point vulnérable de la

circonvallation de l'ennemi; les renseignements ultérieurs l'ont démontré. Ayant écarté l'hypothèse d'une tentative de retraite sur Carignan, le grand état-major allemand avait concentré tous ses efforts sur les directions de la Belgique et de Mézières; il n'avait pas maintenu de réserve en arrière de Bazeilles, le IVe corps prussien, d'abord chargé de cet office, ayant été, tour à tour, presque entièrement engagé. Nous n'avions, en réalité, devant nous, sur cette ligne, que : le Ier corps bavarois, épuisé; le XIIe corps saxon que, avec quelques renforts, on aurait pu maintenir sur la partie droite de la vallée de la Givonne où la généralité de ses troupes se trouvait encore; enfin, quelques troupes intactes du IVe corps prussien et une division de cavalerie.

La lutte avec ces forces de l'adversaire n'était pas au-dessus de notre pouvoir, et présentait des chances de succès pour un capitaine énergique, secondé par des troupes résolument entraînées; d'autant mieux que le général Douay pouvait garantir les derrières de l'expédition, en utilisant les excellentes positions du Vieux-Camp.

Si, avec l'admirable énergie, avec l'autorité dont ils avaient donné tant de preuves pendant toute la matinée, les généraux Douay et Ducrot s'étaient placés à la tête de leurs états-majors, au débouché du bois de la Garenne, sur la route d'Illy à Sedan, et s'ils s'étaient efforcés d'arrêter, d'éclairer, de stimuler les troupes qui battaient aveuglément en retraite, la défaite ne se serait pas changée en déroute. L'infanterie, qui n'était découragée que par la stérilité à laquelle l'artillerie ennemie avait réduit son action, et qui n'avait été que très partiellement engagée, pouvait se rassembler, se reformer à l'abri, en arrière du Vieux-Camp et dans le Fond-de-Givonne; détournée alors du funeste chemin de la ville, elle pouvait être, en partie, lancée sur le dernier théâtre de la bataille, en partie conservée, pour soutenir la retraite. De fait, plusieurs bataillons se sont battus, sans ordre, sans chef, sans but, jusqu'à la chute de la nuit.

L'artillerie, occupant fortement les hauteurs du Vieux-Camp, pouvait maintenir pendant longtemps les poursuivants en échec, à la lisière sud du bois de la Garenne, et les empêcher de se jeter sur le corps d'expédition.

Toutes ces mesures auraient été bien plus efficaces que la sanglante charge de cavalerie, ordonnée par le général Ducrot, et qui n'a coûté à l'ennemi que « des pertes insignifiantes ».

Le plan du général de Wimpffen n'était donc ni déraisonnable, ni irréalisable, comme on s'est trop complu à le répéter. On peut lui adresser bien des critiques, on peut lui opposer bien des obstacles, mais on ne peut nier qu'il était au moins digne d'être sérieusement tenté, et que les circonstances ne permettaient aucune autre combinaison.

Tout ce qui a été fait valait-il mieux? Valait-il mieux abandonner la direction de la retraite? Valait-il mieux permettre à l'ennemi de faire, dans le bois de la Garenne, des milliers de prisonniers, qui, ne sachant plus où ni comment agir, se rendaient les armes à la main? Valait-il mieux assister, impassible, à l'agglomération graduelle des régiments débandés, dans les fossés et dans les rues de Sedan? Valait-il mieux se laisser emporter comme une épave, par le flot des fuyards, pour aller échouer auprès de l'Empereur?

Assurément, si l'on eût agi autrement, si la tentative du général de Wimpffen avait été couronnée de succès, une faible portion de l'armée seulement aurait passé par la fracture du cercle d'investissement; peut-être même aurait-elle été obligée de se disperser; mais elle se serait glorieusement ouvert un passage; elle aurait produit un effet moral, sinon matériel, très salutaire pour la continuation de la défense du territoire; et l'histoire de France n'aurait pas eu la capitulation de Sedan à enregistrer parmi les pages maudites de ses annales.

Malheureusement, le général de Wimpffen n'obtint pas plus le concours des généraux Douay et Ducrot qu'il n'obtint celui de l'Empereur; le général Lebrun lui-même lui fit un moment défaut, et il fut réduit à commander seul le mouvement héroïque dont il avait conçu le projet.

RÉSULTATS DU MOUVEMENT OFFENSIF ORDONNÉ PAR LE GÉNÉRAL DE WIMPFFEN A LA GAUCHE DU 12ᵉ CORPS, DU CÔTÉ DE HAYBES, DE DAIGNY ET DU FOND-DE-GIVONNE.

Tandis que les messagers du général de Wimpffen transportaient ses divers ordres avec autant de dévouement que de vaillance, dans des conditions dont l'exposé a quelque peu anticipé sur les événements qui nous restent à raconter, le général s'était lui-même rapproché de Sedan pour recevoir l'Empereur. Le général de Wimpffen attachait le plus grand prix à la présence du souverain parmi les troupes avec lesquelles il allait tenter la trouée ; il savait quelle stimulation, quelle influence, en quelque sorte électrique, le spectacle d'un chef qui sait braver le danger, et, au besoin, mourir dignement, peuvent exercer sur la multitude des combattants. D'autre part, comme il était arrivé de l'avant-veille à l'armée, comme il avait pris le commandement en chef, à l'improviste, au milieu de la bataille, il comptait donner par cette consécration toute l'autorité désirable à ses ordres dans une opération où le concours et l'homogénéité de toutes les énergies étaient nécessaires ; le général de Wimpffen espérait, par ces moyens, pouvoir maintenir en haleine, jusqu'à la dernière extrémité, la vaillance des troupes auxquelles précisément un commandement viril avait seul jusque-là fait défaut. Bref, dans l'intérêt de la France autant que dans le sien, il offrait ainsi à Napoléon III l'occasion de succomber en soldat. La situation était assez solennelle pour justifier une pareille détermination.

Mais le général de Wimpffen attendit inutilement, pendant une heure, l'arrivée de l'Empereur ; à la fin, perdant patience, et informé par le comte d'Ollone de la situation critique du 7⁰ corps, les instants devenant de plus en plus précieux, il se décida à marcher en avant pour aller soutenir le général Lebrun ; il se mit à la tête de la division d'infanterie de marine du général Vassoigne, en ce moment concentrée au Vieux-Camp, et, lui adjoignant des bataillons de zouaves et le 47ᵉ régiment de ligne, qui se trouvaient sous sa main, il gravit la hauteur située en avant du Fond-de-Givonne et qui domine le plateau de la Moncelle, Bazeilles et Balan, pour chasser les Bavarois.

Déjà la division Goze, du 5ᵉ corps, à laquelle le général de Wimpffen avait antérieurement donné l'ordre d'appuyer le 12ᵉ corps, avait énergiquement pris l'offensive, dans la direction de Daigny, soutenue par la division Grandchamp, par le général de Lespart, et, sur sa gauche, par les troupes du 1ᵉʳ corps qui tenaient encore vigoureusement leurs positions, entre Daigny et Haybes.

Ce retour inopiné de l'armée française surprit étrangement les troupes allemandes, qui, supposant que nous avions totalement abandonné le versant occidental de la Givonne, longeaient ou traversaient cette vallée, en colonnes de marche, à Daigny, et au-dessus ; de nombreux bataillons gravissaient déjà les pentes, quand tout à coup notre infanterie (46ᵉ, 61ᵉ, 86ᵉ de ligne et 4ᵉ bataillon de chasseurs) apparut sur les crêtes avec huit pièces d'artillerie.

Alors un combat des plus violents recommençait entre Daigny, Haybes et le Fond-de-Givonne. Criblés de balles, presque à bout portant, les troupes ennemies étaient en plusieurs endroits obligées de se replier ; mais l'artillerie allemande rouvrait son feu ; 21 batteries qui couvraient les crêtes, depuis Bazeilles jusqu'en avant du Fond-de-Givonne, vomissaient la mitraille sur nos courageux régiments et forçaient notre chétive artillerie à quitter le terrain.

« La retraite de nos pièces, dit, dans son rapport,

le général baron Nicolas, commandant la 2ᵉ brigade de la division Goze, fut comme le signal d'un redoublement de feux de l'ennemi, dont les batteries labourèrent de leurs projectiles et dans tous les sens le plateau occupé par la division, en contre-battant aussi nos pièces de réserve qui, en position en avant du camp retranché près de la Garenne, tiraient par-dessus notre inébranlable ligne de bataille, assaillie par des feux de front, d'écharpe et de revers. Très menacée d'être tournée par sa gauche, que rien ne protégeait, cette ligne tint néanmoins très ferme jusqu'à 3 heures.

« L'ordre et la résistance énergique qui, à ce moment, régnaient en ce point du champ de bataille, en dépit des efforts de l'ennemi, semblaient devoir assurer un succès ; mais, hélas !... le général de division se trouvait alors douloureusement paralysé par la retraite précipitée et confuse des autres corps qui, refoulés de leurs positions, cherchaient un fatal refuge sous les murs et dans la ville même de Sedan. »

Faute de soutien, et manquant de l'appui que le général de Wimpffen avait ordonné au général Ducrot de leur prêter, les divisions Goze, Grand-champ et de Lespart, étaient donc obligées de reculer, à la suite d'une lutte longue et acharnée. Les Saxons parvenaient ainsi à nous rejeter dans le Fond-de-Givonne, qu'ils n'osaient pas toutefois occuper, malgré la supériorité de leur infanterie et la possibilité qui leur était laissée d'établir leur artillerie sur les crêtes que nous venions d'abandonner. D'ailleurs, quelques instants après 3 heures, le prince

Georges de Saxe se transportait lui-même dans ces parages, pour se rendre compte de la situation du combat; il contemplait notre retraite qui commençait à se généraliser et, reconnaissant qu'une continuation de l'offensive, dans la zone d'action de la place, ne pouvait entraîner que des sacrifices superflus, il ordonnait à ses troupes de demeurer sur la défensive dans les positions qu'elles venaient de conquérir.

Pourtant, pendant ce temps, l'attaque dirigée par le général de Wimpffen contre les Bavarois, à la droite du 12ᵉ corps, avait abouti à une véritable retraite de l'ennemi.

RÉSULTATS DU MOUVEMENT OFFENSIF ORDONNÉ PAR LE GÉNÉRAL DE WIMPFFEN A LA DROITE DU 12ᵉ CORPS, DU COTÉ DE LA MONCELLE, DE BAZEILLES ET DE BALAN.

Lorsque le général Lebrun, sur l'ordre du général de Wimpffen, avait, à 1 heure de l'après-midi, repris l'offensive, les Bavarois commençaient à se glisser sur le côté gauche de Balan jusqu'aux glacis de la place, et à prendre position dans le parc et les maisons. Un feu violent d'obus et de mitraille, provenant de notre artillerie, postée sur les hauteurs du Fond-de-Givonne, et une vigoureuse attaque de notre infanterie renforcée, les obligèrent à se réfugier dans l'intérieur du village, d'où ils cherchèrent vainement à sortir, pour reconquérir le terrain que nous venions de leur arracher.

Depuis assez longtemps, la fusillade continuait, dans ces conditions, avec violence, mais sans aucun progrès de part et d'autre, lorsque, vers 3 heures, des nuées de tirailleurs français surgirent, et, se précipitant jusque dans les jardins et les habitations, en délogèrent l'ennemi. C'était la colonne de cinq à six mille hommes formée par le général de Wimpffen, avec l'infanterie de marine de la division Vassoigne, quelques bataillons de zouaves, et le 47e de ligne, qui entrait hardiment en action; bientôt les compagnies bavaroises, postées à l'est du village, étaient débordées, et une batterie d'artillerie, tirant à 500 mètres, essayait inutilement de contenir nos tirailleurs. Des soldats français qui, à la suite des engagements précédents, étaient demeurés cachés en grand nombre dans les maisons, les habitants eux-mêmes, prenant de nouveau les armes, prêtaient leur concours.

Le général Von der Tann faisait avancer en hâte tous les bataillons qu'il trouvait sous sa main; mais les contingents bavarois qui luttaient dans l'intérieur de Balan ne pouvaient pas résister à notre vigoureux effort; assaillis de front et de flanc, désorganisés par notre feu, manquant de munitions, ils se retirèrent à la débandade, avec des pertes très sérieuses, et vinrent jeter le trouble jusque dans les bataillons qui marchaient à leur secours. Les troupes qui se trouvaient sur les pentes de la route de Balan à Bazeilles ne pouvaient plus elles-mêmes se maintenir; elles étaient obligées de battre en retraite à leur tour, dans la direction de Bazeilles.

Par malheur, le général de Wimpffen, témoin de ces avantages qui, vers 4 heures, se dessinèrent sur toute la ligne de Balan à la Moncelle, manquait de renforts pour faire soutenir les troupes, et principalement la brigade Abbatucci, si courageusement et si efficacement engagées. A sa grande stupéfaction, il constatait même que le général Lebrun et une grande partie de son corps d'armée ne se trouvaient plus de ce côté! En effet, ayant vu ses troupes entraînées par une fraction assez considérable du 7ᵉ corps, rejetée de ses positions, et qui était venue s'abattre en désordre sur le Vieux-Camp, le général Lebrun était rapidement rentré dans Sedan, pour ordonner au poste qui gardait la porte du Fond-de-Givonne de lever le pont-levis, et pour fermer ainsi aux fuyards l'entrée de la ville ; mais, trouvant l'occasion propice, tandis que le 12ᵉ corps combattait avec tant de vaillance et de succès, il avait ensuite imaginé de se rendre à l'hôtel de la sous-préfecture, pour conférer avec l'Empereur.

De la sorte, délaissé par tous ses lieutenants, le général de Wimpffen se précipita au galop de son cheval dans Sedan, pour requérir lui-même, impérieusement, le concours des chefs de corps et de leurs troupes, afin d'assurer le terrain qu'il venait de gagner, et de poursuivre son mouvement offensif ; mais les généraux Douay, Ducrot et Lebrun étaient en conciliabule avec l'Empereur, et le drapeau blanc flottait au sommet de la citadelle, justifiant l'inertie des soldats, parmi lesquels l'opinion que la bataille avait pris fin s'était répandue.

LE DRAPEAU PARLEMENTAIRE. — L'EMPEREUR PARALYSE LES DERNIÈRES TENTATIVES DE RÉSISTANCE.

C'est à l'Empereur que revient la responsabilité d'avoir fait hisser le drapeau parlementaire, et d'avoir paralysé les dernières tentatives du général de Wimpffen, en se substituant à lui, dans le commandement, auprès des chefs de corps.

Dans la matinée du 1ᵉʳ septembre, vers 5 heures du matin, prévenu que la bataille commençait, sur notre droite, à Bazeilles, l'Empereur était sorti à cheval de Sedan et s'était rendu sur le terrain, auprès du maréchal de Mac-Mahon; il ne tarda pas à rencontrer celui-ci, qu'on ramenait en ville, blessé. Un peu plus tard, l'Empereur, parcourant nos lignes, conférait avec le général Ducrot et le général de Wimpffen, de la manière que nous avons fait connaître; puis, s'étant porté en avant de Balan, il gravit les coteaux de la Moncelle avec son état-major, et considéra longtemps avec une froide bravoure l'ensemble du champ de bataille. Là, un des officiers de sa maison militaire fut tué à ses côtés et deux autres grièvement blessés[1]; enfin, vers 11 heures, il rentra à Sedan pour déjeuner, tandis que les troupes se battaient jusqu'à la fin du jour sans nourriture,

---

1. Le lieu jusqu'où l'Empereur s'est avancé est maintenant indiqué sur le champ de bataille par une tombe, pieusement entretenue, érigée sur le plateau de la Moncelle, à la mémoire de « Louis Lesergeant d'Hendecourt, capitaine d'état-major, officier d'ordonnance de Napoléon III », tué à ses côtés; cette tombe est à 200 mètres à peine de la croix qui indique le lieu où le maréchal de Mac-Mahon a été blessé.

et que le général de Wimpffen, le général Lebrun et leurs états-majors se contentaient, malgré leurs fatigues, de quelques carottes arrachées dans un champ.

Certaines assertions permettent de supposer que l'Empereur avait le dessein d'échapper par la fuite, déguisé en paysan, sous la conduite de l'inspecteur des forêts de Sedan[1]. Quoi qu'il en soit, il ne quitta plus l'hôtel de la sous-préfecture dont il avait fait sa résidence; c'est là qu'entre 1 heure et demie et 2 heures, épouvanté déjà par les mauvaises nouvelles qui lui parvenaient de quelques points du champ de bataille, il reçut les messagers du général de Wimpffen, et que, sans plus ample informé, sur le conseil de son entourage, il décida de mettre fin à la lutte, et de faire arborer, de sa propre initiative, le drapeau parlementaire.

Pour se disculper de cette grave faute, l'Empereur a écrit, ultérieurement, qu'il n'avait fait arborer ce drapeau qu'après avoir pris l'avis des généraux Ducrot, Douay et Lebrun; mais ceux-ci, malgré leur vif désir de ne pas accabler leur souverain, lui ont, à maintes reprises, opposé de péremptoires dénégations; ils ont affirmé tous que le drapeau blanc

---

[1]. Un volume publié, en 1871, par M. Cornebois, inspecteur des eaux et forêts, capitaine commandant la compagnie de guides forestiers, organisée sur sa demande en août 1870, donne des détails très affirmatifs sur ce point.

« L'Empereur, dit-il, voulait se déguiser en paysan, partir sous la conduite d'un guide sûr et gagner Mézières à travers les sentiers de la forêt des Ardennes.

« On envoya chercher M. Petit, inspecteur des eaux et forêts à Sedan, pour l'accompagner; mais il n'arriva qu'une heure et demie plus tard. A ce moment, l'Empereur avait changé d'avis. »

flottait sur la citadelle lorsqu'ils sont entrés dans Sedan. Devant la cour d'assises de la Seine, le général Pajol lui-même, aide de camp de l'Empereur, de service auprès de lui le 1ᵉʳ septembre 1870, et qui ne l'a pas un seul instant quitté dans toute cette journée, n'a pas hésité à affirmer que c'est l'Empereur qui a donné l'ordre de hisser le drapeau parlementaire.

Ce drapeau ne fut pas seulement placé sur le sommet de la citadelle; il fut complaisamment promené sur les remparts, en des points et dans des conditions que fait connaître la lettre suivante adressée au général de Wimpffen par le général baron de Beurmann, appelé au commandement supérieur de la place de Sedan, par dépêche ministérielle du 29 août 1870 :

Douzy (Ardennes), le 4 avril 1872.

Mon général,

Veuillez, je vous prie, écouter avec bienveillance la réclamation d'un vieux soldat, blessé dans son honneur.

Je viens de lire les notes qui terminent votre ouvrage sur Sedan, et j'y vois, dans le rapport du général baron Nicolas l'alinéa suivant, dont une partie en lettres soulignées :

Vers six heures, par ordre exprès du gouverneur général de Beurmann, le drapeau parlementaire, *deux fois abattu sur le sommet du donjon*, y est hissé de nouveau.

C'est une infâme calomnie, et je porte le défi à toute l'armée de Sedan et à tous les habitants de Sedan, de dire qu'ils m'ont entendu donner l'ordre de hisser un drapeau blanc.

D'après les rapports des officiers qui servaient sous

mes ordres dans la place, le drapeau blanc n'a paru sur les remparts ou le donjon que trois fois dans la fatale journée du 1er septembre, voici dans quelles circonstances :

1° Vers 2 heures et demie environ, M. le capitaine Camus (ou Cannes), commandant la 1re compagnie d'artillerie de la garde nationale, sur les fronts voisins de la porte de Paris, vit venir à lui un chef d'escadron d'état-major, qu'il crut être attaché à l'Empereur ; cet officier monta sur le parapet et agita un drapeau parlementaire, action qui causa même des murmures parmi les gardes nationaux et quelques soldats de la ligne qui se trouvaient là.

2° Vers 2 heures et demie encore, M. le capitaine Entz, de la garde nationale, aidé par des soldats du génie, était parvenu à faire monter quelques pièces de 4 rayées, en haut du donjon, sur une plate-forme très étroite, où je n'avais jugé devoir placer que des mortiers. Il y avait à peine une demi-heure qu'il avait ouvert son feu, que le général Faure, suivi d'un capitaine d'état-major portant un drapeau blanc, lui donna l'ordre de cesser le feu, et de faire flotter le signal parlementaire.

Le capitaine Entz ayant fait encore tirer une pièce qui était chargée, le général s'écria : « Il ne comprend donc pas ? » et lui dit de prendre le drapeau des mains du capitaine d'état-major et de monter sur le parapet. Sur un signe de dénégation absolue du capitaine Entz, c'est le capitaine d'état-major qui a exécuté l'ordre et fait flotter le drapeau parlementaire.

3° Enfin, vers 4 heures et demie environ, lorsqu'après avoir passé la journée sur les remparts, partout où ma présence pouvait être utile, je rentrai à l'état-major de la place pour voir s'il n'y avait pas quelque ordre à donner, ignorant tout ce qui s'était passé au sujet de ces drapeaux, mais le cœur bien ulcéré de ce que j'avais vu au dehors, je trouvai dans la cour de l'hôtel M. le général Faure, se plaignant de ce que les drapeaux n'étaient ni assez élevés ni assez grands; avec lui, MM. le lieutenant-colonel, commandant de place, et le chef du génie de la place étaient occupés à faire clouer, par des gardes du génie, des augets de mine du génie, les uns au bout des autres, afin d'obtenir des hampes plus grandes.

C'était la première fois que j'entendais parler du drapeau parlementaire, et je n'ai donné aucun ordre à son sujet depuis.

Tout ce que j'ai l'honneur de vous dire, je puis le prouver par des rapports signés de personnes les plus honorables.

Mille fois pardon, mon général, d'avoir ainsi abusé de votre patience; mais il s'agit d'un nom qui a l'honneur de figurer sur la Barrière de l'Étoile, et vous comprendrez que je suis jaloux de le transmettre à mon fils tel que je l'ai reçu de mes ancêtres. Je crois ne pouvoir mieux faire que de le confier à votre loyauté et à votre bienveillant intérêt.

J'ai l'honneur d'être, avec le plus profond respect,
Mon général,
Votre très humble et très obéissant serviteur,

Le général baron DE BEURMANN.

D'autre part, M. Payard-Poterlot, de l'artillerie de la garde nationale de Sedan, a fait devant la cour d'assises de la Seine la déposition suivante :

Vers 2 heures et demie de l'après-midi, alors que, de part et d'autre, l'artillerie tonnait avec acharnement, je vis arriver au fort des Capucins, dont j'avais le commandement, un capitaine de cavalerie, accompagné d'un soldat, porteur d'un drapeau blanc.

Après quelques paroles échangées entre nous, et sur

l'ordre de son supérieur, le soldat, montant sur l'un des parapets, se mit à agiter le drapeau qu'il portait.

Aussitôt, et partant de l'un des fossés qui environnent le fort, des cris de : « Non, jamais! » s'élevèrent tumultueusement, et, en même temps, le drapeau fut salué par une grêle de balles.

Le malheureux soldat, entendant siffler les balles, se plaignit en disant :

— Mon capitaine, on me tire dessus.

—Marche toujours, répondit le capitaine, et agite ferme !

Cette scène dura environ vingt minutes, et, après avoir essayé d'imposer silence aux protestations des soldats, le capitaine se retira, accompagné de son ordonnance.

Non content d'influer d'une manière si funeste sur le moral des troupes, en faisant agiter sous leurs yeux le signe odieux de la capitulation, l'Empereur exerçait successivement sur les chefs de corps une pression non moins désastreuse, en substituant ses ordres à ceux du général en chef.

Le général Ducrot, après avoir reçu, à son arrivée dans Sedan, l'ordre du général de Wimpffen qui le concernait, s'était, au lieu d'exécuter cet ordre, rendu chez l'Empereur au travers d'une foule d'hommes qui, — il le reconnaît lui-même, — avaient encore l'énergie « d'accuser et de maudire ».

— Nous avons été trahis, criaient-ils, nous avons été vendus par les traîtres et les lâches !

Dans Sedan, le général Ducrot avait aperçu, comme tout le monde, le drapeau blanc sur la citadelle, et il avait d'abord pensé que c'était un drapeau d'ambulance dont la croix rouge avait été effacée par la pluie ; mais il fut vite désabusé, car, en voyant le général Ducrot, l'Empereur lui dit :

— Je ne comprends pas que l'ennemi continue le feu ; j'ai fait arborer le drapeau parlementaire. J'espère obtenir une entrevue avec le roi de Prusse ; peut-être aurai-je des conditions avantageuses pour l'armée ?

— Je ne compte pas beaucoup sur la générosité de nos adversaires, répondit le général Ducrot ; à la nuit, nous pourrions tenter une sortie.

L'Empereur objecta qu'il existait un tel désordre, un tel encombrement dans la ville, que les troupes étaient si démoralisées, qu'il n'y avait pas le moindre espoir de réussir.

— Une tentative de cette sorte, ajouta-t-il, n'aboutirait qu'à une nouvelle effusion de sang. Il faut absolument faire cesser le feu. Écrivez.

Oubliant que, la veille, il avait lui-même adressé à l'armée une proclamation dans laquelle il disait « qu'il s'était désisté de tout commandement, et qu'il préférait le rôle de soldat à celui de souverain », il dicta au général Ducrot l'ordre suivant :

« Le drapeau parlementaire ayant été arboré, les pourparlers vont être ouverts avec l'ennemi ; le feu doit cesser sur toute la ligne. »

Puis, comme le général Ducrot, la plume en suspens, regardait l'Empereur, celui-ci lui dit :

— Maintenant, signez !

— Oh ! non, Sire, je ne peux pas signer. A quel titre signerai-je ? Je commande le 1er corps. C'est le général de Wimpffen qui est le général en chef.

— Vous avez raison ; mais je ne sais pas où

est le général de Wimpffen ; il faut que quelqu'un signe.

— Faites signer par son chef d'état-major ou par le plus ancien général de division, qui est le général Douay.

— Oui, répondit l'Empereur, faites signer par le chef d'état-major[1].

Mais le chef d'état-major était absent. Sur ces entrefaites arriva à la sous-préfecture, près de l'Empeur, le général Lebrun, qui, lui aussi, avait été apostrophé par un officier au sujet du drapeau blanc. On lui demanda conseil.

— Comment se fait-il, mon cher général, lui dit l'Empereur, que le feu n'ait pas cessé et que la lutte continue? Il y a plus d'une heure que j'ai fait hisser sur la citadelle un drapeau blanc, pour mettre fin à cette lutte, qu'il est absolument inutile de prolonger. Il n'y a déjà que trop de sang versé ; je ne veux pas qu'on en répande davantage. J'ai fait hisser le drapeau blanc pour demander un armistice.

— Sire, répondit le général Lebrun, ce que vous me dites m'explique comment un officier que j'ai rencontré sur mon chemin, à mon entrée dans la place, s'est jeté à la bride de mon cheval, et s'est écrié : Savez-vous, mon général, que le drapeau blanc a été arboré sur la citadelle? Je n'avais pas compris, ce drapeau n'ayant pu être aperçu du champ de bataille: je dois avouer à l'Empereur que si je l'avais vu, je n'aurais pas pour cela fait cesser le feu, car il n'eût point eu à mes yeux la significa-

[1]. Tous ces détails sont empruntés textuellement à la *Journée de Sedan*, par le général Ducrot (1871).

tion que Votre Majesté vient de m'en donner. Aux termes des lois de la guerre, ce n'est pas, en effet, en arborant un drapeau blanc pendant une bataille, qu'on demande un armistice.

— Comment donc le fait-on ? répondit l'Empereur.

Le général Lebrun expliqua alors que, pour demander un armistice, il fallait dépêcher, près du général en chef de l'armée ennemie, un officier parlementaire, porteur d'une demande écrite d'armistice, et que le général de Wimpffen avait seul qualité pour faire cette proposition, et envoyer cet officier.

— Qui donc envoyer ainsi en parlementaire ? s'écria l'Empereur. Pourriez-vous remplir cette mission ?

— Non, Sire ! Comme commandant d'un corps d'armée, il est de rigueur que je reste jusqu'à la fin à la tête du 12º corps ; mais je puis proposer pour cette mission le général Gresley, mon chef d'état-major ; c'est un officier intelligent qui la remplirait parfaitement bien.

— Eh bien, dit l'Empereur, écrivez tout de suite la demande d'armistice ; vous la ferez signer par le général de Wimpffen, et le général Gresley la portera [1].

Le général Lebrun écrivit donc :

Je soussigné, commandant en chef de l'armée française, ai l'honneur d'adresser à M. le général en chef de l'armée allemande une demande d'armistice, pendant la

[1]. Le texte de ce dialogue entre l'Empereur et le général Lebrun a été livré à la publicité par le dernier, dans son ouvrage *Bazeilles-Sedan* (1884).

durée duquel il sera possible aux généraux en chef des deux armées de traiter de conditions également acceptables pour ces deux armées.

Sous Sedan, le 1er septembre 1870.

Le général en chef de l'armée française.

Après avoir écrit cette pièce, le général Lebrun se mit tout de suite en devoir de rechercher le général de Wimpffen pour la lui faire signer [1]. Il monta à cheval pour aller à sa rencontre. Les officiers de la maison militaire de l'Empereur, dans le but d'accentuer et de faciliter sa mission, s'empressèrent d'attacher une serviette en guise de fanion blanc, au fer d'une lance et d'ordonner à un sous-officier de cavalerie de suivre le général Lebrun, qui traversa toute la ville dans cet équipage.

Simultanément, un parlementaire prussien étant venu sommer l'armée française et la place de Sedan de capituler, l'Empereur envoyait avec lui, auprès du roi de Prusse, le général Reille, porteur de la lettre suivante :

Monsieur mon frère,

N'ayant pas pu mourir au milieu de mes troupes, il ne

---

1. Au cours de ces pourparlers, le général Douay était, de son côté, arrivé auprès de l'Empereur et avait, lui aussi, donné son approbation au projet d'armistice, ainsi qu'il l'a fait connaître devant la cour d'assises de la Seine.
— Sire, dit le général Douay à l'Empereur, en le voyant, la bataille est perdue; les débris de l'armée sont arrivés dans la place; les troupes se sont bien battues. J'ai perdu les deux tiers du 7e corps; ce qui reste est exténué.
— Je sais le désastre, répondit l'Empereur; je rends justice à

me reste qu'à remettre mon épée entre les mains de Votre Majesté.

Je suis, de Votre Majesté,
Le bon frère,

NAPOLÉON.

Sedan, le 1ᵉʳ septembre 1870.

Nous dirons, dans un instant, quelle réponse fut faite par le roi de Prusse à cette étonnante lettre de l'Empereur. Auparavant, il est nécessaire d'en finir avec la mission du général Lebrun.

Le général Lebrun rencontra le général de Wimpffen, en dehors de Sedan, à la porte de Balan, sur la grande route de ce village. Le général de Wimpffen, revenant du champ de bataille, descendait des hauteurs de Balan et se dirigeait vers la ville pour rassembler toutes les troupes qu'il pourrait trouver, et les jeter contre les Bavarois, avec celles qui déjà les avaient fait plier ; il venait de s'opposer avec indignation à l'ordre de faire cesser le feu, que le capitaine de Saint-Haouen lui avait transmis, au nom de l'Empereur, à la suite de l'entrevue qu'il avait eue avec lui. Aussi, la vue de l'énorme drapeau blanc, porté par le sous-officier de cavalerie qui suivait le général Lebrun, fut pour lui la cause d'une invincible exaspération.

— Non, non, s'écria-t-il, je ne veux pas de capitulation ; qu'on fasse disparaître tout de suite ce

l'armée ; elle a trop souffert. C'est à mon tour à m'immoler. Je suis résolu à demander un armistice.

— Sire ! je crois que c'est le seul parti praticable, ajouta le général Douay.

drapeau blanc; je veux qu'on continue à se battre [1].

Le comte d'Ollone, partageant l'indignation du général de Wimpffen, se jeta sur le sous-officier et lui arracha le drapeau blanc des mains. Les soldats mêmes, qui se trouvaient sur la route de Balan, protestèrent avec colère contre tout envoi de parlementaire. Un sous-lieutenant d'infanterie, en proie à une grande exaltation, criait :

— Nous ne nous rendrons pas; que ce général retourne dans Sedan avec son drapeau blanc, ou nous l'arrêtons à coups de fusil!

Ces menaces trouvaient immédiatement un bruyant écho dans toutes les troupes environnantes.

Le général Lebrun tenta inutilement d'expliquer au général de Wimpffen qu'il ne s'agissait pas de capitulation, mais d'armistice, et le supplia de prendre au moins connaissance du projet de lettre qu'il venait soumettre à sa signature. Le général de Wimpffen ne voulut rien entendre; il refusa d'ouvrir le pli que lui remettait le général Lebrun, et, après avoir ordonné à ce dernier de rejoindre son corps d'armée et de continuer à combattre, — ce qu'il fit aussitôt vaillamment, — il rentra dans la ville, pour donner suite, en dépit de tous les obstacles, au projet suprême qu'il avait conçu. Il venait de franchir l'enceinte de la forteresse, quand un nouvel émissaire de l'Empereur se présenta devant lui. C'était un officier d'ordonnance, chargé de l'avertir que l'Empereur venait d'envoyer le général

---

1. Propos rapporté par le général Lebrun lui-même dans son livre *Bazeilles-Sedan*.

Reille auprès du roi de Prusse, pour entrer en pourparlers.

Le général de Wimpffen repoussa péremptoirement ce dernier messager, comme il avait repoussé les précédents, et, continuant son chemin au travers des rues encombrées de soldats, il chercha à ranimer le courage de ceux-ci et à les entraîner au combat.

Mais, hélas! l'absence des commandants de corps, le drapeau blanc qui flottait sur la citadelle, sur les remparts, et qui, à la suite du général Lebrun, avait traversé toute la ville et fait son apparition jusqu'au milieu des combattants, la rumeur généralisée de la capitulation imminente, avaient démoralisé tout le monde. En vain le général de Wimpffen fit si bien répandre par ses officiers d'ordonnance le bruit que l'armée de Bazaine arrivait, que le général Faure lui-même, y ajoutant foi, ordonna d'abattre le drapeau parlementaire; en vain il fit battre et sonner la charge; en vain, l'épée à la main, exalté, frémissant, il alla jusqu'à la place Turenne, en criant: « En avant! En avant! mes amis! A la baïonnette! » A toutes ses objurgations, on opposait le drapeau blanc qui indiquait la fin de la bataille; il réunit avec peine une poignée de deux mille braves gens, préférant la mort à la honte de la reddition; néanmoins il marcha, à leur tête, sur le point où il avait espéré briser l'étreinte de l'ennemi [1].

---

[1]. Parmi toutes les mauvaises raisons qui ont été invoquées par l'Empereur et par son entourage pour l'excuser de ne s'être pas rendu à l'appel du général de Wimpffen, figure l'encombrement de la ville qui, disent-ils, rendait absolument impraticable la circulation d'une troupe organisée. Une pareille asser-

DERNIER RETOUR OFFENSIF DE L'ARMÉE FRANÇAISE DANS LA DIRECTION DE BAZEILLES ; SON ÉCHEC, FAUTE DE SOUTIEN.

Les héros de la dernière heure, qui répondirent si noblement à l'appel désespéré du général de Wimpffen, et l'aidèrent à sauver au moins l'honneur de l'armée, étaient des militaires de tous les grades et de toutes les armes.

Il y avait, dans cette petite troupe de 2 000 volontion, plausible à 5 heures du soir, était dénuée de tout fondement à l'heure où le général de Wimpffen a écrit à l'Empereur ; elle a reçu devant la cour d'assises de la Seine un éclatant démenti de la part du colonel Charles Martin qui, à la tête d'un des escadrons de son régiment de cuirassiers, a pu traverser toute la ville vers 4 heures de l'après-midi.

Voici d'ailleurs l'intéressante déposition du colonel Martin, faite à l'audience du 13 février 1875 :

« De 3 à 4 heures, après les charges d'Illy, la cavalerie massée a pris position en arrière du bois de la Garenne. On a battu en retraite sur Sedan. Mon régiment est arrivé parfaitement en ordre, à la porte de Cazal, à Sedan, les officiers en tête de leurs pelotons.

« On m'avait fait rentrer en ville par l'extrémité opposée à la porte de Balan. Pensant que nous n'étions rentrés à Sedan que pour en ressortir au plus vite, j'ai traversé toute la ville malgré l'encombrement, avec ma tête de colonne, et je suis arrivé à la porte de Balan avec mon état-major et mon 5e escadron, parfaitement dans la main et prêt à tout ce que l'on m'aurait demandé. Mes autres escadrons, également compacts, ayant été coupés de la tête de colonne (nous étions la gauche en tête), se sont formés dans un grand terrain où ils sont restés en ordre parfait et réunis jusqu'à la fin.

« Ainsi, quand on dit qu'on n'aurait pas pu monter à cheval, et qu'on n'est pas allé au feu parce qu'on ne pouvait pas traverser Sedan, c'est une plaisanterie.

« Si l'Empereur n'est pas venu, à 2 heures, à 3 heures, et même à 4 heures, c'est qu'il ne l'a pas voulu ; des officiers sont

taires, des officiers et soldats appartenant à l'admirable infanterie de marine, qui, depuis le matin, tenait tête à l'ennemi, dans cette région du champ de bataille; des officiers et soldats isolés du 3ᵉ régiment de tirailleurs algériens; le 2ᵉ bataillon du 1ᵉʳ régiment de zouaves, bientôt rejoint par le 1ᵉʳ bataillon du même régiment, qui, entré dans Sedan, en sortit dès qu'il apprit que le combat continuait à Balan, et fut lancé dans ce village par le colonel Barrachin; un détachement d'environ 200 hommes, du 2ᵉ régiment de zouaves, sous les ordres du ca-

allés et venus du quartier de M. de Wimpffen à l'habitation de l'Empereur. Je le répète, s'il n'est pas venu, c'est qu'il n'avait pas envie de se joindre à nous.

« Et quand on a déserté le champ de bataille, on est mal venu à venir se moquer de braves gens qui ont voulu se battre.

« M. le général de Wimpffen s'est refusé constamment à capituler. Le drapeau blanc a été hissé par l'Empereur; il ne l'a pas été impunément : on a tiré dessus.

« Il a été écrit une lettre où l'Empereur affirme avoir reçu avis des généraux pour agir ainsi. Tous ont protesté. Il est bien entendu que c'est lui, avec des gens d'entourage sans autorité pour donner conseil, et malgré la volonté du général en chef, qui a hissé le drapeau de la capitulation.

« On a invoqué l'intention de nous sauver. Moi qui ai été livré à Sedan... (Rumeurs. — Le témoin répète.) Moi qui ai été livré à Sedan, je ne puis admettre que, sous prétexte d'humanité, on fasse mettre bas les armes, en rase campagne, à 80 000 hommes, munis de cavalerie, d'artillerie et de munitions.

« M. DE CASSAGNAC. — Le colonel n'est-il pas actuellement rédacteur du *Siècle*?

« R. Oui, et je m'en honore !

« M. DE CASSAGNAC. — Le témoin dit qu'il a traversé la ville en excellent ordre, à la tête de son régiment : comment se fait-il qu'il ne se soit pas joint à M. de Wimpffen?

« R. Mais parfaitement. Je vais vous l'expliquer, et si vous aviez été là, monsieur, vous auriez parfaitement compris que des cuirassiers ne sont pas fait pour empêtrer des fantassins dans une rue de faubourg. Il n'en est pas moins vrai qu'ils pitaine Allard ; un détachement, sous les ordres du commandant Hervé, du 3ᵉ régiment de zouaves, auquel il ne restait, à la fin de la journée, que 10 officiers et 165 hommes ; une partie de la brigade Abbatucci, du 5ᵉ corps d'armée, et notamment le 19ᵉ bataillon de chasseurs à pied, dont le commandant, M. de Marquet, trouva une mort glorieuse dans cette dernière action héroïque ; quelques officiers et soldats du 61ᵉ et du 86ᵉ régiment de ligne, de la brigade baron Nicolas, du 5ᵉ corps, qui, malgré l'épuisement de leurs forces et la fatigue du combat qu'ils venaient de soutenir à Daigny et au Fond-de-Givonne, prirent une part énergique au mouvement offensif ; une colonne de fantassins, appartenant aux régiments les plus divers, et à la tête de laquelle se placèrent quelques officiers, notamment le capitaine

étaient là pour recevoir les éclaboussures, et ils les ont reçues en braves.

« Quant au rôle du général de Wimpffen dans la journée de Sedan, voici ce que j'en sais :

« Le général, venant d'Afrique, est débarqué en plein champ de bataille ; dès son arrivée, il a fait acte de commandement en ramenant les troupes débandées de Failly.

« Tout le jour, M. de Wimpffen est resté sur le champ de bataille, depuis la première cartouche jusqu'à la dernière. J'étais à Balan et je crois que personne ne peut dire qu'il a fait son devoir plus brillamment que M. le général de Wimpffen.

« Je l'ai vu faire sonner la charge aux braves qu'il avait rassemblés, et c'est la seule fois qu'elle ait été sonnée dans cette journée.

« Dans cette ville que l'on prétend intraversable, il est venu, il a ramassé tous les braves gens qui n'avaient pas envie de capituler sans se battre, 2 000 environ l'ont suivi : si M. de Wimpffen, au lieu d'être seul, avait eu près de lui ses généraux, il aurait pu avoir une action plus grande sur les troupes, alors en partie démoralisées.

« J'ai vu, de mes yeux vu, cette petite colonne s'avancer con-

Jacquerez, du 14ᵉ de ligne ; quelques gardes mobiles et un certain nombre de courageux habitants de Sedan ; enfin la 6ᵉ batterie du 6ᵉ régiment d'artillerie, sous les ordres du chef d'escadron, Charles Pérot, qui venait d'avoir son cheval tué sous lui, à Daigny, et qui était encore fortement contusionné par la chute qui avait suivi. Cette batterie avait complètement épuisé ses munitions, et pour répondre à l'appel du général en chef, elle dut en prendre dans des caissons abandonnés auprès du Fond-de-Givonne ; la 6ᵉ batterie du 6ᵉ régiment d'artillerie eut encore, dans le retour offensif sur Balan, 10 officiers ou soldats tués ou blessés, et ses servants combattirent, non seulement avec leurs pièces, mais avec leurs mousquetons.

C'est à la tête de cette troupe hétérogène, mais

tre l'ennemi victorieux. J'ai vu, devant cette poignée de braves, des Bavarois passer leur fusil et se rendre, 150 environ ; ce sont les seuls prisonniers de la bataille.

« Ce mouvement offensif, tenté à ce moment, montre ce qu'on aurait pu faire trois heures plus tôt. Ceux qui ont traité cet acte de folie ont fait une mauvaise action ; cet acte méritait le respect de tous, surtout de ceux qui n'y ont pas pris part.

« M. le général Lebrun intervient pour dire qu'il proteste contre les paroles de M. le colonel Martin, qui a dit que les généraux ne se sont pas joints à l'effort de M. de Wimpffen ; pour sa part, il a rejoint M. de Wimpffen. Et M. le colonel Martin, que je n'ai pas vu...

« M. LE COLONEL MARTIN. — Moi, je vous ai vu, mon général, je vous ai vu avec un drapeau blanc... Mais je reprends :

« Ce qui a été tenté à 4 heures et demie, si on l'avait fait trois heures plus tôt, et si les autres généraux avaient été aux côtés du général en chef, pouvait donner une autre tournure à la journée de Sedan... »

MM. les généraux Ducrot et Douay protestent à leur tour contre les paroles de M. le colonel Martin qui incriminent la conduite des généraux.

dont tous les combattants marchaient volontairement à la mort, que le général de Wimpffen pénétra dans Balan ; il animait, il électrisait tout le monde par son attitude et par son langage. A un capitaine de zouaves, qui revenait harassé du champ de bataille, il dit :

— Où allez-vous, monsieur?

— Mon général, je rentre à Sedan ; nos munitions sont épuisées.

— N'importe ; il faut me suivre, capitaine ; entrez dans ces jardins, et enlevez-moi les positions qui sont en avant de Balan, à la baïonnette, comme les zouaves savent le faire.

Et, se jetant dans les jardins, dans les maisons, ces zouaves s'avancèrent jusqu'à la lisière du village et firent mettre bas les armes à une vingtaine de Bavarois.

En pénétrant dans Balan, où la brigade du général Abbatucci maintenait les avantages que nous lui avons vu conquérir, le général de Wimpffen rencontra le général Lebrun avec son chef d'état-major, le général Gresley ; ils venaient d'achever d'emporter les hauteurs de Balan avec la brigade Abbatucci, dont les troupes avaient marché si courageusement que le général Abbatucci s'était retourné vers le général Lebrun pour lui dire :

— Quels braves gens ! Vous le voyez, ils ne demandent qu'à se battre.

Les trois généraux, se rassemblant, payèrent courageusement de leur personne et, placés en avant de la colonne, ils l'entraînèrent dans un élan irrésistible, sous la mitraille ennemie. A côté du général de Wimpffen et des généraux Lebrun et Gresley se trouvaient les officiers d'état-major du 12e et du 5e corps, le capitaine Reillet, du 1er régiment de zouaves, le caporal-clairon Morlaës, du même régiment, qui sonnait intrépidement la charge, et vingt autres humbles héros, dont nous regrettons vivement de n'avoir pas retrouvé les noms. Le général de Wimpffen répétait sans cesse : « En avant ! En avant ! »

Cédant à cet audacieux retour, les Bavarois évacuèrent définitivement le village de Balan. Les portes de l'église dans laquelle deux cents d'entre eux s'étaient réfugiés, furent enfoncées à coups de canon ; tous ceux qui occupaient encore les maisons, par petits groupes, plus ou moins nombreux, furent tués ou chassés un à un ; les volontaires, sous les regards mêmes de leurs généraux, brisaient impétueusement les portes, franchissaient les murs, balayaient les jardins. En beaucoup d'endroits, d'ailleurs, les Bavarois, abattus, découragés, exténués, se laissaient capturer sans résistance ; et le gros de leurs troupes rétrogradèrent au delà de Bazeilles, en dehors de la zone des feux de la place, protégées, dans leur retraite, par un régiment prussien, accouru à leur secours.

Cette offensive inattendue et victorieuse de l'armée française causait une vive inquiétude à l'état-major allemand ; il prenait, vers 5 heures, de nouvelles dispositions, pour s'opposer à une trouée sur Carignan ; les batteries bavaroises ainsi que l'artillerie du IVe corps prussien, établies sur les pentes à l'ouest d'Aillicourt, rouvraient un feu violent contre Balan et faisaient pleuvoir une grêle d'obus sur le village, les jardins et les hauteurs voisines. Néanmoins le général de Wimpffen, bravant la mort avec témérité, atteignait, avec sa colonne, l'extrémité de Balan, du côté de Bazeilles ; il voyait la route libre devant lui, la plaine abandonnée par l'ennemi ; mais il jetait aussi un regard en arrière ; il constatait qu'il était à peine suivi par six cents hommes, le surplus s'étant dispersé, pour fouiller les habitations et les parcs, ou ayant été abattu par la mitraille. Perdant alors toute espérance d'un renfort quelconque, le général de Wimpffen donnait l'ordre de la retraite, dont il fallait répéter plusieurs fois les sonneries, pour rassembler les combattants.

Cette retraite se faisait pas à pas, et les héros de Balan, poussant devant eux les deux cents prisonniers qu'ils avaient faits, maintenaient, sous leur feu, les Bavarois qui se remettaient à leur poursuite, jusque sous les murs de la place ; mais là, le drapeau blanc flottait sur la porte ; les soldats, montés sur les remparts, sur les glacis, l'arme au pied, agitaient leurs mouchoirs, et les combattants recevaient l'ordre de cesser le feu, au moment où ils venaient de brûler leur dernière cartouche.

Morne, silencieux, consterné, le général de Wimpffen se résignait à rentrer dans Sedan, suivi du général Lebrun et de son état-major. Il était environ 5 heures et demie du soir.

DERNIÈRES PÉRIPÉTIES DE LA BATAILLE AU BOIS DE LA GARENNE. — RETRAITE GÉNÉRALE DE L'ARMÉE FRANÇAISE. — BOMBARDEMENT DE SEDAN.

Tandis que tous les événements que nous venons de raconter s'accomplissaient, soit auprès de l'Empereur, soit à l'aile droite de l'armée française, l'armée allemande avait continué ses opérations contre le bois de la Garenne, devenu, à partir de 2 heures de l'après-midi, au nord-est du champ de bataille, l'unique refuge du 1er et du 7e corps français.

Suivant sa tactique habituelle, l'ennemi avait préparé l'action de son infanterie par une furieuse canonnade ; depuis l'évacuation du calvaire d'Illy, son artillerie avait exclusivement concentré ses coups sur le bois de la Garenne. Elle avait commencé par canonner les éclaircies dans lesquelles nos troupes apparaissaient ; puis elle s'était partagé, par batterie, toute l'étendue du bois, de sorte qu'à la fin tous ceux qui venaient s'y abriter, étaient écrasés par les obus prussiens.

Cette grêle de projectiles, ayant fait refluer l'infanterie française, en masses considérables, vers le Fond-de-Givonne et vers Sedan, à 3 heures, l'infanterie allemande s'ébranla de tous côtés, dans la direction du bois. Après une dernière et formidable salve, tirée par toutes les batteries, le feu de l'artillerie ennemie cessa, et les premières colonnes d'attaque commencèrent à gravir de toutes parts les hauteurs que couvre le bois de la Garenne.

Un grand nombre de nos régiments dirigèrent

une violente fusillade contre les masses de cette infanterie ; à maintes reprises même, nos prisonniers ressaisirent leurs armes, et, d'un vigoureux effort, rentrèrent dans nos rangs ; mais la plupart se rendaient sans résistance, et bientôt les bataillons ennemis furent non moins occupés à recueillir et à rassembler les prisonniers qu'à répondre au feu meurtrier que les compagnies françaises, qui se maintenaient en ordre, entretenaient contre les nuées d'hommes confuses qu'elles avaient devant elles.

Ce n'était là qu'une résistance désespérée ; enveloppé de tous côtés, à l'est, au nord et à l'ouest, le bois de la Garenne, successivement évacué par toutes nos troupes, tomba en entier au pouvoir de l'ennemi, qui, vers 5 heures du soir, pouvait tranquillement rallier ses bataillons, et les poster régulièrement sur les lisières du bois, dont l'intérieur était fouillé par des patrouilles, qui faisaient mettre bas les armes à tous les soldats débandés. D'autre part, l'artillerie de la Garde se rapprochait de Sedan, en arrière de l'infanterie, et, quittant les hauteurs de Givonne, elle venait s'installer au calvaire d'Illy, en position d'attente. Enfin, au-dessus du Fond-de-Givonne, sur les hauteurs de Daigny et de Haybes, les batteries saxonnes braquaient leurs pièces dans les positions que nous occupions dans la matinée, protégeant la brigade d'infanterie qui avait repoussé, entre 2 et 4 heures, l'offensive des divisions Goze, Grandchamp et Guyot de Lespart. De ce côté, cependant, l'ennemi avait à faire face, avec son infanterie et son artillerie, à une dernière tentative de la 1re division du 7e corps qui, vers 5 heures, sur la rumeur de l'arrivée du maréchal Bazaine, répandue à dessein par le général de Wimpffen, reprit l'offensive et s'associa au suprême effort du général en chef. Alors les généraux Girard et de Saint-Hilaire, ayant fait battre la charge, s'élancèrent, avec deux mille hommes, pour faire une trouée vers la route de Givonne; écrasés par le feu des batteries prussiennes, ils furent obligés de reculer et de se rejeter vers la place. Enfin, à 5 heures et demie, le chef d'escadron d'Alincourt, tenta spontanément, à Cazal, un effort désespéré pour percer, à la tête du 2ᵉ escadron du 1ᵉʳ régiment de cuirassiers. En battant en retraite avec la cavalerie, cet escadron avait été rejeté sur la porte nord de Sedan, complètement obstruée; puis il avait tourné à l'est de la ville, pour pénétrer par la porte de Mézières : celle-ci était déjà fermée; alors, irrités, impétueux, les cuirassiers s'élancèrent en colonne, par pelotons, sur Cazal, d'après l'ordre de M. d'Alincourt, et tombèrent, ainsi que leur héroïque commandant, sous le feu de l'infanterie prussienne.

Ce fut la dernière convulsion de l'armée française agonisante !

A partir de ce moment, la retraite, devenue générale, ne s'arrêta plus un seul instant, et nos troupes, débandées, démoralisées, vinrent s'engouffrer confusément dans la ville ou s'acculer sous ses murs, tandis que, pour hâter la conclusion de la capitulation, toute l'artillerie ennemie, placée sur la rive gauche de la Meuse, faisait converger ses feux sur Sedan, où elle déterminait un grand nombre d'incendies.

Mais le drapeau blanc, replacé au sommet de la citadelle, était aperçu par l'état-major allemand des hauteurs de Fresnois ; nos pièces de remparts cessaient de tirer ; notre feu s'éteignait sur toutes les lignes et le général Reille arrivait auprès du roi de Prusse pour ouvrir les négociations.

En conséquence, à 7 heures et quart, le comte de Moltke envoyait à toute l'armée allemande l'ordre de cesser les hostilités, et de suspendre toute offensive pendant la nuit, à moins que nous ne fissions des tentatives pour forcer l'investissement.

DÉSESPOIR DU GÉNÉRAL DE WIMPFFEN. — IL DONNE SA DÉMISSION DE GÉNÉRAL EN CHEF, PUIS LA RETIRE SUR LES INSTANCES DE L'EMPEREUR.

En rentrant à Sedan, après avoir abandonné l'un des derniers le champ de bataille, le général de Wimpffen était en proie au plus violent désespoir, aux plus poignantes angoisses. Il voyait toute l'armée française à la merci de l'ennemi, et il avait la ferme conviction que s'il eût été secondé, il aurait pu au moins lui en ravir une partie. Ignorant encore de tout ce qui s'était passé dans les conciliabules de l'Empereur, il savait néanmoins, par les nombreux émissaires que ce dernier lui avait envoyés, quelles entraves opiniâtres il avait mises à toutes les tentatives qu'il avait faites pour se ruer avec vigueur sur les lignes allemandes. Il avait constaté la déplorable influence que le drapeau blanc avait eue sur le moral des troupes ; il ne pouvait méconnaître que les généraux Douay et Ducrot n'avaient pas obéi à ses ordres. Bref, il voyait que le commandement en chef n'avait été qu'un vain titre entre ses mains ; il songea donc à le déposer et à laisser à ceux qui s'étaient si malencontreusement substitués à lui dans la direction de la résistance, toute la responsabilité de leur action.

C'est pourquoi, de retour à l'hôtel de la Croix-d'Or où il était descendu, le 30 août, il écrivit à l'Empereur la lettre suivante, en mettant sa dignité à ne pas faire entendre de récriminations dans un pareil moment :

> Sire,
>
> Je n'oublierai jamais les marques de bienveillance que vous m'avez accordées, et j'aurais été heureux, pour la France et pour vous, d'avoir pu terminer la journée par un glorieux succès. Je n'ai pu arriver à ce résultat, et je crois bien faire en laissant à d'autres le soin de conduire nos armées.
>
> Je crois, en cette circonstance, devoir donner ma démission de commandant en chef, et réclamer ma mise à la retraite.
>
> Je suis avec respect,
>   Sire,
>   Votre très dévoué serviteur,
>
>   DE WIMPFFEN.

Cette lettre jeta l'Empereur et son entourage dans le plus grand embarras ; car, au même moment, le premier recevait du roi de Prusse la réponse à la missive qu'il lui avait adressée par l'intermédiaire du général Reille. Le général Reille ayant informé le quartier général allemand que l'Empereur se bornait à traiter pour lui seul, et que, en le représentant, il n'avait point pouvoir pour entamer d'autres négociations, le roi de Prusse exigeait un autre plénipotentiaire dans la lettre suivante :

Monsieur mon frère,

En regrettant les circonstances dans lesquelles nous nous rencontrons, j'accepte l'épée de Votre Majesté, et je la prie de vouloir bien nommer un de vos officiers, muni de vos pleins pouvoirs, pour traiter de la capitulation de l'armée qui s'est si bravement battue sous vos ordres.

De mon côté, j'ai désigné le général de Moltke à cet effet.

Je suis, de Votre Majesté,
  Le bon frère,
      Guillaume,

Le général Reille, porteur de ce message, était de retour auprès de l'Empereur, vers 7 heures un quart ; or, la lettre du général de Wimpffen lui était remise à 7 heures et demie. Après l'avoir lue, l'Empereur invita le général Ducrot à prendre le commandement en chef et à se rendre auprès du général de Moltke. Le général Ducrot se garda bien d'agréer une pareille invitation, et il déclara « qu'au point où en étaient les choses, il ne pouvait accepter. Du reste, le général Douay, ajouta-t-il, est le plus ancien divisionnaire ; c'est à lui que revient de droit le nouveau commandement ».

Le général Douay, qui n'était point aveuglé par la rancune comme le général Ducrot, se montra disposé à représenter l'armée dans les pourparlers avec l'ennemi ; mais, sur les observations du général Lebrun, il se récusa à son tour, et les trois chefs de corps que le général de Wimpffen avait trouvés si peu subordonnés dans l'action de l'après-midi, déclarèrent à l'envi que le général de Wimpffen devait exercer le commandement jusqu'au bout.

Sur leurs conseils, l'Empereur écrivit donc au général de Wimpffen la lettre subtile que voici :

Général,

Vous ne pouvez pas donner votre démission, lorsqu'il s'agit encore de sauver l'armée par une honorable capitulation. Je n'accepte donc pas votre démission. Vous avez fait votre devoir toute la journée ; faites-le donc encore. C'est un service que vous rendez au pays.

Le roi de Prusse a accepté l'armistice, et j'attends ses propositions.

Croyez à mon amitié.

NAPOLÉON.

Cette lettre ne modifia pas tout d'abord la résolution du général de Wimpffen. L'Empereur lui paraissait seul appelé à signer la capitulation dont il parlait, puisque, en réalité, depuis 2 heures de l'après-midi, c'était lui qui avait donné des ordres aux chefs de corps, et annihilé ceux du général en chef ; mais, à la fin, le souci des intérêts de l'armée qui s'était battue, malgré l'absence de ses chefs, avec le plus admirable courage, l'emporta dans l'esprit et le cœur du général de Wimpffen sur les préoccupations personnelles. Il imposa silence à ses griefs, et à 8 heures et demie, il se rendit auprès de l'Empereur, résigné à remplir la douloureuse mission qu'on réclamait de lui ; il comprenait si bien la gravité que cette résolution présentait que, en quittant son hôtel, il dit à ses officiers :

« Allons! je sens que je vais briser mon épée; mais je ne puis refuser à l'armée mon concours, dans une pareille circonstance. »

CONCLUSION

Après une journée de lutte opiniâtre et sanglante, la bataille de Sedan aboutissait donc à une immense catastrophe : à l'impuissance absolue d'une grande armée, entièrement paralysée, étouffée, en rase campagne, dans un cercle de fer infranchissable, et réduite implacablement à mettre bas les armes. C'était la sanction logique et fatale d'une longue série de lourdes fautes, dont on trouve peu d'exemples dans l'histoire militaire.

Les irrésolutions du maréchal de Mac-Mahon, ses imprudences, son imprévoyance et son inconscience du danger, les emplacements défectueux dans lesquels il s'était attardé, où il s'était laissé surprendre et attaquer, suffisaient, seuls déjà, pour rendre la victoire de l'ennemi menaçante. Les avantages des positions de ce dernier, sa grande supériorité numérique en hommes et en artillerie, l'incomparable puissance de celle-ci, la sûreté des plans du grand état-major allemand, conçus et exécutés avec unité, avec vigueur, l'action combinée de deux armées formidables, avaient rendu la défaite inévitable. A 1 heure de l'après-midi, il n'existait plus qu'une faible chance, très périlleuse et hasardée, d'atténuer l'étendue du désastre, en trouvant les lignes ennemies à leur point le plus faible, afin de permettre à une fraction de l'armée française de battre en retraite. Le général de Wimpffen avait tenté de le faire ; mais, grâce aux chefs de corps qui avaient perdu la foi dans les armes, et qui — tandis que le général en chef multipliait les mesures, pour obtenir le plus grand concours de troupes — se réfugiaient auprès d'un souverain sans virilité, pour écrire, sous son ascendant, l'un, l'ordre de faire cesser le feu sur toute la ligne, l'autre, une demande d'armistice ; grâce au drapeau blanc qui prescrivait en quelque sorte l'inertie aux soldats qu'on conviait au combat, ce suprême effort était à peine ébauché et beaucoup trop tardif ; il gardait le caractère d'une lutte héroïque, soutenue par des détachements isolés, lutte non moins glorieuse et plus grandiose que celle du dernier carré de Waterloo. Dans ces conditions, la capitulation s'imposait, inéluctable.

Moralement, deux noms français seuls devaient figurer au-dessous de cette capitulation : celui du maréchal de Mac-Mahon, celui de l'Empereur ; le nom du premier, parce qu'il avait préparé ce résultat inouï par ses fautes répétées ; celui du second, parce qu'il l'avait consommé par les déplorables actes d'autorité qu'il avait accomplis, au dernier moment, contre le général en chef.

Nominativement, il est vrai, le général de Wimpffen a été commandant en chef de l'armée de Sedan, depuis 8 heures du matin jusqu'au dénouement ; mais, d'une part, il a hérité du maréchal de Mac-Mahon d'une situation désespérée que ce dernier seul avait créée ; de l'autre, deux chefs de corps se sont, à la fin, soustraits à son commandement ; les soldats, privés de leurs chefs, démoralisés par son prédécesseur et par les funestes mesures de l'Empereur, lui ont opposé une force d'inertie insurmontable ; enfin, ce n'est pas lui qui a donné l'ordre, ni de faire cesser le feu, quand on pouvait lutter utilement encore, ni d'arborer le drapeau blanc au moment le plus critique de la bataille, ni d'envoyer un parlementaire à l'ennemi.

Par conséquent, c'est par suite de convenances et de formalités militaires que les deux principaux auteurs du désastre de Sedan ont été dispensés de la constatation définitive et du premier châtiment de leurs pernicieuses actions.

Heureusement, l'histoire est là pour dissiper ces subtiles distinctions et pour répartir plus équitablement les responsabilités ; ses jugements seront impitoyables pour le maréchal, pour l'Empereur ; elle ne pourra pas exonérer de tout blâme, malgré leur admirable vaillance, ni le général Ducrot, ni le général Douay, ni le général Lebrun lui-même ; mais elle n'aura que du respect et de la sympathie pour l'infortuné général de Wimpffen qui s'est sacrifié avec tant d'abnégation et de dévouement chevaleresques, pendant toute la journée du 1er septembre 1870, et dont le plus profond dépit a été de ne pouvoir offrir, ce jour-là, sa vie, en dernier holocauste à sa patrie.

CHAPITRE IV

LA CAPITULATION

L'Empereur donne pleins pouvoirs au général de Wimpffen pour traiter des conditions de la capitulation. — Discussion des conditions de la capitulation entre les plénipotentiaires allemands et les plénipotentiaires français. — Rupture des pourparlers de capitulation. — Retour du général de Wimpffen à Sedan. — Intentions de l'Empereur. — Conseil de guerre des généraux. — L'Empereur tente de s'aboucher avec le roi de Prusse. — Il est éconduit. — Signature du protocole de la capitulation. — Proclamation du général de Wimpffen à l'armée de Sedan. — Pertes matérielles subies par l'armée française et par l'armée allemande à la bataille de Sedan.

L'EMPEREUR DONNE PLEINS POUVOIRS AU GÉNÉRAL DE WIMPFFEN POUR TRAITER DES CONDITIONS DE LA CAPITULATION.

En se rendant à l'invitation pressante que l'Empereur lui avait adressée, le général de Wimpffen trouva la cour de la sous-préfecture de Sedan remplie d'une multitude de personnages appartenant à la maison impériale. L'un d'eux, continuant son rôle d'officieux à outrance, dans ces heures tragiques, tenta même d'empêcher le général de Wimpffen de pénétrer dans la résidence de l'Empereur, en lui affirmant que celui-ci était en conférence avec le prince impérial que, en réalité, on avait fait fuir en Belgique depuis deux jours. Volontiers on eût imposé au général de Wimpffen une demande d'audience préalable, par respect de l'étiquette.

Irrité par ces puérilités, le général de Wimpffen éleva la voix, et déclara qu'il se retirerait s'il n'était pas immédiatement reçu; de leur côté, les deux officiers d'ordonnance dont il était accompagné, le comte d'Ollone et le marquis de Laizer, exprimèrent avec véhémence l'indignation que leur causaient de pareils procédés.

A la suite de quelques allées et venues, le général de Wimpffen fut enfin introduit dans le cabinet de l'Empereur. Le général Castelnau, d'autres aides de camp et les chefs de corps d'armée s'y trouvaient réunis, tenant conseil. A cette vue, le général de Wimpffen ne put maîtriser l'expression des sentiments qui l'agitaient depuis plusieurs heures, et s'adressant à l'Empereur, il lui dit:

— Sire, la tentative que je vous ai proposée a échoué, parce que mes ordres n'ont pas été exécutés, parce que vos généraux ont refusé de m'obéir.

Une grande clameur s'éleva dans l'entourage de l'Empereur, et le général Ducrot, qui s'était jusque-là tenu dans l'ombre, surgissant tout à coup devant le général de Wimpffen, l'interpella avec colère, en s'écriant:

— Que dites-vous? Qui a refusé de vous obéir?

Serait-ce moi ? Hélas ! vos ordres n'ont été que trop bien exécutés ; si nous avons subi un affreux désastre, c'est à votre présomption que nous le devons. Seul, vous en êtes responsable ; si vous n'aviez pas arrêté le mouvement de retraite que j'avais ordonné, nous serions maintenant en sûreté à Mézières, ou du moins, hors des atteintes de l'ennemi.

Le général de Wimpffen répondit avec beaucoup de sang-froid au général Ducrot :

— Si je suis un incapable, c'est une raison de plus pour que je ne conserve pas le commandement.

Mais le général Ducrot riposta :

— Puisque votre ambition vous a poussé à m'enlever l'honneur de sauver l'armée, en battant en retraite sur Illy, c'est à vous que revient la honte de la capitulation.

— Je n'ai pensé à prendre le commandement en chef, répondit le général de Wimpffen, qu'en vous voyant ordonner une retraite, qui aurait précipité la défaite et qui nous aurait fait immédiatement déposer les armes. J'ai cru que mon devoir et notre honneur nous prescrivaient de chercher, dans la prolongation de la lutte, d'autres chances de succès. Je n'ai pas obtenu le résultat que j'espérais, mais je suis tout prêt à en supporter les conséquences. Je me sens assez fort et assez dévoué pour pourvoir encore aux derniers intérêts de l'armée. Du reste, général, je ne suis pas venu pour discourir avec vous et pour écouter vos oiseuses protestations ; veuillez vous retirer.

Le général Ducrot que rien ne pouvait désabuser et qui persistait, malgré les événements, à déplorer la non-exécution de son projet de retraite sur Mézières, était dans une extrême exaltation; il fallut que l'Empereur et ses familiers intervinssent pour qu'il consentît à sortir.

A la fin, le général de Wimpffen, s'étant trouvé seul avec l'Empereur, lui déclara qu'il était résolu à remplir jusqu'au bout le pénible rôle que la fatalité lui imposait.

L'Empereur écrivit alors la lettre suivante, qui investissait le général de Wimpffen de tous les pouvoirs nécessaires pour traiter avec l'ennemi :

L'empereur Napoléon III ayant donné le commandement en chef au général de Wimpffen, à cause de la blessure du maréchal de Mac-Mahon, qui l'empêchait de remplir son commandement, le général de Wimpffen a tous les pouvoirs pour traiter des conditions à faire à l'armée, que le roi reconnaît avoir vaillamment combattu.

NAPOLÉON.

Le général de Wimpffen se disposa aussitôt à exécuter la douloureuse mission dont ce mandat le chargeait; mais, auparavant, pour le repos de sa conscience, il crut devoir prendre le conseil de tous les généraux de l'armée française, et leur demander s'ils croyaient ou non qu'il fût possible de prolonger la résistance, en défendant la place forte dans laquelle l'armée était enfermée. Une vingtaine de généraux répondirent à son appel; parmi eux, le général de Wimpffen interrogea plus particulièrement le général Forgeot qui commandait l'artillerie, le général Dejean qui commandait le génie. Tous deux déclarèrent que la place de Sedan était hors d'état de supporter un siège, et qu'elle était, en outre, dénuée de vivres et de munitions de guerre.

Cependant, les généraux Ducasse, Pellé et Carrey de Bellemare protestèrent contre toute idée de capitulation; mais, invités par leurs collègues à proposer une autre solution, ils furent obligés de se récuser.

En conséquence, le général de Wimpffen se mit en route pour le quartier général ennemi, vers 9 heures du soir. A ce moment, un nouveau parlementaire prussien arrivait, pour adresser une dernière sommation. Il se chargea de conduire le général de Wimpffen auprès de son général en chef.

DISCUSSION DES CONDITIONS DE LA CAPITULATION ENTRE LES PLÉNIPOTENTIAIRES ALLEMANDS ET LES PLÉNIPOTENTIAIRES FRANÇAIS.

C'est dans le salon d'une habitation de Donchery, occupée par M. de Bismarck, que les plénipotentiaires allemands et français se rencontrèrent, et que les débats relatifs à la capitulation furent ouverts, à 10 heures du soir.

Les Allemands étaient représentés par le général de Moltke, accompagné du quartier-maître général de Podbielski et de l'état-major général; d'après l'ordre du roi, le chancelier fédéral, comte de Bismarck, assistait aussi aux pourparlers, pour régler les questions politiques qui pourraient surgir; le capitaine prussien, comte de Nostitz, sténographiait, séance tenante, les observations échangées.

Quant à l'armée française, elle avait pour représentants le général de Wimpffen, le général Faure, le général Besson, le comte d'Ollone, le marquis de Laizer, et le capitaine d'Orcet, du 4ᵉ régiment de cuirassiers. Le général Castelnau, représentant l'Empereur, s'était en outre joint au cortège du général en chef.

Au centre du salon se trouvait une table carrée recouverte d'un tapis rouge; à l'un des côtés de cette table, le général de Moltke prit place, avec M. de Bismarck à sa gauche, et le général de Blumenthal à sa droite; du côté opposé, le général de Wimpffen s'assit seul; les généraux et officiers qui l'accompagnaient se tinrent derrière lui.

Le général de Wimpffen, ayant fait connaître ses pouvoirs, présenta d'abord aux plénipotentiaires allemands le général Castelnau, qui, interrogé par le comte de Moltke sur l'objet de sa mission, répondit qu'il venait apporter une communication verbale et officieuse de l'Empereur; mais cette communication ne pouvait être faite utilement qu'à la fin de la conférence, à laquelle, d'ailleurs, il n'avait point qualité pour prendre autrement part. Après ces préliminaires, les pourparlers s'engagèrent et durèrent depuis 10 heures jusqu'à minuit.

« Tout en gagnant Donchery, dit le grand état-major prussien dans la *Guerre franco-allemande*, le comte de Bismark et le général de Moltke avaient sérieusement examiné jusqu'à quel point il serait possible de ménager un adversaire vaincu, après avoir vaillamment résisté. Tous deux demeuraient cependant d'accord pour reconnaître que les Français, qui n'avaient pu prendre leur parti de bonne grâce, alors qu'il ne s'agissait cependant que de succès obtenus sur des tiers, ne sauraient, à plus forte raison, accepter avec résignation leur propre défaite, et tenir compte au vainqueur de sa générosité. »

C'est-à-dire que les plénipotentiaires allemands étaient arrivés à la conférence avec la résolution bien arrêtée d'être impitoyables et que toutes les instances du général de Wimpffen en faveur de son armée se heurtèrent à une détermination inébranlable.

Aussi, dès qu'il eut déclaré que, malgré son désir de continuer la lutte, il se présentait en parlementaire, conformément à la volonté de l'Empereur, dans l'espoir d'obtenir les conditions les plus honorables, le général de Moltke répondit :

— Les plénipotentiaires allemands exigent, comme clause première, que l'armée française dépose les armes et se constitue prisonnière de guerre, en un mot, qu'elle capitule sans conditions.

Le général de Wimpffen exposa alors qu'il lui était impossible de se porter garant de la conclusion d'une capitulation aussi dure pour l'armée et aussi blessante pour l'honneur de la nation française.

— Par son courage, l'armée française, dit-il, mérite d'être mieux traitée. Ne pourrait-elle pas obtenir une capitulation dans les conditions suivantes :

« On vous remettrait la place et son artillerie; vous laisseriez l'armée se retirer avec ses armes, ses bagages et ses drapeaux, à la condition de ne plus servir pendant cette guerre contre la Prusse; l'Empereur et les généraux s'engageraient pour l'armée, et par écrit, aux mêmes conditions; puis cette armée serait conduite dans une partie de la France, désignée par la Prusse dans la capitulation ou en Algérie, pour y rester jusqu'à la conclusion de la paix. »

Mais, dit le grand état-major prussien, « les considérations examinées par le comte de Bismarck et le général de Moltke, en venant à Donchery, l'emportaient sur le vif désir du plénipotentiaire allemand d'épargner, autant qu'il le pourrait, l'amour-propre militaire de l'adversaire ; il restait convaincu que des obligations purement morales ne sauraient suffire, et que, dans l'intérêt de l'Allemagne, une garantie matérielle était indispensable pour assurer d'une manière durable l'avantage obtenu ».

Le comte de Moltke répétait donc qu'il s'en tenait rigoureusement à une capitulation sans conditions, et que, dans le cas où elle ne serait pas acceptée, il se verrait contraint de l'obtenir par les armes, dans la matinée suivante.

M. de Bismarck appuya cette déclaration en disant :

— Sans nul doute, la valeureuse résistance de votre armée mérite les conditions les plus honorables, car avec une centaine de mille hommes vous avez combattu contre deux cent vingt mille. Nous rendons justice au commandant énergique et aux braves soldats qui ont prolongé la lutte durant presque toute une journée ; mais c'est la France qui a déclaré la guerre. L'Allemagne désire le prompt rétablissement de la paix ; nous ne devons donc négliger aucun moyen de diminuer la durée de la lutte, et l'un des plus efficaces est de priver la France d'une armée importante par elle-même, plus importante encore par les éléments qui la composent, et qui sont aptes à fournir des cadres à des armées nouvelles. Aussi, est-ce après en avoir délibéré, que nous avons décidé que votre armée déposera les armes et sera conduite prisonnière en Allemagne.

Le général de Wimpffen répondit que ces conditions étaient inacceptables, que l'armée française n'était pas abattue, et que si on voulait la déshonorer à ce point, il préférait l'appeler aux armes, pour une lutte suprême.

— « Général, riposta aussitôt M. de Moltke, toute tentative de résistance de votre part est désormais impossible. Certes, vous avez des troupes excellentes; vos infanteries d'élite sont remarquables; votre cavalerie est intrépide; votre artillerie a un dévouement admirable, et nous a fait beaucoup de mal; mais une grande partie de votre infanterie est démoralisée ; nous avons fait aujourd'hui des milliers de prisonniers non blessés.

« Il ne vous reste pas plus de 80 000 hommes; dans de pareilles conditions, vous essaieriez vainement de percer nos lignes, car j'ai autour de vous actuellement 220 000 hommes et 500 bouches à feu, dont 300 sont déjà en position pour tirer sur Sedan: les 200 autres y seront demain, au point du jour. Notre artillerie, des hauteurs qu'elle occupe, peut anéantir vos troupes, avant qu'elles aient eu le temps d'opérer le moindre mouvement. Quant à vous défendre dans Sedan, cela est encore plus impossible : vous n'avez pas pour 48 heures de vivres, et vous n'avez plus de munitions. »

Le général de Moltke offrit même au général de Wimpffen de faire vérifier ses assertions, en envoyant un des généraux qui l'accompagnaient, examiner les positions de l'armée allemande et de ses batteries, afin de se convaincre de l'inanité d'une plus longue résistance.

Néanmoins le général de Wimpffen insista opiniâtrément pour que l'armée ne fût pas condamnée à se rendre prisonnière en Allemagne ; il invoqua comme précédents les capitulations de Mayence, de Gênes et d'Ulm.

— L'engagement de ne pas servir pendant la durée de la guerre, dit-il, n'est-il pas aujourd'hui, comme alors, une garantie suffisante ?

— Peut-être, répondit M. de Bismarck, pourrait-on discuter sur de telles bases, si vous aviez un gouvernement durable et solidement établi. Mais êtes-vous sûr d'avoir demain le gouvernement que vous avez aujourd'hui ? Pouvez-vous répondre que celui-là ratifiera ces conditions ? Vous ne le pouvez pas.

« Dans la situation instable où se trouve le pays, un nouveau gouvernement peut surgir, qui, sans tenir compte des engagements contractés, appellerait aux armes la nation tout entière, comme en 1792. Plus de vingt fois d'ailleurs, dans le cours du dernier siècle, les peuples germaniques ont eu à subir les injustes agressions de la France ; celle-ci, bien certainement, cherchera encore à prendre sa revanche de la défaite actuelle. Il nous faut des garanties qui nous permettent de pouvoir enfin vivre en paix, et votre proposition ne nous donnerait aucune sécurité.

— Mais, répliqua le général de Wimpffen, il n'existe pas chez nous de pouvoir assez fort pour obliger des officiers à manquer à leur parole.

— Nous nous en rapportons complètement, dit le comte de Bismark, à la parole des officiers français, et peut-être sera-t-il possible de leur accorder certains avantages, sous l'engagement de ne pas combattre pendant la guerre et de ne pas servir d'instructeurs. Mais ces avantages ne sauraient s'étendre aux soldats. Du reste, nous ne refusons pas d'éviter tout ce qui pourrait vous blesser, ainsi que vos troupes. Vous déposerez vos armes dans les magasins où nous les ferons prendre, et vous n'aurez à vous soumettre à aucune des cérémonies d'usage, à la sortie de la place de Sedan.

Le comte de Bismarck, parlant ensuite de la paix, déclara que la Prusse avait l'intention, bien arrêtée, d'exiger non seulement une indemnité de guerre de quatre milliards, mais encore la cession de l'Alsace et de la Lorraine allemande, « seule garantie, pour nous, conclut-il, car la France nous menace sans cesse, et il faut que nous ayons, comme protection solide, une bonne ligne stratégique avancée ».

Le général de Wimpffen répondit :

— Vous obtiendrez sans doute les milliards, mais on ne cédera pas une portion de territoire sans une lutte acharnée et si la France devait succomber et se voir forcée, pour obtenir la paix, d'abandonner l'Alsace et la Lorraine, cette paix ne serait qu'une trêve durant laquelle, de l'enfant au vieillard, on apprendrait le maniement des armes, pour recommencer avant peu une guerre terrible dans laquelle l'un des deux peuples disparaîtrait comme grande nation de la carte de l'Europe.

— La France, répliqua le ministre du roi Guillaume, ne nous a pas pardonné Sadowa. Quelles que soient les conditions de paix que nous lui accordions, elle ne nous pardonnera pas notre victoire sur elle-même. Elle voudra venger sa défaite : aussi est-ce précisément, parce que la lutte devra recommencer, que nous devons, dès aujourd'hui, prendre des garanties sérieuses contre vous, si nous voulons que nos succès portent des fruits durables.

— C'est une erreur de croire que la France voulait la guerre, répondit le général de Wimpffen ; elle y a été entraînée par une agitation toute de surface. Notre nation est plus pacifique que vous ne le pensez ; toutes ses aspirations sont maintenant portées vers l'industrie, le commerce, les arts et peut-être trop vers le bien-être et le luxe ; ne la forcez pas à reprendre l'habitude des armes. Si vous vous montrez modérés dans la victoire, si vous n'irritez pas notre fibre patriotique par une demande de cession de territoire, en vous bornant à exiger une juste indemnité, vous pouvez être assuré que les deux pays vivront dans une paix sincère et durable.

— Après l'effort que l'Allemagne vient de faire, répliqua M. de Bismark, elle en voudrait à la Prusse si le roi se contentait de paroles et d'argent ; elle veut des garanties matérielles qui assurent son repos, car elle ne sera peut-être pas en état de renouveler avant cinquante ans une pareille guerre, nécessitant de si grands sacrifices. Il faut donc, dès aujourd'hui, que nous prenions ces garanties et que vous consentiez à être prisonniers de guerre, ainsi que nous l'avons décidé.

— Ou bien, ajouta froidement M. de Moltke, dès demain, au point du jour, nous recommencerons le feu.

— Quant à moi, répondit le général de Wimpffen, commandant en chef par suite d'un incident de la bataille, je ne puis me résoudre à accepter de pareilles conditions sans les avoir exposées aux généraux qui commandaient l'armée sous mes ordres.

Et il sollicita un armistice de vingt-quatre heures, pour convoquer un conseil de guerre. A ce moment, le général Castelnau, prenant la parole, dit timidement:

— Je crois l'instant venu de transmettre le message de l'Empereur.

— Nous vous écoutons, général, dit brièvement M. de Bismarck.

— L'Empereur, continua le général Castelnau, m'a chargé de faire remarquer à Sa Majesté le roi de Prusse qu'il lui avait envoyé son épée sans conditions, et s'était personnellement rendu absolument à sa merci; mais qu'il n'avait agi ainsi que dans l'espérance que le roi serait touché d'un si complet abandon, qu'il saurait l'apprécier, et que, en considération, il voudrait bien accorder à l'armée française la capitulation honorable à laquelle son courage lui donne droit.

— Est-ce tout? demanda M. de Bismarck.

— Oui, répondit le général Castelnau.

— Mais quelle est l'épée qu'a rendue l'Empereur Napoléon III? Est-ce l'épée de la France, ou son épée, à lui? Si c'est celle de la France, les conditions peuvent être singulièrement modifiées, et votre message aurait un caractère des plus graves, car il équivaudrait à une proposition de paix.

— C'est seulement l'épée de l'Empereur, ajouta le général Castelnau.

— En ce cas, dit en toute hâte le général de Moltke, cela ne change rien à la situation : l'Empereur obtiendra pour sa personne tout ce qu'il lui lui plaira de demander.

Puis, s'adressant de nouveau au général de Wimpffen, il lui déclara qu'il ne pouvait accepter sa proposition d'armistice.

— La trêve, dit-il, expire demain à 4 heures du matin; si d'ici là la capitulation n'est pas signée, à 4 heures précises j'ouvrirai le feu. Il m'est impossible de rien changer aux premières mesures que nous avons indiquées.

— Eh bien ! répliqua avec dignité le général de Wimpffen, il m'est également impossible à moi de signer la capitulation que vous exigez ! Nous recommencerons la bataille.

Puis il se leva. Déjà, on avait fait demander les chevaux des parlementaires français, et les négociations allaient être rompues dans ces graves conditions, lorsque M. de Bismarck, reprenant la parole, dit au général de Wimpffen :

— Oui, général, vous avez de vaillants et d'héroïques soldats ; je ne doute pas qu'ils ne fassent demain des prodiges de valeur, et ne nous causent des pertes sérieuses. Mais à quoi cela servirait-il ? Demain soir, vous ne serez pas plus avancé qu'aujourd'hui ; vous aurez seulement, sur la conscience, le sang de vos soldats et des nôtres, que vous aurez fait couler inutilement. Qu'un moment de dépit ne vous fasse pas rompre la conférence! M. le général de Moltke va vous convaincre, je l'espère, que tenter de résister, serait folie de votre part.

En effet, le général de Moltke reprit :

— Je vous affirme de nouveau qu'une percée ne pourra réussir, quand même vos troupes seraient dans les meilleures conditions possibles. Indépendamment de la grande supériorité numérique de mes hommes et de mon artillerie, j'occupe des positions d'où je puis brûler Sedan en quelques heures ; ces positions commandent toutes les issues par lesquelles vous pouvez essayer de sortir du cercle où vous êtes enfermés, et il est impossible de les enlever.

— Alors, dit le général de Wimpffen, je profiterai de l'offre que vous avez bien voulu me faire au début de la conférence ; j'enverrai un officier vérifier ces positions, et, à son retour, je prendrai une décision.

— C'est inutile, répliqua le général de Moltke, d'un ton assez impératif ; vous pouvez me croire ; il est superflu de réfléchir davantage : il est minuit, la trêve expire à 4 heures ; vous n'avez plus que quatre heures pour vous décider ; je ne vous accorderai pas un instant de sursis.

Cependant, sur les instances de M. de Bismarck, le général de Moltke consentit à attendre jusqu'à 9 heures du matin. Le plénipotentiaire allemand n'accorda d'ailleurs ce délai qu'en déclarant de nouveau qu'à 9 heures le feu recommencerait, si ces conditions n'étaient pas acceptées [1]. Toutefois, tandis que les parlementaires français reprenaient le chemin de Sedan, dit le grand état-major prussien « comme il n'était point douteux que l'armée ennemie, complètement battue et à peu près cernée, serait obligée de se soumettre aux clauses, telles qu'elles avaient été formulées, l'état-major du grand quartier général s'occupait, dans la nuit même, de rédiger le texte de la capitulation ».

---

[1]. « L'attitude du général de Wimpffen, ainsi que celle des autres généraux français, dans la nuit du 1er septembre, dit M. de Bismarck dans son rapport au roi, a été des plus dignes. Ce brave officier ne pouvait s'empêcher, vis-à-vis de moi, d'exprimer son chagrin profond de ce que, 48 heures après son arrivée d'Afrique, et une demi-journée après avoir pris le commandement, il lui fallait mettre son nom au bas d'une capitulation si fatale pour les armes françaises. Néanmoins le manque d'approvisionnements, de munitions, et l'impossibilité absolue de prolonger la défense, imposaient au général le devoir d'étouffer ces sentiments personnels, car une plus grande effusion de sang n'aurait rien changé à la situation. »

D'autre part, le comte d'Ollone, dans une lettre qu'il a adressée au général de Wimpffen, 29 juillet 1871, au moment où il allait comparaître devant la commission de la Chambre, lui dit :

« Je vous félicite de cette comparution, car, contrairement à beaucoup d'autres, vous n'avez qu'à gagner à ce que la lumière se fasse sur le rôle que vous avez joué, avant et pendant la capitulation de Sedan. Un fait tout à fait ignoré, par exemple, c'est votre attitude, si digne et si nette, pendant votre entretien avec Bismarck à Donchery, et la manière dont vous avez défendu votre armée pendant cette nuit néfaste ; vous y avez déployé une véritable éloquence et une grande érudition militaire, invoquant, avec à-propos, l'histoire des capitulations passées. Personne ne sait, non plus, que vous êtes rentré à Sedan, après avoir refusé de capituler...

« Si je pouvais vous être utile pour corroborer peut-être vos souvenirs sur quelque point, par les miens, n'hésitez pas à m'appeler. J'irai à vous, toute affaire cessante. »

RUPTURE DES POURPARLERS DE CAPITULATION. — RETOUR DU GÉNÉRAL DE WIMPFFEN A SEDAN. — INTENTIONS DE L'EMPEREUR. — CONSEIL DE GUERRE DES GÉNÉRAUX.

A 1 heure du matin, le général de Wimpffen rentrait à Sedan, profondément affligé ; il se rendit chez l'Empereur qu'il trouva couché.

— Sire, lui dit-il, on me propose les conditions les plus dures pour l'armée. J'ai tenté sans succès d'en obtenir de meilleures. Je ne compte plus que sur vos démarches personnelles, pour nous sortir aussi honorablement que possible de notre horrible situation.

Et le général de Wimpffen, ayant mis l'Empereur au courant des conditions de la capitulation, obtint de lui la promesse que, à 5 heures du matin, il partirait pour le quartier général allemand et s'efforcerait d'agir sur le roi lui-même, pour tempérer la rigueur des exigences de ses plénipotentiaires.

Puis, ayant quitté l'Empereur, et ne pouvant, avec les angoisses qui l'agitaient, songer au moindre repos, le général parcourut la ville pendant le reste de la nuit. Il s'entretint, la mort dans l'âme, avec les officiers, les soldats, et avec de braves habitants qui lui offrirent de le cacher, et de lui fournir les moyens de s'échapper.

— Général, lui répétait sans cesse l'un d'eux, ne signez pas cette capitulation ; rentrez à Paris, vous pourrez encore rendre des services à la patrie.

Mais la conscience du général de Wimpffen ne lui permettait pas même de rêver l'évasion ; son devoir lui commandait de représenter jusqu'à la dernière heure la malheureuse armée, dont il avait un instant dirigé la résistance; en dépit de toutes les amertumes, de toutes les humiliations, de toutes les souffrances personnelles consécutives qu'un pressentiment secret lui faisait entrevoir, il était résolu à le remplir. Il attendit donc avec impatience la réunion de tous les généraux, qu'il avait convoqués en conseil de guerre pour 7 heures du matin. Une trentaine de généraux répondirent à cette convocation. « En proie à la plus vive émotion, dit le général Lebrun, les larmes aux yeux, la parole entrecoupée par des sanglots », le général de Wimpffen fit à ses compagnons d'armes le récit de la tragique entrevue qu'il avait eue, pendant la nuit, avec le comte de Moltke et M. de Bismarck, et il leur demanda d'émettre leur avis sur la capitulation qu'ils exigeaient.

Le général Carrey de Bellemare, rompant le premier le funèbre silence, qui avait régné durant cette communication, déclara que les conditions proposées étaient inacceptables, et qu'il fallait, coûte que coûte, se défendre dans la place. Le général Pellé proposa une sortie; mais ces deux généraux, informés, le premier qu'il n'y avait pas dans toute la ville pour une journée de vivres, le second que l'ennemi occupait les portes mêmes de Sedan, adhérèrent, comme tous leurs collègues, à la nécessité de la capitulation.

En conséquence, le procès-verbal suivant fut rédigé et signé, au nom de tous, par les commandants de corps d'armée :

LA BATAILLE DE SEDAN.

Au quartier général à Sedan, le 2 septembre 1870.

Aujourd'hui 2 septembre, à 7 heures du matin, un conseil de guerre, auquel ont été appelés les généraux commandant les corps d'armée, les généraux commandant les divisions et les généraux commandant en chef l'artillerie et le génie de l'armée, a été réuni.

Le général commandant a exposé ce qui suit :

D'après les ordres de l'Empereur et comme conséquence de l'armistice intervenu entre les deux armées, j'ai dû me rendre auprès de M. le comte de Moltke, chargé des pleins pouvoirs du roi de Prusse, dans le but d'obtenir les meilleures conditions possibles pour l'armée refoulée dans Sedan après une bataille malheureuse.

Dès les premiers mots de notre entretien, je reconnus que M. le comte de Moltke avait malheureusement une connaissance parfaite de notre situation, et qu'il savait très bien que l'armée manquait absolument de vivres et de munitions. M. de Moltke m'a appris que, dans la journée d'hier, nous avions combattu une armée de deux cent vingt mille hommes qui nous entourait de toutes parts. — « Général, m'a-t-il dit, nous sommes disposés à faire à votre armée, qui s'est si vaillamment battue aujourd'hui, les conditions les plus honorables; toutefois, il faut que ces conditions soient compatibles avec les exigences de la politique de notre gouvernement. Nous demandons que l'armée française capitule. Elle sera prisonnière de guerre; les officiers conserveront leurs épées et leurs propriétés personnelles; les armes de la troupe seront déposées dans un magasin de la ville pour nous être livrées. »

Le général a demandé aux officiers généraux qui faisaient partie du conseil de guerre, si, dans leur pensée, la lutte était encore possible ; la grande majorité a répondu par la négative. Deux généraux seuls ont exprimé l'opinion que l'on devait, ou se défendre dans la place, ou chercher à sortir de vive force. On leur a fait observer que la défense de la place était impossible parce que les vivres et munitions manquaient absolument; que l'entassement des hommes et des voitures dans les rues rendait toute circulation impossible; que dans ces conditions, le feu de l'artillerie ennemie, déjà en position sur toutes les hauteurs environnantes, produirait un affreux carnage, sans aucun résultat utile; que le débouché était impossible puisque l'ennemi occupait déjà les barrières de la place et que ses canons étaient braqués sur les avenues étroites qui y conduisent. Ces deux officiers généraux se sont rendus à l'avis de la majorité.

En conséquence, le conseil a déclaré au général en chef qu'en présence de l'impuissance matérielle de prolonger la lutte, nous étions forcés d'accepter les conditions qui nous étaient imposées, tout sursis pouvant nous exposer à subir des conditions plus douloureuses encore.

De Wimpffen, A. Ducrot, Général Lebrun,
F. Douay, Général Forgeot, Ch. Dejean.

La rédaction de ce procès-verbal qui ne put être signé par le général de Wimpffen que dans l'après-midi, n'était pas encore terminée, quand le capitaine de Singler, de l'état-major du grand quartier général allemand, se fit introduire auprès du général de Wimpffen, et l'informa que si, à 10 heures, la capitulation n'était pas assurée, les hostilités recommenceraient.

Le général de Wimpffen allégua que l'Empereur était allé demander une entrevue au roi de Prusse, et qu'il lui avait prescrit d'attendre son retour pour prendre une résolution; mais le parlementaire prussien déclara que les généraux en chef avaient seuls le pouvoir de régler l'action militaire des deux armées, et que, si le général de Wimpffen refusait de donner la satisfaction qui lui était demandée, il avait ordre, en se retirant, de commander aux batteries allemandes de rouvrir leur feu.

Le général de Wimpffen ne pouvait donc retarder davantage le lugubre dénouement; il suivit le parlementaire prussien et se rendit avec lui au quartier général allemand.

L'EMPEREUR TENTE DE S'ABOUCHER AVEC LE ROI DE PRUSSE; IL EST ÉCONDUIT.

Pendant ce temps, selon la promesse qu'il avait faite au général de Wimpffen, au cours de la nuit, Napoléon III s'était rendu, dans la matinée du 2 septembre, au camp ennemi, accompagné d'une partie de sa maison. Il avait envoyé, devant lui, le général Reille, pour demander une entrevue au comte de Bismarck; il rencontra ce dernier à moitié chemin de la route de Sedan à Donchery.

L'Empereur chemina alors avec M. de Bismarck et lui exprima le désir de voir le roi; mais informé que le quartier général prussien se trouvait à une assez grande distance, à Vendresse, il consentit à s'arrêter dans la pauvre demeure d'un tisserand qui borde la route, à l'entrée de Donchery, pour s'entretenir avec le chancelier.

Le comte de Bismarck demanda aussitôt à l'Empereur s'il était disposé à entrer en négociations au sujet de la paix; mais l'Empereur répondit que c'était au gouvernement de Paris qu'il appartenait de résoudre cette question.

En conséquence, M. de Bismarck fit remarquer à son interlocuteur que la discussion se trouvait exclusivement ramenée sur le terrain militaire, et que c'était avec le général de Moltke qu'il fallait la poursuivre.

Le général de Moltke, averti, vint près de l'Empereur, qui lui demanda d'autoriser l'armée à passer sur le territoire belge. Le général de Moltke repoussa péremptoirement cette proposition, et consentit seulement à voir le roi pour l'informer que l'Empereur sollicitait de lui une entrevue.

Le général de Moltke rencontra sur le chemin de Vendresse le roi Guillaume, qui donna son entière approbation aux conditions de la capitulation, et déclara formellement qu'il ne recevrait pas l'Empereur, tant que ces conditions n'auraient pas été définitivement ratifiées.

L'Empereur venait d'être informé de cet *ultimatum*, quand le général de Wimpffen le rencontra, en se rendant au grand quartier général allemand, qui s'était transporté au château de Bellevue, près de Fresnois.

— Qu'avez-vous obtenu, sire? lui dit-il aussitôt.

— Rien; le roi refuse de me recevoir.

— Alors, tout espoir est perdu; il est impossible de retarder davantage la capitulation, dit le général de Wimpffen. Et il pénétra dans le château de Bellevue, où, dans le salon, tout avait été préparé pour cette néfaste conclusion.

SIGNATURE DU PROTOCOLE DE LA CAPITULATION.

A cette heure suprême, le comte de Bismarck, appréciant la profonde douleur du général de Wimpffen, l'entretint de la manière la plus flatteuse, de l'armée et de lui-même ; mais c'étaient là de simples délicatesses d'homme du monde, qui ne changeaient rien malheureusement à l'implacable rigueur de la capitulation qui, à 11 heures du matin, fut arrêtée et signée sur les bases mêmes, jetées la veille, par l'état-major allemand, dans les termes suivants :

PROTOCOLE.

Entre les soussignés :
Le chef de l'état-major de S. M. le roi Guillaume, commandant en chef de l'armée allemande, et le général commandant en chef de l'armée française, tous deux munis des pleins pouvoirs de Leurs Majestés le roi Guillaume et l'empereur Napoléon, la convention suivante a été conclue :

ARTICLE PREMIER.

L'armée française placée sous les ordres du général de Wimpffen, se trouvant actuellement cernée par des forces supérieures autour de Sedan, est prisonnière de guerre.

ART. 2.

Vu la défense valeureuse de cette armée, il est fait exception pour tous les généraux et officiers, ainsi que pour les employés spéciaux ayant rang d'officier qui engageront leur parole d'honneur par écrit de ne pas porter les armes contre l'Allemagne, et de n'agir d'aucune autre manière contre ses intérêts jusqu'à la fin de la guerre actuelle. Les officiers et employés qui acceptent ces conditions conserveront leurs armes et les objets qui leur appartiennent personnellement.

ART. 3.

Toutes les autres armes, ainsi que le matériel de l'armée consistant en drapeaux (aigles), canons, chevaux, caisses de guerre, équipages de l'armée, munitions, etc., seront livrés à Sedan à une commission militaire instituée par le commandant en chef français, pour être remis immédiatement au commissaire allemand.

ART. 4.

La place de Sedan sera livrée ensuite dans son état actuel, et au plus tard dans la soirée du 2 septembre, à la disposition de Sa Majesté le Roi de Prusse.

ART. 5.

Les officiers qui n'auront pas pris l'engagement mentionné à l'article 2, ainsi que les troupes désarmées, seront conduits, rangés d'après leurs régiments ou corps et en ordre militaire. Cette mesure commencera le 2 septembre et sera terminée le 3. Ces détachements seront conduits sur le terrain bordé par la Meuse, près d'Iges, pour être remis aux commissaires allemands par leurs officiers, qui céderont alors le commandement à leurs sous-officiers.

Les médecins militaires, sans exception, resteront en arrière pour prendre soin des blessés.

Fait à Frénois, le 2 septembre 1870.

DE WIMPFFEN.   DE MOLTKE.

Après avoir signé ce protocole, le général de Wimpffen se rendit dans la partie du château où se trouvait l'Empereur, qui, profondément troublé à la nouvelle que tout était terminé, se jeta dans ses bras en pleurant [1]. Puis, le général de Wimpffen rentra à Sedan, où il arrivait à midi, désespéré par l'immense et douloureuse catastrophe à laquelle il venait, bien malgré lui, de coopérer.

PROCLAMATION DU GÉNÉRAL DE WIMPFFEN A L'ARMÉE DE SEDAN.

Aussitôt le général de Wimpffen fit connaître à l'armée, d'ailleurs très résignée dans son ensemble, le triste sort qui lui était réservé, et il lui adressa la proclamation suivante, après avoir communiqué aux généraux qui s'étaient tenus en permanence à son quartier général les conditions de la capitulation :

Sedan, le 2 septembre 1870.

Soldats !

Hier, vous avez combattu contre des forces très supérieures. Depuis le point du jour jusqu'à la nuit vous avez résisté à l'ennemi avec la plus grande valeur et brûlé jusqu'à votre dernière cartouche. Épuisés par cette lutte, vous n'avez pu répondre à l'appel qui vous a été fait par vos généraux et par vos officiers pour tenter de gagner la route de Montmédy et de rejoindre le maréchal Bazaine. Deux mille hommes seulement ont pu se rallier pour tenter un suprême effort. Ils ont dû s'arrêter au village de Balan, et rentrer dans Sedan, où votre général a constaté

[1]. C'est alors seulement que l'Empereur fut admis à voir le roi Guillaume.

avec douleur qu'il n'existait ni vivres ni munitions de guerre.

On ne pouvait songer à défendre la place, que sa situation rend incapable de résister à la nombreuse et puissante artillerie de l'ennemi.

L'armée, réunie dans les murs de la ville, ne pouvant ni en sortir, ni la défendre; les moyens de subsistance manquant pour la population et pour les troupes, j'ai dû prendre la triste détermination de traiter avec l'ennemi.

Envoyé au quartier général prussien, avec les pleins pouvoirs de l'Empereur, je ne pus d'abord me résigner à accepter les clauses qui m'étaient imposées. Ce matin seulement, menacé d'un bombardement auquel nous n'aurions pu répondre, je me suis décidé à de nouvelles démarches, et j'ai obtenu des conditions, dans lesquelles nous sont évitées, autant qu'il a été possible, les formalités blessantes que les usages de la guerre entraînent le plus souvent en pareilles circonstances.

Il ne nous reste plus, officiers et soldats, qu'à accepter avec résignation les conséquences de nécessités contre lesquelles une armée ne peut lutter : manque de vivres et manque de munitions pour combattre.

J'ai, du moins, la consolation d'éviter un massacre inutile et de conserver à la patrie des soldats susceptibles de rendre encore dans l'avenir de bons et brillants services.

Le général commandant en chef,

DE WIMPFFEN.

PERTES MATÉRIELLES SUBIES PAR L'ARMÉE FRANÇAISE ET PAR L'ARMÉE ALLEMANDE A LA BATAILLE DE SEDAN.

La bataille de Sedan, malgré ses immenses avantages pour l'ennemi, lui avait imposé de grands sacrifices; il perdait 465 officiers, 8 450 hommes, tués ou blessés et 1 063 chevaux.

Mais cette bataille avait pour l'armée française les conséquences les plus désastreuses; non seulement elle nous coûtait déjà 3 000 hommes tués, 14 000 blessés, 21 000 prisonniers, et 3 000 hommes désarmés en Belgique; la capitulation livrait encore 83 000 prisonniers, 66 000 fusils, 6 000 chevaux en état de servir, 419 canons de campagne et mitrailleuses, 139 pièces de remparts, 1 072 voitures de toute espèce.

Les vainqueurs ne recueillaient toutefois qu'une aigle et deux drapeaux, qu'ils avaient arrachés pendant la lutte des mains de leurs porteurs expirants; tous les autres furent mis en pièces, incinérés, ou pieusement cachés par les officiers sous leurs vêtements; on put ainsi les soustraire à la honte de la reddition.

La belle armée de 120 000 hommes dont le général de Palikao, ministre de la guerre, avait cru devoir laisser le commandement au maréchal de Mac-Mahon, avait donc été jetée dans un abîme par ce dernier; moins de quinze jours après sa formation, elle était entièrement anéantie.

CHAPITRE V

LA CAPTIVITÉ DU GÉNÉRAL DE WIMPFFEN

Le général de Wimpffen se constitue prisonnier. — Proclamation du général de Wimpffen aux habitants de Sedan. — Réponse des habitants. — Le général de Wimpffen expédie à Paris son rapport officiel sur la bataille de Sedan. — Incidents relatifs à ce rapport qui n'a jamais été déposé dans les archives du ministère de la guerre. — Polémique du général de Wimpffen avec les aides de camp de l'Empereur et avec l'Empereur lui-même. — Lettres du général de Wimpffen au comte de Moltke, au général Trochu, au cardinal de la Vigerie et à Gambetta.

LE GÉNÉRAL DE WIMPFFEN SE CONSTITUE PRISONNIER.

Le 3 septembre 1870, le général de Wimpffen se soumit au triste sort que la capitulation imposait à l'armée de Sedan; séparé de ses troupes par les autorités ennemies, il se constitua prisonnier, en adressant au comte de Moltke une lettre dans laquelle il le priait de lui indiquer le point du territoire allemand sur lequel il devait se rendre, et sollicitait seulement d'être envoyé dans le royaume de Wurtemberg.

Le comte de Moltke ne mit aucun obstacle à ce désir; il autorisa même le général de Wimpffen à prendre la route de la Belgique avec ses officiers, à condition de s'engager par écrit à se rendre à Aix-la-Chapelle, et de se constituer prisonnier de guerre auprès des autorités militaires de cet endroit.

La lettre du comte de Moltke se terminait par ce paragraphe :

Je prie Votre Excellence d'être persuadée que je sens profondément ce que les événements des derniers jours ont eu de pénible pour un général dont la longue carrière militaire m'inspire une haute estime.

PROCLAMATION DU GÉNÉRAL DE WIMPFFEN AUX HABITANTS DE SEDAN. — RÉPONSE DES HABITANTS.

Avant de quitter Sedan, le général de Wimpffen crut devoir adresser, au nom de l'armée, aux habitants de cette ville, la proclamation suivante :

Le général commandant les troupes dans les journées du 1er et 2 septembre vous remercie de l'hospitalité sans limites que vous leur avez accordée. Vous vous êtes imposé les plus dures privations pour satisfaire aux exigences d'hommes blessés, épuisés ou malades par suite de luttes successives.

Vous laissez dans le cœur de tous un sentiment de reconnaissance qu'il était de mon devoir de vous exprimer.

De la part de tous merci.

Le général de division,
DE WIMPFFEN.

Les habitants de Sedan répondirent au général de Wimpffen, après la guerre, par une adresse couverte de plusieurs centaines de signatures, et conçue dans ces termes :

A M. le général de Wimpffen.

Les soussignés, habitants et anciens gardes nationaux de la ville de Sedan, croient devoir vous témoigner toute leur gratitude et leur estime la plus sincère, pour avoir tenté, par un acte d'héroïsme digne d'un soldat, d'épargner à notre malheureuse cité l'opprobre qui s'est attaché à son nom depuis le 1er septembre 1870.

Nous sommes intimement convaincus que, conservant jusqu'au dernier moment la déférence et le respect dus à l'Empereur, vous ne vous êtes résigné que contraint et forcé à signer une capitulation sans exemple dans notre histoire militaire, et que vous vouliez à tout prix éviter.

En voulant tenter un suprême effort, pour épargner au souverain la honte de rendre son épée, vous accomplissiez non seulement le devoir le plus sacré, vous évitiez à la France les défaillances qui ont suivi.

Lorsque, enveloppé de toutes parts, et dès le commencement de la journée, n'ayant plus de retraite possible, vous poussiez ce cri, traditionnel dans l'armée française : En avant! vous vous montriez un digne descendant des soldats d'Arcole et de Rivoli.

Bien que privée pour le moment de vos services, nous osons espérer, Monsieur le général, que l'armée retrouverait en vous, en face de nouveaux dangers, le héros d'Afrique, de Crimée et d'Italie, pour venger la cité de Turenne.

Veuillez agréer, Monsieur le général, l'expression de nos sentiments distingués.

Enfin, avant son départ, le général de Wimpffen adressait encore au général de Moltke la lettre suivante :

Sedan, 3 septembre 1870.

Monsieur le Comte,

J'ai l'honneur de vous adresser M. l'intendant militaire Vigo-Roussillon, pour traiter de la question des blessés, au point de vue des stipulations de la convention de Genève, avec telle personne que vous jugerez à propos de désigner.

Je suis convaincu que Votre Excellence, suivant les lois de l'humanité, a assuré tous les soins possibles aux blessés de l'armée française ; mais je désire cependant recommander à son examen scrupuleux la situation du maréchal de Mac-Mahon, que je sais être, par la nature de sa blessure, dans la catégorie des militaires incapables de reprendre du service après guérison.

Veuillez agréer, Monsieur le comte, l'assurance de ma haute considération.

Le général de division,
DE WIMPFFEN.

Puis le général de Wimpffen prit le chemin de la captivité avec ses officiers d'ordonnance, ne pouvant soupçonner que les autorités militaires allemandes se livreraient, à l'égard de l'armée prisonnière, à des vexations et à des négligences inhumaines, dont quelques écrivains ont bien gratuitement imputé la responsabilité à l'absence du général de Wimpffen ; car il laissa à Sedan, pour le représenter et pour veiller à l'exécution des clauses de la capitulation, le général Faure, chef d'état-major général de l'armée française, qui resta jusqu'à l'entière évacuation des troupes, et ne partit que le 11 septembre avec le dernier convoi d'officiers.

LE GÉNÉRAL DE WIMPFFEN EXPÉDIE A PARIS SON RAPPORT OFFICIEL SUR LA BATAILLE DE SEDAN. — INCIDENTS RELATIFS A CE RAPPORT QUI N'A JAMAIS ÉTÉ DÉPOSÉ DANS LES ARCHIVES DU MINISTÈRE DD LA GUERRE.

Le général de Wimpffen, ayant quitté Sedan le 4 septembre, s'arrêta, le 5, à la frontière belge, dans le petit village de Fayes-les-Veneurs, pour rédiger son rapport sur la bataille.

Ce rapport fut accompagné de la lettre confidentielle suivante, qui faisait connaître les exigences de l'ennemi :

Belgique, Fayes-les-Veneurs, 5 septembre 1870.

Monsieur le ministre,

J'ajouterai à mon rapport que, d'après les conversations que j'ai eues avec le comte de Moltke et le comte de Bismarck, les puissances allemandes paraissent décidées à ne pas quitter le sol français, avant d'avoir obtenu une cession de territoire.

L'Allemagne, disent-ils, s'est imposé de trop grands sacrifices pour être en mesure de les renouveler de longtemps. Elle a éprouvé dans ses armées des pertes trop considérables, pour ne point exiger de sérieuses compensations matérielles, qui amoindrissent l'action d'un peuple turbulent comme le nôtre.

C'est donc en prévision d'exigences de ce genre que doivent se placer les pouvoirs qui dirigent en ce moment les affaires de la France.

Le général en chef,

DE WIMPFFEN.

Le rapport officiel du général de Wimpffen sur la bataille de Sedan exposait sincèrement les raisons militaires, pour lesquelles il s'était opposé au mouvement de retraite du général Ducrot, et les ordres stériles qu'il avait donnés, pour opérer, dans l'après-midi du 1er septembre, un vigoureux mouvement offensif, en compagnie de l'Empereur; il fut expédié au ministre de la guerre, en double exemplaire, par deux messagers qui ont rendu compte au général de Wimpffen de leur mission, dans les termes suivants:

Paris, ce 7 septembre 1870.

Mon général,

J'ai l'honneur de vous rendre compte qu'arrivé hier, ici, vers 9 heures du soir, je n'ai pas cru devoir aller de suite déranger Son Excellence le ministre de la guerre à une heure si tardive; mais, ce matin, 7 septembre, à 8 heures et demie, je remettais à M. le général Le Flô, ministre de la guerre, le pli cacheté que vous m'avez fait l'honneur de me confier.

M. le ministre n'a pas eu le temps, pressé qu'il était, de prendre connaissance de tout son contenu. Je n'ai donc pu avoir de rapports ni de conversation avec lui au sujet de ce qui s'est passé.

Recevez, mon général, l'assurance du plus profond respect de votre très obéissant et très respectueux subordonné

Baron A. DE MONTLIVAULT,
Ex-chef de bataillon au 30e de ligne,

Le second porteur du rapport du général de Wimpffen lui adressa la lettre ci-dessous:

Cambrai, le 9 septembre 1870.

Mon général,

Hier 8, à 10 heures du matin, j'ai remis à M. le Ministre de la guerre lui-même la dépêche et le rouleau que vous avez daigné me confier.

J'ai l'honneur de vous adresser le reçu de Son Excellence.

Je suis avec un profond respect, mon général, votre très humble et très obéissant serviteur,

A. LUBET,

Chef d'escadron de gendarmerie.

A cette lettre était jointe l'enveloppe même qui avait renfermé le rapport du général de Wimpffen, et sur laquelle était écrite, de la main du général le Flo, la mention que voici :

Reçu le pli confié aux soins du commandant Lubet.

Le ministre de la guerre,
LE FLO.

Ainsi, les deux exemplaires du rapport du général de Wimpffen sur la bataille de Sedan sont bien parvenus au ministre qui avait succédé au général de Palikao. Cependant ce rapport n'a jamais figuré dans les archives du ministère de la guerre, et il ne fut inséré au *Journal officiel,* ni dans son texte, ni par extraits.

Le général de Wimpffen fut seulement informé de ce fait inouï, après le siège de Paris, par la lettre suivante :

LA BATAILLE DE SEDAN. 271

Paris, 9 mars 1871.

Mon général,

Je viens d'arriver à Paris, après cinq longs mois de traitement et d'alitement non interrompu, à la suite de ma blessure et d'un violent typhus qui a failli m'emporter à plusieurs reprises, et après un mois de tentatives infructueuses pour me faire échanger avant l'armistice.

Je me suis présenté au Ministère, où j'ai appris un fait des plus tristes, au point de vue de l'honnêteté politique et d'une injustice révoltante. Je le tiens du colonel de Clermont-Tonnerre, chef de cabinet du général Le Flô.

C'est à cet officier qui a à peine l'honneur de vous connaître, qu'a été remis votre rapport sur la bataille de Sedan. C'était le jour de l'arrivée à Paris du général Ducrot. Votre rapport fut présenté au ministre de la guerre qui promit de le faire connaître à la France, par la voie de l'*Officiel*, comme de justice. Mais une influence puissante, protectrice du général Ducrot, s'y opposa, et la pièce a disparu.

J'ai pensé que vous voudriez bien me pardonner, mon général, la liberté que je prends de venir traiter moi-même avec vous un sujet aussi délicat. Mais je me suis cru autorisé à venir vous faire connaître ce qui s'était passé, à raison de toute la bonté que vous avez bien voulu me témoigner, pendant la triste journée que j'ai eu l'honneur de passer à vos côtés.

Personne à Paris ne soupçonne la vérité sur Sedan. Les quelques amis auxquels je l'ai fait connaître étaient profondément étonnés de la relation que je leur en faisais, qu'ils trouvaient en désaccord avec tout ce qu'ils avaient lu à ce sujet. Tout le monde ignore le rôle du général Ducrot; votre abnégation, lorsque vous lui laissâtes le commandement, après la blessure du maréchal de Mac-Mahon, pour ne le reprendre qu'après qu'il eut tout compromis, par l'abandon de nos meilleures positions; l'ingérence fatale de Bonaparte dans le commandement; sa rentrée dans la ville avant 4 heures, et sa capitulation, malgré votre lettre; l'épisode du drapeau blanc à Balan, et la non-exécution de vos ordres par les ex-aides de camp impériaux. Tout cela appartient à l'histoire, et a été arraché à la publicité.

Ne jugeriez-vous pas à propos, mon général, de faire parvenir ici un duplicata de votre rapport, et d'exiger son insertion dans les feuilles publiques? Les hommes qui s'y étaient opposés n'ont plus actuellement aucun crédit, et n'ont su mourir qu'en paroles ou sauver les armées qu'après coup.

Je ne sais si cette lettre vous parviendra encore à Stuttgard, mon général, mais j'espère qu'on vous l'expédiera à votre nouvelle adresse. Au cas où vous désireriez avoir quelque autre détail sur toute cette triste affaire, je me mets entièrement à votre disposition.

Je vous prie, mon général, de vouloir bien agréer l'expression de mon plus profond respect.

E. D'ORMESSON.

P. S. — Je ne sais, mon général, si vous avez eu connaissance de deux lettres qui ont paru vers la fin de septembre : l'une, d'un officier d'ordonnance du général Ducrot, d'après laquelle la bataille aurait été perdue, parce qu'on n'a pas suivi les inspirations du général; la seconde, du général Ducrot lui-même, qui dit qu'il professe le mépris le plus profond pour les généraux qui ont attaché leur signature à la capitulation. Le général Wolff lui aurait répondu très vertement, paraît-il?

Les faits révélés dans cette lettre furent confirmés au général de Wimpffen, lorsqu'il se présenta au ministère de la guerre, le 19 mars 1871, par le colonel de Clermont-Tonnerre lui-même.

Grâce à cette dissimulation et à ce travestissement de la vérité, — travestissement d'autant plus audacieux de la part du général Ducrot, qu'il était l'un des signataires du procès-verbal du conseil de guerre, qui avait reconnu la capitulation inévitable — tout ce qui avait amené la bataille de Sedan et causé sa perte, demeurait ignoré; il se produisait une véritable substitution de personne dans l'opinion non éclairée qui faisait retomber sur le général de Wimpffen toute la responsabilité de la capitulation qu'il avait signée; il était considéré comme le principal auteur du désastre, et on organisait contre lui un système de calomnies et une prévention générale, qui tendait à faire de sa personne le bouc émissaire de la malédiction publique.

Tandis que ceci se passait à l'insu du général de Wimpffen, à Paris et en France, il était, en Allemagne même, l'objet du dénigrement de l'Empereur et de son entourage.

POLÉMIQUE DU GÉNÉRAL DE WIMPFFEN AVEC LES AIDES DE CAMP DE L'EMPEREUR ET AVEC L'EMPEREUR LUI-MÊME.

L'Empereur, ayant fixé sa résidence à Wilhemshöhe, près de Cassel, chercha bientôt à reconstituer sa cour; il attira près de lui ses aides de camp, ses favoris, et les divers généraux qui lui étaient particulièrement attachés. On se garda bien d'inviter le général de Wimpffen à faire partie du cortège du souverain déchu; mais on lui adressa la lettre suivante :

Château de Wilhelmshöhe, près Cassel,
12 septembre 1870.

Mon général,

L'Empereur, ayant appris par les journaux que vous étiez à Stuttgard, me charge de vous écrire pour vous prier de nous donner de vos nouvelles et quelques indications sur les officiers que vous avez près de vous. Vous comprenez le désir de Sa Majesté de savoir ce que chacun est devenu; aussi, seriez-vous très aimable de faire connaître ce que vous avez pu apprendre sur le sort de ceux que vous avez rencontrés.

Je me félicite de cette mission près de vous, car vous m'avez répété souvent que vous n'avez pas oublié votre vieux camarade qui vous assure de ses sentiments respectueux et dévoués.

Comte REILLE.

Au reçu de cette lettre, le général de Wimpffen demanda au général Faure les détails que désirait l'Empereur. Le général Faure l'informa, par une lettre du 17 septembre : que le maréchal de Mac-Mahon, blessé, avait été transporté dans un château, près de Sedan, à Pourru-aux-Bois; que les généraux Douay et Lebrun étaient internés à Coblentz; que le général Ducrot s'était sauvé de Pont-à-Mousson, déguisé en paysan; enfin, que tous les officiers avaient été dirigés de Pont-à-Mousson sur Coblentz, et placés ensuite dans les villes de la Prusse Rhénane qui avaient des garnisons prussiennes, de Mayence à Bonn. Le général Faure ajoutait que le général Pellé, qui avait traité la capitulation de honteuse, et protesté contre elle, dans une lettre écrite à sa famille, puis publiée dans les journaux, avait été mandé à Coblentz, devant une réunion de généraux. « Le général Douay l'avait très vertement traité, disait le général Faure, et lui avait reproché, avec raison, de vouloir se poser sur un piédestal, et faire blanc de son épée aux dépens de ses camarades. »

Le général de Wimpffen envoya tous ces renseignements à l'Empereur, et lui communiqua très loyalement une copie du rapport qu'il avait adressé au ministre de la guerre. L'Empereur lui répondit :

Général,

J'ai lu votre rapport officiel sur la bataille de Sedan. Il contient deux assertions que je dois relever.

Si je n'ai pas répondu à votre appel pour faire une trouée vers Carignan, c'est qu'elle était impraticable, comme l'expérience vous l'a prouvé, et la tentative, je le prévoyais, ne pouvait avoir d'autre résultat que de coûter la vie à un grand nombre de soldats.

Je n'ai consenti à faire arborer le drapeau blanc que lorsque, de l'avis de tous les chefs de corps d'armée, toute résistance était devenue impossible. Je n'ai donc pas pu contrarier vos moyens d'action.

Croyez, général, à mes sentiments.

NAPOLÉON.

Cette lettre, qui prétendait réfuter les assertions du général de Wimpffen, contenait elle-même deux déclarations radicalement fausses ; car non seulement l'Empereur avait contrarié toutes les mesures du général de Wimpffen, mais encore il avait pris spontanément l'initiative de faire arborer le drapeau blanc, avant d'avoir vu aucun des chefs de corps, comme l'ont établi tous les documents ultérieurs et les propres déclarations des généraux Douay, Ducrot et Lebrun. Par ce fait, le général de Wimpffen commençait à être averti du soin qu'on allait mettre à dénaturer ses intentions, et de l'interprétation désobligeante que l'Empereur et ses défenseurs prétendaient donner à la tentative à laquelle il avait convié le premier.

Des incidents plus significatifs vinrent encore l'éclairer.

Dans la *Patrie* du 11 septembre parut une lettre à laquelle le général de Wimpffen était parfaitement étranger, mais qui, en rendant une entière justice à ses efforts, incriminait la résistance que l'Empereur lui avait opposée. Cet article jeta l'alarme dans la petite cour de Wilhelmshöhe, plus que ne l'avait fait le rapport même du général de Wimpffen. D'ailleurs, on commençait, dans la presse européenne, à traiter couramment l'Empereur « d'homme de Sedan, d'homme fatal » ; il fallait réagir, et tenter de faire une dernière fois illusion à l'histoire. Les aides de camp de l'Empereur adressèrent à l'*Indépendance belge*, qui avait reproduit l'article de la *Patrie*, une protestation véhémente, qui parut dans le numéro de ce journal, du 16 septembre 1870.

Dans cette protestation, les généraux : prince de la Moskowa, de Castelnau, de Vaubert de Genlis, comte Reille, vicomte Pajol, ne craignaient pas d'affirmer :

Que le général de Wimpffen avait proposé à Sa Majesté, non pas de sauver l'armée, mais de sauver sa personne, en la plaçant au milieu d'une forte colonne, avec laquelle on tâcherait d'atteindre Carignan ;... que l'Empereur avait refusé de sacrifier encore un grand nombre de soldats pour se sauver ;... enfin, qu'il était complètement faux de dire que le général en chef avait été combattu par l'Empereur dans ses idées et dans les ordres qu'il avait pu donner.

Le général de Wimpffen ne pouvait laisser passer une pareille protestation sans réponse ; il adressa à l'*Indépendance belge* l'article suivant, auquel était joint le texte authentique du billet qu'il avait fait porter à l'Empereur, le 1er septembre, par MM. de Saint-Haouen et de La Nouvelle :

En adressant à Sa Majesté l'invitation de venir se mettre au milieu de ses troupes, le but du général était de lui éviter le profond chagrin de se voir prisonnier, et d'user du prestige de sa personne sur l'armée pour déterminer un mouvement d'ensemble, sans lequel une trouée était impossible.

L'Empereur n'accueillit point cette proposition, et fit arborer, à l'insu du général de Wimpffen, le drapeau blanc à la citadelle, en même temps qu'il envoyait un officier de sa maison en parlementaire.

Le drapeau blanc fut maintenu, malgré les protestations du général et son refus de négocier ; les parlementaires ennemis furent reçus au quartier impérial.

Tous ces actes qui sont du ressort du commandement en chef, ont nui à l'exécution des derniers mouvements offensifs.

Il n'est donc pas exact de dire que le général n'a pas été combattu dans ses idées et dans les ordres qu'il a pu donner.

C'est un sentiment de haute convenance qui l'empêcha,

dans sa lettre de démission, de spécifier que tel était le motif de son refus de signer l'armistice. Il ne se résigna au rôle de négociateur qu'après avoir lu la réponse honorable de Sa Majesté.

Les aides de camp de l'Empereur se le tinrent pour dit et ne ripostèrent pas ; mais le général Lebrun entra dans la lice, et fit publier à son tour, dans les journaux belges, une nouvelle critique contre les opérations du général de Wimpffen. Le général Lebrun était poussé à agir ainsi par l'Empereur lui-même, car il faisait la déclaration suivante dans son article:

Si je romps aujourd'hui le silence que je m'étais imposé, c'est que je suis mis dans l'impossibilité de me taire. *On* m'interroge en effet, et *l'on* veut savoir de moi si le général de Wimpffen m'a donné réellement l'ordre dont il est question dans le billet qu'il a fait porter à l'Empereur.

Le général Lebrun affirmait catégoriquement qu'il n'avait point reçu cet ordre, et que même le général de Wimpffen ne lui avait pas, un seul instant de la journée, parlé de son intention d'opérer une retraite dans la direction de Carignan. Le général de Wimpffen se contenta d'opposer au général Lebrun, écrivant sous l'inspiration de l'Empereur, le général Lebrun, écrivant sous l'inspiration des événements, et disant, dans son rapport officiel du 3 septembre :

Toutefois, mon général, voyant que mes troupes tenaient toujours bon sur le plateau de la Moncelle et la route de Stenay, dans le village de Bazeilles, vous fûtes d'avis que le seul parti à prendre était de forcer le passage par cette dernière route, afin de gagner Carignan, et de là, Montmédy.

Le général de Wimpffen affirma en outre que, non seulement il avait parlé au général Lebrun de son intention de faire une trouée sur Carignan, mais qu'il lui avait donné verbalement, lui-même, entre 1 et 2 heures, l'ordre positif de commencer ce mouvement, en même temps qu'il expédiait des officiers aux 1er et 7e corps, pour faire soutenir le 12e.

A cette assertion, le général Lebrun opposa une lettre acrimonieuse, à laquelle le général de Wimpffen s'abstint de répondre, pour terminer cette polémique; afin de réfuter les attaques dont il était l'objet, et qu'il pressentait devoir devenir plus hardies dans la suite, il s'occupa de rassembler tous les documents relatifs à la bataille de Sedan, pour les coordonner, et en écrire l'histoire véridique. Il consacra à cette occupation la plus grande partie de sa captivité; mais, tout en songeant à sa défense personnelle, il ne se désintéressa pas un seul jour des graves événements dont la patrie était le théâtre, ainsi que l'atteste une volumineuse correspondance qu'il expédia en France du fond de son exil par la frontière suisse, et d'où il est intéressant d'extraire quelques lettres remarquables.

LETTRES DU GÉNÉRAL DE WIMPFFEN AU COMTE DE MOLTKE, AU GÉNÉRAL TROCHU, AU CARDINAL DE LA VIGERIE ET A GAMBETTA.

D'abord, le général de Wimpffen écrivit au comte de Moltke pour protester contre l'odieuse inquisition dont étaient victimes les officiers français prisonniers, qui voyaient chaque jour violer le secret des lettres qu'ils recevaient ou qu'ils expédiaient. Cette lettre était ainsi conçue :

Monsieur le Comte,

Lorsque furent déterminées, avec Votre Excellence, les conditions d'après lesquelles devaient être traitées les troupes placées sous mes ordres, j'aurais eu l'honneur de vous entretenir d'une certaine exigence blessante, si j'avais pu prévoir qu'on dût l'appliquer d'une façon si rigoureuse, et dans des limites d'utilité très contestables.

Il peut paraître nécessaire d'exiger l'examen des lettres de prisonniers agglomérés, pour y découvrir peut-être les causes d'agitation et de désordre ; mais appliquer la même règle à des officiers isolés, sans contact avec les troupes, me semble tout à fait injustifié.

J'ai eu, en Algérie, au commencement de la guerre, des prisonniers allemands, et comme bien-être moral, je laissais aux matelots aussi bien qu'aux officiers, toute liberté pour leur correspondance.

C'est une exagération odieuse et inutile, que d'obliger des officiers de tous grades, y compris les généraux et les maréchaux, à déposer leurs lettres ouvertes, entre les mains de simples employés des ministères, et même, lorsqu'ils sont absents, entre les mains d'un portier; d'autre part, il n'est pas moins odieux de voir violer le secret des lettres qu'ils reçoivent, quels que soient leur point de départ et leur origine, qui sont faciles à vérifier par le simple examen des empreintes extérieures qu'elles portent.

Cette manière d'agir n'est, je pense, que l'exécution d'une consigne qu'on n'ose pas interpréter, bien qu'on en reconnaisse l'inefficacité, puisque les officiers prisonniers ont mille autres moyens de communiquer leurs observations et leurs pensées ; ne serait-ce que par l'intermédiaire des Allemands qui habitaient la France avant la guerre, et qui, désireux de retourner dans ce pays, sont heureux de saisir les occasions de donner une marque d'intérêt à des personnes dont ils peuvent avoir ultérieurement besoin d'invoquer l'appui.

Je pense qu'il suffira, Monsieur le comte, de signaler à Votre Excellence cette situation que la durée même de l'exil rend profondément pénible, pour qu'Elle s'empresse d'en faire diminuer la rigueur.

Agréez, etc...

DE WIMPFFEN.

D'autre part, en apprenant que le général Trochu était nommé président du gouvernement de la Défense nationale, le général de Wimpffen s'empressa de lui écrire :

Monsieur le Président,

Je n'ai quitté l'Afrique que pour prendre part à une lutte désespérée, et pour voir mon nom attaché à une capitulation qu'on ne pouvait éviter.

Ce résultat me fait désirer plus que personne, de me retrouver au nombre des hommes courageux, combattant nos ennemis. Je prie donc Votre Excellence, si des échanges peuvent s'opérer, par suite de succès que j'espère, de vouloir bien ne pas m'oublier, en raison même du malheur qui m'a frappé.

J'ai la confiance que, dans de nouveaux combats, je trouverai une mort glorieuse, ou que je saurai prouver que je suis digne du commandement qui m'avait été confié.

Veuillez agréer, etc.

DE WIMPFFEN.

Au cardinal de la Vigerie, le général de Wimpffen écrivait :

Cannstatt, 10 octobre 1870.

Monseigneur,

C'est un prisonnier qui en appelle à Votre Grandeur, non pour que vous lui envoyiez des consolations, mais pour vous dire combien il est peiné de ne point entendre des voix d'évêques consacrer hautement par leurs vœux et leurs bénédictions la glorieuse défense de la France surprise, pour repousser un ennemi qui ne tend à rien moins qu'à détruire la première puissance catholique.

Il ne faut pas s'y tromper : avec le roi Guillaume marche le protestantisme, et la guerre actuelle est, pour la majorité des peuples de l'Allemagne, à la fois religieuse et politique. Le protestantisme domine en ce moment de l'autre côté du Rhin, et pense à transformer ou à réduire à son action tout ce qui tient à la cour de Rome.

Les officiers et soldats huguenots prétendent que notre faiblesse provient non seulement des fautes de notre gouvernement, mais encore des dissolvants que fait naître la religion catholique. En présence de cette situation, je voudrais que nos évêques fissent entendre partout des paroles d'encouragement et de bénédiction pour les défenseurs de la patrie, et que les prêtres eussent comme instruction de les accompagner, de les aider dans leurs marches, dans leurs combats, en exaltant leur moral.

Je ne demande pas au clergé qu'il prenne les armes comme au temps de nos premiers rois, mais qu'il imite le prêtre vendéen, bravant les fatigues et les dangers, et au besoin apprenant aux faibles comment on doit mourir.

En France, chacun aura ainsi payé de sa personne pour l'indépendance de la patrie, pour l'intégrité de son territoire, enfin pour la conservation d'une prépondérance nécessaire aux peuples catholiques et aux aspirations libérales des races latines.

Vous, Monseigneur, primat d'Afrique, homme énergique et puissant, vous me paraissez des plus dignes pour donner une pareille impulsion, la seule qui soit capable aujourd'hui de faire concourir au même but toutes les forces vives de notre nation, et de la porter aux plus grands sacrifices.

Parlez, et votre éloquente parole sera répétée; elle précipitera le résultat que j'indique et provoquera le découragement chez nos envahisseurs. Le moment est venu où votre clergé doit faire sentir son action, et se constituer, ainsi qu'à d'autres époques, comme un des fermes soutiens de la grandeur de la France. Si nos évêques et nos prêtres n'agissent pas, et si la France est condamnée à consentir à un traité honteux, soyez persuadé, Monseigneur, qu'elle en demandera un compte sévère non seulement à ceux qui n'auront pas su la défendre, mais encore à ceux qui seront demeurés inactifs. Des révolutions surgiront, et les masses mécontentes, rudement éprouvées, ne respecteront plus rien.

Il peut en être autrement, si la France a entendu, au milieu de ces terribles épreuves, la voix de ses chefs religieux, si ses prêtres ont su marcher et mourir en compagnie de ses autres enfants.

Je n'ai rien à vous dire de moi, si ce n'est que je ne suis arrivé à l'armée que pour assister à des défaites que rien ne pouvait conjurer. Les braves troupes placées sous mon commandement ont lutté, le 1er septembre, au nombre de 65 000 homme à peine contre 220 000, de 5 heures du matin à 6 heures et demie du soir, et si j'avais été seul maître, je me serais à ce moment ouvert un passage par une voie qui n'était plus que faiblement gardée. Ma fortune militaire a été brisée dans cette journée, et c'est après avoir lutté contre mes instincts de résistance quand même, que je me suis sacrifié à mon devoir, en signant une malheureuse capitulation.

Veuillez agréez, Monseigneur, l'assurance de ma haute considération.

De Wimpffen.

Enfin, le général de Wimpffen adressa à Gambetta, ministre de la guerre, à Tours, plusieurs lettres, pour l'éclairer sur l'état des forces allemandes et sur les mesures qu'il croyait propres à seconder l'énergique résistance qu'il opposait à l'ennemi. Nous empruntons à cette correspondance les deux lettres remarquables qui suivent.

Cannstatt, 15 octobre 1870.

Monsieur le Ministre,

Un jeune officier vient de me remettre un travail consciencieux sur nos premières opérations de guerre, et particulièrement sur la bataille de Sedan ; c'est une page d'histoire que je crois convenable de vous envoyer. Veuillez prendre connaissance de cette pièce qui, reposant sur des rapports authentiques, prouve combien j'ai dû déployer de courage et d'abnégation dans la journée du 1er septembre. Mon mortel regret, dans le malheur qui m'a si cruellement frappé, est de ne pouvoir consacrer ce que j'ai de savoir et d'énergie, à participer avec vous à la guerre sainte que vous dirigez.

Je suis heureux d'apprendre que le général Bourbaki a quitté Metz pour se rendre à Tours ; c'est un homme d'une rare énergie, des plus capables, qui, je n'en doute pas, donnera une impulsion énergique aux troupes qui lui seront confiées.

Si je ne puis avoir le même bonheur, et si des renseignements sur l'Allemagne vous sont de quelque utilité, je suis à votre disposition. On exerce la plus grande surveillance sur les lettres que j'expédie ou que je reçois, mais j'ai su trouver des intermédiaires sûrs.

L'Allemagne, monsieur le ministre, épuise en ce moment ses ressources en hommes, en armes et en finances, et si vous arrivez à galvaniser nos populations, de manière à faire une vigoureuse guerre de partisans, nous ne tarderons pas à entendre de nombreuses lamentations chez nos voisins. Plus notre résistance s'accentuera, plus vous pourrez montrer d'exigences et amoindrir les prétentions de nos adversaires. Si vous êtes grandement embarrassé, soyez convaincu que le roi Guillaume et ses ministres commencent à éprouver de vives inquiétudes; ils ne sont peut-être pas éloignés de voir avec plaisir les puissances neutres s'interposer entre eux et nous. A moins que Paris ne soit dans une situation désespérée, le gouvernement qui s'y trouve doit bien se garder de montrer de la condescendance.

Du reste, il est certain que le pouvoir qui signera une paix froissant l'honneur de la France, et surtout amoindrissant son territoire, ne pourra survivre chez elle. Le meilleur moyen d'assurer le maintien de la République, c'est de lutter sans trêve, tout notre pays dût-il éprouver les horreurs de la guerre!

Si jamais un corps d'armée français peut, de Belfort ou de tout autre point, se jeter au delà du Rhin, il trouvera le duché de Bade et le Wurtemberg dépourvus de soldats; il y existe encore des hommes en état de combattre; mais ils n'ont ni armes, ni chefs, et rien n'est prêt pour leur en donner. C'est vous dire combien ces contrées seraient à notre merci, à la moindre décomposition des armées allemandes actuellement chez nous.

Agréez, monsieur le ministre, l'assurance de mon estime et de mes vœux les plus sincères pour votre patriotique entreprise.

De Wimpffen.

Peu de temps après, le général de Wimpffen écrivait encore au grand patriote :

Monsieur le Ministre,

Un journal anti-national qui attaque tous vos actes, et des renseignements fournis par des officiers prisonniers, venus de l'armée de la Loire, me font apprécier toutes les difficultés que vous avez à surmonter, pour former des armées, et pour arriver à les mettre en état de ligne avec avantage.

Quoique éloigné, j'applaudis à vos nobles et courageux efforts, et j'admire le rôle que vous vous êtes imposé.

Continuez votre œuvre, monsieur le ministre, quels que soient vos mécomptes et le mauvais vouloir d'une certaine partie de la population qui préfère une vie honteuse et la conservation de ses richesses à l'intégrité du sol de la patrie, à tout ce qui fait sa puissance et sa gloire.

Si l'on déposait aujourd'hui les armes, si l'on accordait aux Allemands ce qu'ils réclament, provinces et milliards, les mêmes gens qui vous résistent, seraient les premiers à vous accuser, à vous maudire, à vous traîner aux gémonies.

Il faut continuer cette lutte opiniâtre qui, tout semble l'indiquer, amènera la ruine de nos envahisseurs, les épuisera et les forcera à proposer des conditions acceptables.

Je vous ai dit dans de précédentes lettres combien le mécontentement se faisait jour partout ; maintenant, les plaintes ne sont plus déguisées, elles deviennent publiques, et la levée du nouveau contingent de 150000 hommes rencontre de sérieuses difficultés.

D'autre part, on éprouve de très nombreux obstacles pour approvisionner l'armée d'invasion ; des troupeaux de bœufs et de porcs sont abattus sous nos yeux, salés et expédiés en barils ; cependant, dernièrement sous les murs de Paris, tout un corps d'armée est resté quarante-huit heures sans distribution de vivres.

La misère est très grande dans cette immense réunion d'hommes, et il suffirait de l'augmenter pour provoquer un profond découragement. La discipline a contenu jusqu'à ce jour les murmures qui se formulent au loin, et c'est pour parer au danger de cette situation que les armées prussiennes cherchent à s'étendre sur toute la France, autant pour vivre que pour triompher de notre résistance.

Diverses mesures sont propres à augmenter la position critique de nos ennemis; il faut d'abord continuer à reconstituer nos forces sur la Loire, en avant et autour de Lyon et de Besançon, en Normandie, en Bretagne et dans les départements du Nord; puis, ne plus tarder à faire des opérations offensives dans toutes les directions. Par la multiplicité des attaques, par des pointes hardies entre les armées ennemies et sur leurs derrières, vous arriverez à soustraire leurs vivres, leurs fourrages, et à empêcher leur ravitaillement.

Déclarez en outre que tout particulier qui fournira des produits à nos armées, sera payé en argent ou recevra des bons remboursables par l'État, et que, dans les pays menacés, les habitants qui feront notoirement détruire les animaux et les fourrages dont ils sont propriétaires, seront indemnisés. Enfin, décrétez que tout citoyen qui, après la publication de ces instructions, livrera ou laissera prendre ses produits par l'ennemi, sera puni de la prison ou d'une amende proportionnée à sa fortune. Vous arriverez ainsi à tarir les ressources que l'ennemi trouve chez nous, et vous le ferez peut-être souffrir autant qu'en lui livrant bataille.

Pourquoi des cavaliers bien armés, bien montés, voyageant la nuit, se cachant dans les bois, ne se jetteraient-ils pas sur les lignes ferrées, pour les couper, pour brûler les gares et pour piller les convois? D'un autre côté, des bandes de partisans à pied, jeunes et robustes, pourraient tenter les mêmes entreprises, et opérer contre les convois chargés de vivres et de munitions de guerre.

L'armée de la Loire vient de remporter un succès d'avant-garde; mais il faut qu'elle soit vigilante, qu'elle s'éclaire au loin, car l'ennemi sait manœuvrer vite; l'absence de renseignements et les marches rapides de l'adversaire ont été jusqu'ici les principales causes de nos désastres. Méfiez-vous donc, dans votre lutte actuelle, de l'arrivée d'une seconde armée qui s'éloignerait momentanément de Paris, comme celle du prince de Saxe s'est éloignée de Metz pour concourir à la bataille de Sedan.

Je m'arrête, monsieur le ministre, bien que, dans les tristesses de la captivité et sous l'empire du profond regret que j'éprouve de ne pouvoir combattre avec vous comme chef ou comme volontaire, ce soit pour moi une bien grande consolation de vous donner des renseignements utiles, et de vous exprimer mes vœux.

C'est à vous de préférence que je m'adresse en effet, parce que je vois en vous un homme énergique, capable, dévoué à la patrie, et voulant à tout prix sauver la France d'une paix honteuse.

Agréez, monsieur le ministre, l'assurance de mon estime et de mon admiration.

De Wimpffen.

Quand le général de Wimpffen rentra en France, en mars 1871, il était de plus en plus animé de ces sentiments à l'égard de l'immortel patriote qui a pris rang dans l'histoire de France, en dépit des calomniateurs, à côté de Vercingétorix, de Jeanne d'Arc et de Danton, et son premier souci fut d'aller les lui manifester verbalement.

CHAPITRE VI

LA CAPITULATION DE SEDAN
DEVANT LE CONSEIL D'ENQUÊTE

Le général de Wimpffen, ayant refusé, comme nous l'avons dit dans sa biographie, d'accepter un commandement contre la Commune de Paris, se retira à Alger en disponibilité ; il ne tarda pas à reconnaître que la calomnie avait fait son œuvre pendant sa captivité. Non seulement on ne rendait justice ni au dévoûment ni au patriotisme dont il avait fait preuve dans la bataille de Sedan, mais l'ignorance et la malveillance publiques, perfidement entretenues, le tenaient manifestement pour coupable : sa conduite, incriminée par des adversaires ardents, ne trouvait pas de défenseur, parce qu'elle n'était connue que d'une infime minorité. C'est pourquoi le général de Wimpffen, tout en rédigeant le récit véridique des événements du 1er septembre 1870, qu'il devait publier sous le titre *Sedan*, avec l'épigraphe *Suum cuique,* se réjouit d'apprendre que toutes les capitulations, auxquelles la guerre avait donné lieu, allaient être soumises à un conseil d'enquête. Il écrivit au ministre :

Alger, le 9 juin 1871.

Monsieur le Ministre,

J'ai lu avec satisfaction que vous étiez décidé à traduire devant des conseils de guerre les officiers qui ont pris la responsabilité des capitulations. Je compte sur cette sage mesure pour me disculper de celle de Sedan, et pour faire retomber, sur qui de droit, les fautes qui ont déterminé ce désastre.

Je vous prie, en conséquence, monsieur le ministre, de vouloir bien ordonner qu'il soit procédé pour la capitulation de Sedan comme pour celles de Paris et de Metz.

Le général DE WIMPFFEN.

Le général de Wimpffen ne reçut aucune réponse à cette lettre. En revanche, peu de temps après, le 31 juillet 1871, le ministre de la guerre lui adressa un blâme comminatoire, parce qu'il avait, disait-il, publié sans son autorisation, dans l'*Écho d'Oran*, ses idées sur l'administration de l'Algérie, mais, en réalité, parce que, dans cette publication, le général de Wimpffen avait fait acte d'adhésion à la République, et, incidemment, déclaré « que le désastre de Sedan était dû à l'incapacité du maréchal de Mac-Mahon ». La lettre du ministre, qui renfermait ce blâme, se terminait ainsi :

Je vous prie de vouloir bien me communiquer à l'avenir les documents de toutes sortes que vous destineriez à la publicité, certain, d'ailleurs, qu'ils seront de ma part l'objet de la plus bienveillante attention.

Le général de Wimpffen protesta contre ces observations du ministre, dans la lettre suivante :

Mustapha-Supérieur, le 9 août 1871.

Monsieur le Ministre,

J'ai vu, avec un certain étonnement, qu'un article qui ne traitait point d'affaires militaires m'attirait une lettre de vous, lorsque j'ai en vain attendu une réponse à plusieurs lettres que je vous ai envoyées, et notamment à celles où je sollicitais ma comparution devant un conseil de guerre, afin de me décharger de toute responsabilité au sujet de la capitulation de Sedan.

J'ai l'honneur de porter à votre connaissance, en réponse à votre lettre, que le mauvais vouloir que j'ai rencontré chez votre prédécesseur, que votre mutisme blessant, et que le dépit de n'avoir pas entendu prononcer une seule parole en ma faveur à la Chambre, lorsqu'on exaltait le mérite d'autres généraux très compromis, m'ont forcé à en appeler au public.

Je regrette cette détermination, qu'il vous eût été facile de prévenir, en me répondant avec bienveillance, et en protestant contre les appréciations de mes adversaires. Vous comprendrez, monsieur le ministre, que, sous le coup d'un véritable déluge de critiques, depuis celles du général Ducrot jusqu'à celles du général Pajol, qui n'a certainement pas reçu votre autorisation, il me devenait impossible de garder le silence.

Il me reste, monsieur le ministre, à vous faire remarquer que votre avertissement de ne rien publier sans votre autorisation m'est parvenu trop tard pour arrêter une publication actuellement terminée.

Le général DE WIMPFFEN.

Le général de Cissey répondit cette fois au général

de Wimpffen « qu'il ne pouvait admettre qu'un officier général prît le public pour juge et confident de ses prétendus griefs. J'ai, ajouta-t-il, donné des ordres pour que tous les documents et éléments d'appréciation, nécessaires à l'examen des faits malheureux qui se sont produits durant la dernière guerre, soient réunis le plus activement possible. Dès que ce travail sera terminé, vous recevrez, général, une convocation à comparaître devant vos juges naturels et légaux, et je ne doute pas que leur verdict ne vous soit, de tous points, plus profitable et plus utile que celui que vous avez, bien à tort, de toutes façons, provoqué du public ».

Cependant, le général de Wimpffen attendit longtemps encore cette convocation. Il la reçut seulement le 15 décembre 1871, et se rendit sur-le-champ à Paris. Il fut invité à comparaître, le 26 décembre, devant un conseil d'enquête, séant à huis clos, au ministère de la guerre, et composé du maréchal Baraguey d'Hilliers, président, l'un des acteurs les plus actifs du coup d'État du 2 décembre 1851, et des généraux de division Charon, d'Aurelle de Paladines, d'Autemarre d'Ervillé, de Sévélinge. La convocation portait que le général de Wimpffen était cité en vertu de l'art. 264 du décret du 13 octobre 1863, portant règlement sur le service dans les places de guerre « pour déposer sur les faits relatifs à la capitulation de la *place* de Sedan ».

Avec une subtilité véritablement merveilleuse, on tenta, en effet, de réduire l'examen des événements de la grande bataille de Sedan à la détermination des responsabilités attachées à la capitulation d'une place forte, bien que Sedan eût joué, dans la bataille, un rôle tout à fait insignifiant, et eût, pour ainsi dire, uniquement servi à la dénommer. Cette habile manœuvre avait pour but de maintenir dans l'ombre l'Empereur et surtout le maréchal de Mac-Mahon que M. Thiers voulait préserver de toute atteinte.

Le général de Wimpffen s'efforça de déjouer ce piège. Dans une déposition qui ne dura pas moins de deux heures et demie, il fit un exposé complet de la situation dans laquelle se trouvait l'armée du maréchal de Mac-Mahon, le 30, le 31 août et le 1er septembre, au moment où il en prit le commandement. Il développa très loyalement les raisons qui l'avaient induit à s'opposer au mouvement de retraite sur Mézières, ordonné par le général Ducrot, et les mesures qu'il avait prises, dans l'après-midi, pour tenter de s'ouvrir un passage ; il précisa le rôle de l'Empereur, et les entraves qu'il avait mises à l'exécution de ses ordres. Bref, il plaça la discussion sur son véritable terrain, en déterminant l'ensemble des causes, éloignées et prochaines, qui avaient provoqué la capitulation de Sedan. Mais le conseil et son président, visiblement hostile, le détournèrent fréquemment de cet ordre d'idées, par des questions souvent dépourvues de sens commun. C'est ainsi qu'on poussa la partialité jusqu'à lui reprocher de n'avoir point veillé à ce que les registres, qui doivent être tenus dans toute place de guerre, fussent établis, pendant le siège de Sedan, et de ne pas fournir les journaux du commandant de place, du commandant de l'artillerie, de l'intendant militaire, les registres des délibérations du conseil de défense et du comité de surveillance des approvisionnements de siège.

Toutefois le conseil d'enquête fut suffisamment édifié par cette première déposition du général de Wimpffen sur sa manière de voir, car il ne le convoqua pas une seconde fois. Il se contenta d'entendre ensuite, isolément et toujours à huis clos, les généraux Douay, Ducrot et Lebrun ; enfin — fait inouï ! — il n'appela pas le maréchal de Mac-Mahon, pour lui demander le moindre renseignement.

Le général de Wimpffen, autorisé à conclure, de ce défaut de confrontations, qu'il n'avait à se justifier d'aucune accusation, et qu'on déclarerait qu'il avait loyalement fait son devoir, demanda à regagner sa résidence habituelle, dès qu'il apprit que le conseil d'enquête avait terminé ses travaux, le 12 janvier 1872 ; il retourna confiant, en Algérie. Il venait d'y arriver, quand il reçut, avec stupéfaction, le 23 janvier 1872, communication du jugement qui concernait la capitulation de Sedan, et qui était ainsi conçu :

> Le conseil d'enquête,
> Vu le dossier relatif à la capitulation de la *place* de Sedan ;
> Vu le texte de la capitulation ;
> Sur le rapport qui lui en a été fait ;
> Ouï MM. les généraux de division :
> De Wimpffen, ex-commandant en chef de l'armée de Châlons ;
> Lebrun, commandant du 12e corps de ladite armée ;
> Ducrot, commandant du 1er corps ;
> Douay, commandant du 7e corps ;

Après en avoir délibéré, exprime, comme suit, son avis motivé sur la capitulation de la *place* de Sedan :

Sans se préoccuper des causes plus politiques que militaires qui, après la réorganisation, encore fort incomplète de l'armée de Châlons, ont déterminé le gouvernement de la régence à prescrire l'expédition très dangereuse tentée par cette armée pour secourir le maréchal Bazaine, le Conseil n'a pas non plus à apprécier la manière dont cette expédition a été conduite, jusqu'au moment où, par suite de sa blessure, le maréchal de Mac-Mahon, qui en avait le commandement, le remit au général Ducrot, l'un de ses lieutenants.

Les troupes de l'armée de Châlons, déjà peu sûres d'elles-mêmes, à leur départ du camp, avaient éprouvé des retards dans leur marche, par suite de l'incertitude dans le plan de campagne, et de l'irrégularité dans les distributions. Les mauvais temps qui les assaillirent, les surprises de l'ennemi, la défaite du 5° corps, leur portèrent une atteinte morale qui les avait singulièrement affaiblies et ébranlées; aussi, faut-il bien le constater, elles arrivèrent assez en désordre à Sedan.

Le général Ducrot, auquel le maréchal remit le commandement après sa blessure, se rendait compte de la situation, et, voyant le danger que courait l'armée française, en se laissant enserrer autour de Sedan, prescrivit aussitôt des dispositions de retraite sur Mézières, seule direction dont la route lui paraissait libre en cet instant. Mais à peine une heure s'était-elle passée, et ses ordres recevaient-ils un commencement d'exécution, que le général de Wimpffen, se prévalant d'une lettre qui lui avait été remise par le ministre de la guerre, réclama le commandement en chef, et, désapprouvant les mesures prises par le général Ducrot, sans avoir encore un plan bien arrêté, ainsi qu'il le dit lui-même, mais comptant sur les péripéties de la bataille, pour tenter une combinaison moins désastreuse, prescrivit de reprendre les positions abandonnées par suite des premiers ordres.

Dès lors, le général de Wimpffen assuma toute la responsabilité du commandement.

Ce changement d'impulsion ébranla davantage encore la confiance de l'armée, et y mit le désordre. Le nouveau général en chef ne put ou ne sut complètement se faire obéir. Le 1er corps ne conserva pas toutes ses positions, aussitôt occupées par l'ennemi; et le 7e fut, ainsi que lui, refoulé sur Sedan, où ils apportèrent l'un et l'autre une telle confusion, qu'on dut fermer les barrières de la place.

Pendant que ces événements se passaient, le général de Wimpffen, voyant la vigoureuse résistance du 12e corps, et que l'attaque des Bavarois sur Bazeilles se ralentissait, faiblissait même, avait conçu le projet de concentrer toutes ses forces sur sa droite, et de percer la ligne ennemie, en se portant sur Carignan et Montmédy.

Dans ce but, il avait prescrit au 1er corps de venir le rejoindre, et au 7e de soutenir la retraite. Ces corps, nous l'avons vu, par suite de leur retraite précipitée sur Sedan, étaient loin de pouvoir répondre à son attente : toutefois, le général de Wimpffen, à la tête d'une partie des troupes de la marine, de deux bataillons de zouaves, et du 45e de ligne, s'était jeté sur l'ennemi et se portait sur Balan pour faire coopérer au mouvement les troupes placées de ce côté; quand, arrivé sur l'emplacement où il les supposait, il ne trouva plus personne. Le 12e corps était également rentré à Sedan. Le général de Wimpffen, en allant à la porte de Balan, rencontra le général Lebrun qui, suivi d'un homme portant un drapeau parlementaire, allait demander l'armistice. Le général en chef fit abaisser ce drapeau, et, à la tête de deux mille hommes qu'il put réunir, se rua sur l'ennemi, mais, reconnaissant bientôt son impuissance, rentra lui-même à Sedan.

Lors du refoulement des divers corps sur la place, l'Empereur, dans la pensée d'arrêter une inutile et plus longue effusion de sang, et sans consulter le général en chef, ni les commandants de corps, ainsi qu'ils l'ont unanimement déclaré au conseil, avait fait arborer le drapeau blanc sur la citadelle.

Lorsqu'il se porta sur Balan, pour y faire un dernier effort, le général en chef avait été abordé par un officier d'ordonnance de l'Empereur, qui l'invitait à se rendre au quartier général ennemi, pour y traiter de la capitulation; il avait refusé de se charger de cette mission. Cependant, après sa dernière tentative, il céda aux instances de son souverain.

Le conseil peut facilement apprécier la funeste influence qu'exerça sur l'armée ce changement de trois généraux en chef différents, à quelques heures d'intervalle, et le défaut de suite dans les opérations militaires qui en furent la conséquence. Il peut juger les combinaisons qui se produisirent successivement, les chances de succès ou d'insuccès qu'elles présentaient. Il est de son devoir de dire : que le projet du général Ducrot était le plus rationnel; car, en admettant que la concentration sur la gauche ne pût réussir, ce qui était difficile, il est vrai, et qu'après un vigoureux effort, l'on ne pût s'ouvrir la route de Mézières, on pouvait tout au moins concevoir l'espoir de sauver une bonne partie de l'armée en se jetant sur le territoire belge.

Il doit constater également qu'en réclamant le commandement en chef de l'armée, par suite de la lettre du ministre de la guerre, sans avoir un plan arrêté, ainsi qu'il le dit lui-même, et dans l'espoir, après avoir jeté les Bavarois dans la Meuse, de revenir battre l'aile droite des Allemands, ou enfin de s'ouvrir un passage sur Carignan et Montmédy, le général de Wimpffen a fait preuve de conceptions trop peu plausibles ou trop peu justifiées, pour ne pas avoir une grande partie de la responsabilité des funestes événements qui amenèrent la capitulation.

Mais il importe de bien définir la part de responsabilité qui incombe à ce général, dans l'acte même de cette capitulation, et les termes dans lesquels elle fut rédigée.

Or il paraît bien prouvé au conseil que le souverain, en faisant hisser le drapeau blanc sur la citadelle, sans avoir pris l'avis du général en chef, le dégageait de toute responsabilité sous ce rapport et l'assumait tout entière.

Le conseil doit donc louer le général de Wimpffen de s'être constamment opposé à cette capitulation. Mais il doit dire aussi qu'ayant accepté de la négocier, il a eu le tort de ne pas faire maintenir le principe, consenti par l'ennemi (lors de la première entrevue, et dont il avait donné connaissance au conseil tenu le matin), de laisser tous les officiers en possession de leurs armes et de leurs bagages, article malheureusement modifié en faveur des seuls officiers qui, en se retirant dans leur foyer, donneraient leur parole d'honneur de ne pas servir contre l'ennemi pendant la guerre.

Le conseil blâme vivement le général de Wimpffen d'avoir admis cette exception, contraire à l'article 256 du décret du 13 octobre 1863, lequel prescrit aux officiers de ne jamais séparer leur sort de celui de leurs soldats, exception qui tend à affaiblir, chez les officiers, le sentiment du devoir et de résistance à l'ennemi, et n'est qu'une prime à la faiblesse.

L'Inquisition ne rendait pas de jugements plus perfides.

Nous appuyant sur les faits et les documents les plus précis, nous avons donné de trop longs développements sur les moindres incidents de la bataille de Sedan, en particulier sur le projet de retraite du général Ducrot, pour nous attarder ici à réfuter tout ce que la décision partiale du conseil d'enquête renferme de fantaisiste et d'erroné. Nous nous bornerons à faire remarquer que la prétention de juger la capitulation de l'armée de Sedan sans tenir compte des circonstances antérieures génératrices qui l'ont rendue inévitable, ce n'est pas seulement commettre un acte de mauvaise foi, c'est commettre un acte absurde. Autant vaudrait examiner un résultat sans ses causes, une conséquence sans ses antécédents.

En outre, ce n'est pas seulement le maréchal de Mac-Mahon que le jugement du conseil d'enquête exonère intégralement de toute responsabilité, pour faire retomber le poids de ses sévérités sur le général de Wimpffen; c'est encore le général Ducrot, le général Douay, le général Lebrun; il ne signale même pas la faute grave qu'ils ont commise en abandonnant le champ de bataille, et le commandement de leurs corps d'armée respectifs, pour se rendre auprès de l'Empereur, et approuver ses projets d'armistice, au moment même où le général en chef requérait leur concours le plus énergique, par des ordres formels, dont ils n'ont tenu aucun compte.

Quant au reproche, adressé au général de Wimpffen, de n'avoir pas obtenu que l'ennemi laissât tous les officiers en possession de leurs armes et de leurs bagages, et d'avoir accepté que ceux-là seuls qui donneraient leur parole d'honneur de ne pas servir pendant la guerre, jouiraient de ce privilège, il est, au fond, aussi gratuit que les précédents, quoique plus plausible en apparence.

Le conseil d'enquête néglige de dire : que, dans la

conférence qui a eu lieu, dans la nuit du 1er septembre, à Donchery, le général de Wimpffen n'a pu obtenir aucune concession de l'ennemi ; que c'est ce dernier qui a rédigé le protocole de la capitulation à son gré, sans permettre de discussion ; que, quand il s'est rendu le 2 septembre, au château de Bellevue, le général de Wimpffen n'a eu qu'à apposer sa signature au bas de ce protocole, sous le canon allemand, et sous la menace de voir bombarder Sedan et l'armée française, s'il refusait.

D'ailleurs, en écoutant la lecture de l'article 2 du protocole, le général Besson, chef d'état-major du général de Wimpffen, fit cette remarque, approuvée par le général en chef, que les officiers à la tête des troupes ne profiteraient pas de cette clause, mais que tous les officiers assimilés, intendants, officiers d'administration, officiers d'état-major des places, gardes du génie, gardes d'artillerie, médecins, vétérinaires, payeurs, pourraient de la sorte rentrer en France, et rendre encore des services en dehors des champs de bataille. De fait, ces officiers seuls bénéficièrent de cette clause, et, parmi les autres, un nombre insignifiant s'en prévalut.

A tous les points de vue, donc, le verdict rendu par le conseil d'enquête présidé par le maréchal Baraguey d'Hilliers est une œuvre d'hommes de parti, et non une œuvre de juges. Aussi, le général de Wimpffen protesta-t-il avec indignation contre cette prétendue sentence, dès qu'il la connut.

Il adressa au ministre de la guerre la lettre suivante :

Mustapha-Supérieur, le 29 janvier 1872.

Monsieur le Ministre,

Je viens de recevoir le rapport de la commission, et je proteste contre ses conclusions.

Je maintiens : que la cause première de notre désastre est d'avoir laissé les troupes concentrées sous les murs de Sedan le 31 août; que la retraite prescrite par le général Ducrot, et à peine commencée le 1er septembre, vers 9 heures, était alors impraticable; qu'en présence d'une catastrophe certaine et immédiate, on m'aurait blâmé, avec raison, de n'avoir pas pris le commandement en chef, qui m'était imposé par une lettre de service, afin d'essayer, pour l'honneur du drapeau, de retarder cette catastrophe ou de l'amoindrir. Le seul mouvement rationnel, dans la journée du 1er septembre, était de s'ouvrir un passage dans la direction de Carignan, où l'ennemi n'avait plus de grandes masses à nous opposer.

Les conclusions qui viennent d'être prises contre moi prouvent combien j'avais raison de vouloir passer devant un conseil de guerre, où des débats réguliers m'auraient permis de répliquer aux arguments de mes adversaires, et d'invoquer des preuves en complète opposition avec ce que le conseil d'enquête a énoncé.

Il est inadmissible, du reste, qu'il n'y ait que des faveurs pour des officiers généraux qui n'ont point répondu à mon appel sur le champ de bataille, ce qui constitue un cas de conseil de guerre, et que le seul général qui mérite le blâme soit précisément le chef qui a lutté durant treize heures, avec des troupes que le rapport d'enquête considère comme ayant été singulièrement affaiblies et ébranlées par les événements qui avaient précédé.

En présence d'un jugement, résultant d'une procédure irrégulièrement faite, jugement contraire à mes droits, à mes services militaires, à mon action comme commandant d'armée, je ne puis plus rester dans la partie active de l'état-major; je demande, en conséquence, ma mise à la retraite immédiate.

Veuillez agréer, monsieur le ministre, l'assurance de ma haute considération.

Général DE WIMPFFEN.

D'autre part, le général de Wimpffen adressa à M. Thiers, président de la République, la lettre suivante :

Mustapha-Supérieur, 29 janvier 1872.

Monsieur le Président,

J'ai l'honneur de porter à votre connaissance une lettre, que je viens d'adresser à M. le ministre de la guerre, pour protester contre les décisions du conseil d'enquête.

La situation qui m'est faite ne me permet plus de rester dans l'armée; je demande, en conséquence, ma mise à la retraite.

J'aurais donné ma démission si j'avais eu la moindre fortune; mais je ne demande aujourd'hui que ce qui m'est dû pour quarante années de service, et d'honorables citations, dans maints combats ou batailles, en Afrique, en Crimée, en Italie.

Je vous prie donc de vouloir bien ne mettre aucune entrave à ce que j'ai résolument arrêté.

Je ne puis laisser dire que je n'ai pas rempli mon devoir, en prenant le commandement qui m'était imposé, par mon ancienneté et par un ordre du ministre de la guerre. Je ne comprends pas qu'on ait pu écrire, que je n'avais pas de plan arrêté, lorsque j'ai fait cesser une retraite malheureusement commencée. Ne savais-je pas du comte de Palikao que la marche lente du maréchal de Mac-Mahon devait permettre à deux armées ennemies, formant un effectif d'au moins 200 000 hommes, d'agir contre nous ; que, le 31, plus de 80 000 Allemands avaient passé la Meuse pour nous barrer la route de Mézières ; que, le 1er septembre, les feux ennemis s'étendaient, dès 8 heures du matin, de Bazeilles à Givonne? J'avais un plan : celui d'une résistance désespérée, et, plus tard, celui de m'ouvrir un passage là où je n'avais plus qu'un ennemi harassé, et, suivant mes prévisions, rien de sérieux comme résistance sur la route que je voulais suivre. Je repousse donc formellement « les combinaisons trop peu plausibles » dont m'accuse la commission, ainsi que « la grande part de responsabilité » qu'elle m'impute dans les funestes événements qui amenèrent la capitulation.

Heureusement pour mon honneur, des ennemis désintéressés, comme le maréchal de Moltke et le prince de Bismarck, m'ont rendu meilleure justice dans des lettres en tous points remarquables, qu'ils m'ont adressées, et où ils disent : le premier, « Au moment où Votre Excellence prit le commandement en chef de l'armée de Sedan, la situation de ces troupes, qui se sont vaillamment battues jusqu'à la fin, était déjà regardée par nous comme entièrement désespérée »; le second, « Mes sympathies resteront toujours acquises à un général qui, ayant fait ses preuves ailleurs, ne fut appelé sur le terrain qu'au moment où le sort des armes se trouvait déjà jeté, de manière à ne plus laisser de chance à sa bravoure et à son génie ».

Je vous prie d'agréer, Monsieur le président, l'assurance de mon profond respect.

Général DE WIMPFFEN.

Enfin, le général de Wimpffen adressa à un très

grand nombre de journaux un long exposé pour justifier les mesures qu'il avait prises sur le champ de bataille de Sedan, et pour faire remarquer combien la commission avait irrégulièrement procédé à son égard : en n'appelant pas le maréchal de Mac-Mahon, premier auteur responsable du désastre de Sedan ; en entendant ses adversaires après lui, et hors de sa présence ; en statuant sur sa conduite, sans lui avoir fait connaître les dépositions des généraux Douay, Ducrot et Lebrun; en le jugeant enfin, sans lui avoir permis d'atténuer ou de détruire les attaques clandestines dont il avait été l'objet, sans lui avoir donné, pour sa défense, les garanties qu'on accorde au dernier des prévenus.

Mais cette publicité de ses protestations fut la seule satisfaction qu'obtint le général de Wimpffen. On ne lui accorda même pas la faculté de rétablir les faits dénaturés par le conseil d'enquête, devant une commission parlementaire, et il fut condamné, officiellement, à rester sous le coup de l'inique sentence rendue, sous la présidence du maréchal Baraguey d'Hilliers, par un tribunal secret.

Ce livre, dont nous pouvons maintenant clore la rédaction, n'est donc pas seulement un livre intéressant pour tous ceux qui cherchent à pénétrer les causes des événements de 1870 ; c'est un livre nécessaire, indispensable.

Grâce à lui, — nous l'espérons, du moins, — la lumière est définitive et complète sur la bataille de Sedan ; les légendes, les erreurs, les falsifications à laquelle cette bataille a donné lieu, se trouvent dévoilées et dissipées, et, désormais, on pourra connaître son histoire autrement que par les récits d'Escobar.

FIN

PIÈCES JUSTIFICATIVES

RAPPORT OFFICIEL DU GÉNÉRAL DE WIMPFFEN
SUR LA BATAILLE DE SEDAN

Belgique, Fayes-les-Veneurs, 5 septembre 1870.

Monsieur le Ministre,

J'ai l'honneur d'adresser ci-joint à Votre Excellence mon rapport sur la journée du 1er septembre, dans laquelle j'ai pris le commandement de l'armée de Châlons, vers 9 heures du matin, par suite de la blessure reçue par le maréchal de Mac-Mahon.

Le 31 août, j'avais visité dans leurs emplacements les troupes du 5e corps d'armée qui venait d'être placé sous mes ordres. Elles occupaient l'ancien camp retranché, la ville et les hauteurs qui dominent au sud-est le Fond-de-Givonne.

Le 12e corps occupait la Moncelle, la Platinerie, la Petite Moncelle.

Le 1er corps s'étendait de la Petite Moncelle à Givonne, tenant Daigny.

Le 7e corps, au nord-ouest de la ville, campait depuis Floing jusqu'au calvaire d'Illy.

Toutes ces troupes étaient arrivées pendant la nuit du 30 au 31 août ou dans la matinée du 31. Pendant ma visite au camp, je constatai que de nombreuses colonnes ennemies venaient couronner de leur artillerie les hauteurs qui, de Remilly à Wadelincourt, bordent la rive gauche de la Meuse, attaquaient vivement et coupaient notre convoi qui défilait sur la route de Carignan à Sedan, rive droite de la Meuse.

Cette forte canonnade donnait lieu de croire que l'ennemi voulait détourner notre attention de la route de Mézières, pour opérer de ce côté un mouvement tournant. En conséquence, afin de fermer solidement la trouée qui existait entre les 1er et 7e corps, d'Illy à Givonne, je portai dans cette direction la brigade de Fontanges, de la division Lespart, laissant la brigade Abbatucci, de la même division, dans le grand camp avec l'artillerie de réserve en batterie. En même temps, par ordre du maréchal, je fis sortir de la ville l'unique brigade de la division Labadie, et la portai à Casal pour servir de réserve au 7e corps.

Le 1er septembre, au point du jour, l'ennemi commença son attaque sur le 12e corps, et la prolongea successivement sur la droite, vers le 1er corps. A sept heures, le maréchal de Mac-Mahon, ayant été blessé, remit le commandement au général Ducrot. Je n'en fus informé qu'environ une demi-heure après, et alors que cet officier général avait déjà donné certains ordres aux commandants de corps d'armée.

Je crus devoir laisser exécuter ces ordres. Toutefois, vers 9 heures, voyant la gauche du 1er corps opérer un mouvement de retraite assez prononcé et se diriger sur le milieu du bois de la Garenne, je me décidai à faire usage de la lettre de commandement que Votre Excellence m'avait remise. Le général Ducrot me déclarait que son intention était de se retirer sur Illy; mais ses bataillons, au lieu de suivre cette direction, exécutaient un changement de front en arrière sur l'aile droite et se rapprochaient de l'ancien camp.

Le mouvement projeté me semblait fort dangereux par divers motifs :

1° La route était difficile à suivre pour plusieurs corps d'armée ;

2° Il fallait parcourir au moins 6 kilomètres, espace fort long pour des troupes déjà fatiguées par cinq heures de lutte.

3° Enfin l'on devait s'attendre à ce que l'ennemi, qui était en face et qui prévoyait le mouvement, se jetât sur elles avec d'autant plus d'ardeur, qu'il savait les refouler en arrière sur des troupes nombreuses ayant pris position pour barrer le passage.

J'ordonnai en conséquence au général Ducrot de reprendre ses premières positions, et je renforçai sa gauche de la brigade Saurin du 5e corps, bien qu'il regardât ce secours comme inutile.

Je me portai alors au centre du 7e corps pour chercher à me rendre compte de la situation des troupes engagées dans la direction de cette ligne de retraite. Là, j'acquis davantage encore la conviction que la marche de notre armée sur Mézières ne pourrait que difficilement s'opérer pendant le jour, et je résolus de tenir dans mes positions jusqu'à la nuit.

Je revins me placer vers midi au centre des lignes, afin de donner plus facilement mes ordres, et de suivre les péripéties de la lutte qui paraissait se soutenir avec succès. Le commandant du 7e corps ayant témoigné des inquiétudes au sujet des troupes qui occupaient les bois de la Garenne, près de la ferme, et qui étaient exposées à un feu d'artillerie meurtrier, je portai de ce côté des troupes des trois armes du 5e et même du 1er corps, ainsi qu'une partie de la réserve de cavalerie, et je m'y rendis de ma personne. Je constatai bientôt que les obus lancés par l'ennemi exerçaient d'affreux ravages parmi nos troupes. La cavalerie, l'infanterie elle-même, étaient dans l'impossibilité de tenir. Trois batteries d'artillerie mises en position furent désorganisées en dix minutes à peine.

Il fallut retirer l'artillerie et abriter la cavalerie dans une clairière, au milieu du bois, et faire de grands efforts pour y maintenir l'infanterie.

Je revins au milieu du champ de bataille et remarquai que l'artillerie ennemie avait resserré le cercle de son feu, de manière à couvrir le plateau d'obus lancés dans tous les sens. Le général Douay me fit avertir qu'il lui était impossible de se maintenir plus longtemps et qu'il avait devant lui des forces très considérables qui ne lui permettaient pas d'opérer une retraite sur Illy.

Le 12e corps se maintenant d'ailleurs toujours avec succès sur les fortes positions qu'il occupait, je crus devoir joindre à ce corps toutes les troupes disponibles du 1er et du 5e pour jeter une fraction de l'armée ennemie dans la Meuse et me frayer une issue dans la direction de Carignan. J'écrivis dans ce sens à l'Empereur, en engageant Sa Majesté à venir se placer au milieu de ses troupes qui tiendraient à honneur de lui ouvrir un passage. Il était environ une heure et demie.

L'ennemi céda devant notre mouvement offensif, mais, en même temps, les troupes des 7e et 1er corps restées sur le plateau pour faire l'arrière-garde étaient vivement abordées par des forces supérieures et étaient refoulées. Ces troupes, au lieu de suivre le mouvement du 12e corps en passant entre le grand camp et le bois de la Garenne, se rapprochèrent peu à peu des fortifications de la place, qui étaient pour elles un aimant irrésistible et finirent par se ranger sous le canon de la citadelle et dans la ville, dont les portes étaient ouvertes.

LA BATAILLE DE SEDAN.

Je me plaçai avec mon état-major à la tête de troupes de tous corps massées autour de la ville, il était environ 3 heures, et je marchai sur les traces du 12e corps en suivant la grande route de Givonne et escaladant les hauteurs qui dominent cette route à l'est; mais, arrêté par une série de clôtures et de parcs, plus encore que par la défense de l'ennemi, je dus prendre un chemin à droite qui me conduisit à la porte Balan.

C'est à ce moment, 4 heures, qu'un officier m'apporta une lettre par laquelle l'Empereur me prévenait que le drapeau blanc avait été hissé à la citadelle et m'invitait à cesser le feu et à me charger de négocier avec l'ennemi. Je refusai à plusieurs reprises d'obtempérer à cette injonction.

Malgré les pressantes instances de Sa Majesté, je n'en crus pas moins devoir tenter un suprême effort, et je rentrai en ville pour appeler à moi toutes les troupes qui s'y trouvaient accumulées; mais, soit fatigue provenant d'une lutte de douze heures sans prendre de nourriture, soit instructions mal comprises, soit ignorance des suites dangereuses que pouvait avoir leur agglomération dans une ville impropre à la défense, peu d'hommes répondirent à mon appel, et c'est avec deux mille soldats seulement auxquels se joignirent quelques gardes mobiles et un certain nombre des courageux habitants de la ville de Sedan, que je chassai l'ennemi du village de Balan.

Ce fut le dernier effort de la lutte, l'effectif de ces hommes étant trop peu considérable pour tenter la seule retraite qui fût possible, eu égard à la disposition des forces ennemies.

A six heures, je rentrai le dernier dans la ville, encombrée de caissons, de voitures, de chevaux, qui arrêtaient toute circulation. Les soldats, entassés dans les rues avec le matériel d'artillerie, étaient exposés aux plus grands périls en cas de bombardement.

J'apprenais, de plus, qu'il restait un seul jour de vivres dans les magasins de la place, les approvisionnements amenés de Mézières par le chemin de fer ayant été renvoyés vers cette ville au premier coup de canon.

Dans ces conditions, et sur une nouvelle demande de l'Empereur, je me résignai à aller négocier près de M. le comte de Moltke les conditions d'une capitulation.

Dès les premiers mots de notre entretien, je reconnus que le comte de Moltke avait malheureusement une connaissance très exacte de notre situation et de notre complet dénûment en toutes choses. Il me dit qu'il regrettait de ne pouvoir accorder à l'armée tous les avantages mérités par sa conduite valeureuse, mais que l'Allemagne était obligée de prendre des mesures exceptionnelles à l'égard d'un gouvernement n'offrant, disait-il, aucune chance de stabilité ; qu'en raison des attaques répétées et du mauvais vouloir de la France à l'égard de son pays, il lui était indispensable de prendre des garanties matérielles. En conséquence, il se voyait contraint d'exiger que l'armée fût faite prisonnière.

Je ne crus pas devoir accepter de telles conditions. L'on me prévint que, le lendemain matin, la ville serait bombardée, et je me retirai avec la menace de voir le bombardement commencer à 9 heures si la convention n'était point arrêtée avec l'ennemi.

Le 2 septembre, au point du jour, les généraux de corps d'armée et de division se réunirent en conseil, et, après examen des ressources de la place, il fut décidé à l'unanimité que l'on ne pouvait éviter de traiter avec l'ennemi.

Ci-joint le procès-verbal de la séance.

Le même jour, à 9 heures, je me rendis au quartier général du comte de Moltke où j'obtins quelques adoucissements aux mesures proposées. Ci-joint la convention.

Je ne connais pas encore le chiffre exact de nos pertes, mais j'évalue de quinze à vingt mille le nombre des morts et des blessés pour les deux journées de Beaumont et de Sedan.

L'ennemi assure nous avoir fait trente mille prisonniers dans ces deux mêmes journées. A la bataille livrée sur le plateau d'Illy, nous avions de soixante à soixante-cinq mille combattants.

M. de Moltke lui-même a reconnu que nous avons lutté contre deux cent vingt mille hommes et que la veille, à cinq heures du soir, un corps prussien d'un effectif supérieur à celui de notre armée était déjà placé sur notre ligne de retraite. Une lutte soutenue pendant quinze heures contre des forces très supérieures me dispense de faire l'éloge de l'armée ; tout le monde a fait noblement son devoir.

Je regrette profondément de n'être arrivé à l'armée que le soir d'un insuccès et de n'en avoir pris le commandement que le jour où une grande infériorité numérique et les conditions dans lesquelles étaient placées les troupes, rendaient la défaite inévitable. C'est le cœur brisé que j'ai apposé ma signature au bas d'un acte qui consacre un désastre pour la France ; sacrifice que mes compagnons d'armes et d'infortune sont peut-être seuls susceptibles de comprendre.

J'avais fait connaître tout d'abord au général de Moltke que je ne séparerais pas mon sort de celui de l'armée. Je suis en route pour Aix-la-Chapelle, où je vais me constituer prisonnier, accompagné de mon état-major particulier et de l'état-major général du 5ᵉ corps qui, pendant toute la bataille, en l'absence de l'état-major général du maréchal de Mac-Mahon, a rempli près de moi les fonctions d'état-major général de l'armée.

D'Aix-la-Chapelle je compte me rendre en Wurtemberg, à Stuttgard, ville qui m'a été accordée pour lieu de mon internement.

Le général commandant en chef,
De Wimpffen.

RAPPORT PARTICULIER DU GÉNÉRAL DE WIMPFFEN
AU MINISTRE DE LA GUERRE SUR L'ÉTAT DE L'ARMÉE DE CHALONS

Stuttgard, 12 septembre 1870.

Monsieur le Ministre,

Presque tous les journaux qui ont fait le récit des derniers combats soutenus par l'armée de Châlons et de la capitulation de cette armée à Sedan, ont indiqué, pour l'effectif des troupes françaises, des chiffres fort exagérés qu'il me paraît indispensable de rectifier dans l'intérêt de l'honneur de nos armes.

Cet effectif est généralement évalué par les gazettes à 140 ou 150 000 hommes, chiffre déjà supérieur à celui de 120 000 hommes, que le Ministre m'avait donné approximativement à mon départ de Paris. Or cette indication elle-même était fort au-dessus de la réalité.

Il m'est difficile de fournir des données exactes, car je n'ai pris le commandement du 5e corps que la veille de la bataille de Sedan, et celui de l'armée tout entière que le jour même de la bataille, alors que l'action était déjà engagée. Cependant j'ai pu recueillir quelques renseignements soit pendant, soit après la lutte. J'ai vu, en outre, de mes propres yeux, les troupes en ligne sur le terrain, et je crois pouvoir donner comme presque certains les chiffres ci-après :

J'estime que, y compris les renforts reçus au camp de Châlons, et déduction faite des nombreux malades, éclopés, traînards, laissés sur toute la route depuis Fræschwiller par les 1er, 5e et 7e corps, ou évacués sur Paris, ainsi que des troupes du 5e corps restées avec le maréchal Bazaine, j'estime, dis-je, que l'armée ne comptait pas plus de 100 000 hommes en partant de Châlons.

LA BATAILLE DE SEDAN. 315

A Reims, à Rethel, il fallut procéder à de nouvelles et très fortes évacuations. Plusieurs mille hommes quittèrent ainsi l'armée.

A Beaumont, à Mouzon, à Carignan, l'effectif s'affaiblit encore d'une manière très sensible. Beaucoup de soldats furent tués, blessés ou pris, ou se dispersèrent et furent perdus pour l'armée. On perdit aussi plusieurs pièces de canon. Des corps tout entiers ne reparurent plus depuis la journée de Beaumont et passèrent en Belgique, par exemple la brigade de cavalerie de Septeuil et la division de cavalerie du 5ᵉ corps, réduite à deux régiments, et que je n'ai vue ni le 31 août, ni le 1ᵉʳ septembre.

En évaluant à 10 000 le nombre des hommes entrés en Belgique, à 2 000 le nombre des autres hommes perdus par l'armée depuis le départ de l'armée de Châlons, à 5 000 le nombre des non-valeurs, j'arrive à conclure que 65 000 combattants tout au plus ont pu être mis en ligne le 1ᵉʳ septembre contre les 220 000 hommes composant, d'après la déclaration de M. de Moltke lui-même, les armées ennemies.

Pendant la bataille, 15 000 hommes ont été tués ou blessés; 10 ou 15 000 ont été faits prisonniers. Il n'est donc resté dans l'enceinte de Sedan que 35 ou 40 000 hommes.

La différence entre ce chiffre et celui donné par l'ennemi ainsi que par les divers journaux doit provenir de ce que ce dernier comprend sans doute non pas seulement les soldats pris dans la ville elle-même de Sedan, mais le total des hommes faits prisonniers pendant la période de la campagne qui a commencé au combat de Buzancy, notamment le jour de l'affaire Beaumont-Mouzon.

Je crois utile de signaler d'une manière toute spéciale à l'attention de Votre Excellence les causes qui ont amené une diminution si rapide de l'effectif de l'armée. Ces causes sont :

1° *L'épuisement du soldat* qui, marchant sans relâche, même la nuit, sur une route que suivait souvent un corps d'armée tout entier, était exténué de fatigue et n'avait plus les forces nécessaires pour porter ses armes, son sac et suivre la colonne.

Je tiens de plusieurs officiers généraux du 5ᵉ corps que, dans la marche de nuit qui a précédé la surprise de Beaumont, les soldats d'infanterie tombaient comme une masse, dans la boue, au milieu du chemin, laissant passer sur leur corps leurs camarades et même les chevaux, et qu'il fallait les porter inertes, insensibles, sur les côtés de la route, pour qu'ils ne fussent pas écrasés sous les roues des canons.

Dans les marches, ces hommes épuisés dormaient là où les forces leur avaient manqué, puis, se traînant péniblement, suivaient, à un ou deux jours de distance, leurs corps qu'ils ne rejoignaient pas toujours.

Beaucoup ont dû se disperser sur tous les points du territoire pour rejoindre leurs familles. Le Gouvernement pourrait faire rechercher ces soldats qui, bien que fatigués et découragés, pourraient encore, sous les murs de Paris, rendre d'utiles services.

2° *L'indiscipline et la désorganisation.* Les hommes murmuraient contre tout, contre la longueur des marches, contre le manque de distributions, même quand elles étaient régulières et quand ils devaient avoir du biscuit de réserve dans le sac. Ils quittaient le camp ou la colonne sans autorisation pour aller chercher dans les villes ou villages des vivres ou du tabac, qui faisait généralement défaut.

Les officiers n'osaient réagir contre ces funestes tendances, dans la crainte de voir leur autorité ouvertement et complètement méconnue et de ne plus avoir aucun de leurs hommes dans la main au moment du combat. Mais il en résultait que, le jour d'une surprise, comme à Beaumont, les corps ne pouvaient mettre en ligne que les 2/3 ou les 3/4 de leur effectif.

J'ajouterai que nos soldats n'ont jamais su tenir ni combattre dans les bois. Malgré les efforts des officiers, ils quittaient la lisière pour se disperser, se coucher à l'ombre, ou reculer à une certaine distance, et bientôt les troupes se trouvaient en désordre en arrière de la lisière opposée, sans avoir essayé de profiter de l'obstacle que les arbres présentaient à l'ennemi, de l'abri qu'ils pouvaient fournir à nos tirailleurs.

Cette particularité est d'autant plus à noter que les soldats allemands, au contraire, ont toujours combattu avec succès en marchant et s'abritant dans les bois.

Décomposition et fractionnement de certains corps d'armée. — Le 5ᵉ corps, par exemple, avait laissé à Sarreguemines la brigade Lapasset de la division Labadie, un régiment de lanciers, et une batterie d'artillerie, troupes qui sont passées sous le commandement du maréchal Bazaine et qui n'ont plus rejoint ni le 5ᵉ corps, ni l'armée de Châlons.

En résumé, les corps d'armée, dont on évaluait l'effectif de 25 à 30 000 hommes environ, n'ont pu combattre qu'avec les 2/3 au plus de cet effectif, soit 15 à 18 000 hommes, et encore ce chiffre ne peut-il s'appliquer au 5ᵉ corps qui, réduit par de nombreuses évacuations, par la séparation de trois régiments et une batterie, ne comptait pas à Sedan plus de 10 à 11 000 hommes.

Je crois devoir consigner dans ce rapport quelques observations sur l'insuffisance notoire de notre artillerie comme nombre de pièces et comme effet produit sur l'ennemi.

Pendant toute la campagne, nos troupes ont surtout souffert du feu de l'artillerie allemande qui était au moins deux fois plus considérable que la nôtre, et dont les obus lancés avec une précision remarquable et à de grandes distances venaient faire sauter nos caissons, désorganiser nos batteries, jeter le désordre et la mort dans les rangs de l'infanterie et de la cavalerie.

La lutte contre les soldats de l'infanterie ennemie n'a été qu'une exception. Ceux-ci se dissimulaient dans les bois, dans les plis de terrain en arrière et souvent en avant des canons qui tiraient par-dessus leurs têtes. Le combat corps à corps, celui où se déploie la bravoure personnelle, ne s'est présenté que bien rarement, dans la prise de quelques villages, comme à Bazeilles et à Balan. C'est à ce point que l'on peut dire que la guerre a été surtout une guerre d'artillerie. Les canonniers prussiens, grâce à la portée de leurs pièces, pouvaient se considérer comme dans un polygone, rectifiant leur tir, n'ayant rien à redouter de nos feux.

Or, qu'avions-nous à opposer à ces pièces si nombreuses et si parfaites? Un nombre très restreint de pièces de 4, ayant une portée très inférieure, produisant des effets beaucoup moindres, et ne pouvant lutter contre celles de l'ennemi.

J'ai vu, au 7e corps, mettre en batterie 18 canons pour soutenir l'infanterie du général Labadie envoyée comme renfort. Ces 18 pièces ont été démontées et réduites au silence au bout de dix minutes à peine. Il eût fallu, au lieu de canons de 4, des pièces ayant le calibre de 8 et de 12 et se chargeant par la culasse.

On ne peut comprendre qu'avec les renseignements pris à l'étranger depuis plusieurs années, avec les rapports faits par les officiers envoyés en mission, l'on n'ait pas senti, au ministère de la Guerre, l'urgente nécessité de transformer et perfectionner notre artillerie.

Les autres nations connaissaient la supériorité incontestable des pièces prussiennes, et j'ai entendu répéter maintes fois aux officiers généraux belges, avec qui je me suis entretenu en me rendant en Prusse, que cette supériorité date d'au moins dix ans.

L'insuffisance de notre artillerie n'a pu être compensée par la supériorité de notre chassepot sur le fusil prussien, et c'est à elle qu'il faut attribuer en grande partie les désastres subis par nos troupes dans la guerre actuelle.

Parmi les autres motifs qui ont influé sur le sort de la campagne, je citerai :

Le défaut de renseignements fournis par l'autorité civile. Ce n'est que par exception que quelques maires nous ont fait parvenir des informations, encore étaient-elles le plus souvent inexactes. La plupart du temps, les maires, surtout ceux des villages, se sont abstenus d'envoyer aucun avis pour annoncer la marche ou l'arrivée de l'ennemi ;

Le manque de cartes. Il est à noter que nos officiers, souvent dispersés, ne savaient comment s'orienter, comment diriger leurs soldats et rejoindre leurs corps, faute de cartes pour se renseigner sur la disposition du terrain. J'ai constaté au contraire avec douleur que tous les officiers allemands étaient munis de très bonnes cartes, sur lesquelles ils trouvaient les renseignements nécessaires. Il en est de même dans les armées étrangères ; ainsi, en Belgique, j'ai vu de nombreuses cartes entre les mains de chaque officier.

Le manque d'expérience de nos troupes pour la marche. Nos soldats ont trop l'habitude de marcher les uns derrière les autres sur une même route, et ne savent pas s'avancer à travers champs, ce qui abrégerait la longueur des colonnes et la durée de l'étape.

La trop lourde charge portée par le soldat. Le sac avec son contenu réglementaire, les cartouches, la tente-abri, la marmite, gamelle ou bidon et les vivres, écrase notre fantassin pendant la marche, lui ôte la moitié de sa valeur dans le combat. Aussi, dans chaque affaire, combien d'hommes ont jeté leur sac !

N'y aurait-il pas lieu d'alléger ce sac en supprimant une partie de ce qu'il renferme ? La tente-abri est nécessaire en Afrique où il faut toujours camper en plein air, et où l'on ne trouve le plus souvent aucune habitation. Mais, dans une guerre comme celle-ci, ne vaudrait-il pas mieux suivre l'exemple des Prussiens qui logent leurs hommes militairement dans les maisons des villages ? S'il faut bivouaquer, c'est une exception qui ne se présente que de temps en temps et qui n'a, par cela même, aucun inconvénient, surtout en été.

Le peu de services rendus par la cavalerie. La grosse cavalerie et les lanciers ont été presque partout un embarras plutôt qu'une aide. Les charges de cuirassiers tentées soit sur l'artillerie, soit sur l'infanterie, ont été menées avec beaucoup d'entrain et de bravoure, mais les escadrons n'ont fait que subir des pertes, sans atteindre d'une manière complète le résultat qu'on espérait.

Il en a été de même pour les charges faites par les dragons et par la cavalerie légère.

Mais cette dernière aurait pu, et elle l'a fait quelquefois, rendre de très grands services en éclairant l'armée. Malheureusement, ce rôle essentiel n'a pas toujours été bien compris. La cavalerie, au lieu d'opérer à une certaine distance de l'infanterie, a presque constamment été couverte par elle, et c'est à ce motif qu'il faut attribuer le plus fort des surprises.

Les chevaux étaient très fatigués, il est vrai ; le repos exagéré dans lequel ils sont laissés pendant la paix les rend peu aptes à supporter les fatigues de la guerre. Mais ce service était indispensable et aurait dû être fait coûte que coûte, fût-ce en perdant la moitié des chevaux.

Il faut avouer, du reste, que l'infanterie, mal couverte par la cavalerie, ne prenait pas toujours les précautions les plus indispensables pour s'éclairer, et que, soit fatigue, soit crainte de voir enlever ses petits postes, elle se gardait à une distance tout à fait insuffisante, malgré les recommandations sans cesse répétées à ce sujet.

Le grand nombre et la longueur des convois de l'administration. Tandis que les Allemands prenaient sur place, et de force, au besoin, dans chaque village, les vivres nécessaires à leurs soldats, notre administration a eu beaucoup de peine à obtenir des autorités locales, par voie de réquisition, une quantité de denrées bien inférieure à celle que contenait la commune. Il fallait requérir dans tout le voisinage, former des convois de voitures. Ces convois allongeaient les colonnes, exigeaient une garde, encombraient les routes, ralentissaient la marche et gênaient l'armée dans tous ses mouvements. Encore arrivaient-ils souvent trop tard. Enfin ils étaient centralisés au moins par division, ce qui rendait les distributions lentes et impossibles.

Il semble qu'il eût été préférable, dans certains cas, de laisser aux chefs de corps le soin de faire vivre leurs troupes sur place, en leur fournissant les sommes nécessaires pour tout payer comptant.

Tel est, Monsieur le Ministre, l'exposé aussi exact que possible de la situation de notre armée, depuis le départ du camp de Châlons. J'ai jugé qu'il n'était pas inutile, en traitant cette question d'effectif, de vous signaler en même temps certaines causes qui ont puissamment contribué, selon moi, à placer nos troupes dans des conditions d'infériorité par rapport à l'ennemi, comme discipline, marches, et alimentation, et qui ont, en partie, motivé les insuccès de Buzancy, Beaumont, Carignan et, enfin, le désastre de Sedan.

Veuillez agréer, etc.

Le général DE WIMPFFEN.

PIÈCES ORIGINALES A CONSULTER

DOCUMENTS FRANÇAIS

Rapport du commandant du 12e corps (général Lebrun).

Rapport du commandant du 7e corps (général Douay).

Journal des marches et opérations du 1er corps d'armée, à partir du camp de Châlons, par le commandant Corbin, sous-chef d'état-major général. (*Le général Ducrot n'a pas rédigé de rapport officiel sur la bataille de Sedan.*)

Rapport du général de Galliffet sur les opérations de la cavalerie de l'armée de Châlons.

Lettre du général Pajol, aide de camp de service auprès de l'Empereur, le 1er septembre 1870, publiée dans le *Moniteur universel* du 22 juillet 1871.

Sedan, par le général de Wimpffen, 1871.

La Journée de Sedan, par le général Ducrot, 1871.

Bazeilles-Sedan, par le général Lebrun, 1884.

324 PIÈCES ORIGINALES.

DOCUMENTS ALLEMANDS

Rapport officiel allemand sur la bataille de Sedan.

Lettre du roi Guillaume à la reine Augusta, sur la bataille de Sedan.

Rapport de M. de Bismarck au roi de Prusse, sur la bataille de Sedan.

La Guerre franco-allemande, rédigée par la section historique du grand état-major prussien : 7e et 8e livraisons.

TABLE DES MATIÈRES

Pages.

Le général de Wimpffen. — Sa vie, ses œuvres. . . .   v

CHAPITRE PREMIER

ENTRÉE EN CAMPAGNE

Efforts du général de Wimpffen pour obtenir un commandement à l'armée du Rhin. — Prévision des dangers courus par la France. — Nomination au commandement du 5e corps d'armée. — Entrevue du général de Wimpffen avec le comte de Palikao, ministre de la guerre ; sa nomination éventuelle au commandement de l'armée de Mac-Mahon. — Nombreuses difficultés éprouvées par le général de Wimpffen pour rejoindre son corps d'armée. — Arrivée du général de Wimpffen à l'armée de Sedan. — Entrevues du général de Wimpffen avec l'Empereur et avec le maréchal de Mac-Mahon. Raisons pour lesquelles le général de Wimpffen n'a pas donné communication de sa lettre de commandement.   1

CHAPITRE II

PRÉLIMINAIRES DE LA BATAILLE DE SEDAN

Causes générales de nos désastres. — Responsabilité particulière du maréchal de Mac-Mahon : ses fautes militaires. — Wissembourg. — Reischoffen. — Retraite sur le camp de Châlons. — Formation de l'armée de Châlons. — Plan des opérations proposées par le maréchal de Mac-Mahon et par le général de Palikao pour l'armée de Châlons. — Conseil de guerre du 17 août. — Conseil de guerre du 21 août. — Brusques revirements d'opinion du maréchal de Mac-Mahon. — Marche de l'armée de Châlons sur Montmédy. — Marche de la III° armée allemande et de l'armée de la Meuse contre l'armée de Châlons. — Bataille de Beaumont. — Combat de Mouzon. — Marche de l'armée française dans la journée du 30 août. — Situation des armées française et allemande dans la journée et à la fin du 31 août. 32

CHAPITRE III

LA BATAILLE DE SEDAN

Coup d'œil général sur le champ de bataille de Sedan. — — Positions de l'armée française dans la matinée du 1er septembre. — Positions de l'armée allemande dans la matinée du 1er septembre. — Plan de bataille du grand quartier général allemand. — Premières opérations des Allemands contre Bazeilles et la Moncelle. — Blessure du maréchal de Mac-Mahon; transmission du commandement en chef au général Ducrot; ordre de retraite donné par ce dernier. — Prise du commandement en chef par le général de Wimpffen; ses ordres, son plan d'opérations. — Appréciation critique des projets de retraite sur la Belgique et sur Mézières. — Justification des mesures prises par le général de Wimpffen. — Opérations de l'armée allemande contre l'aile droite de l'armée française, et, en particulier, contre le corps d'armée du général Lebrun, de 9 heures du matin à 1 heure. — Opérations de l'armée allemande contre le centre de l'armée française, et, en particulier, contre le corps d'armée du général Ducrot, de 9 heures du matin à 1 heure. — Opérations de l'armée allemande contre l'aile gauche de l'armée française (général Douay), dans la matinée du 1er sep-

TABLE DES MATIÈRES. 327
Pages.

tembre; la IIIe se déploie entre Floing et Fleigneux. — Suprêmes efforts de l'armée française pour se maintenir sur ses positions. — Charges de la cavalerie française. — L'aile gauche de l'armée française est obligée d'abandonner ses positions. — Mesures prises par le général de Wimpffen pour opérer une trouée à Bazeilles dans la direction de Carignan. Ordres donnés aux généraux Douay, Ducrot et Lebrun. Lettre à l'Empereur. — Résultats du mouvement offensif ordonné par le général de Wimpffen à la gauche du 12e corps, du côté de Haybes, de Daigny et du Fond-de-Givonne. — Résultats du mouvement offensif ordonné par le général de Wimpffen à la droite du 12e corps, du côté de la Moncelle, de Bazeilles et de Balan. — Le drapeau parlementaire. — L'Empereur paralyse les dernières tentatives de résistance. — Dernier retour offensif de l'armée française dans la direction de Bazeilles; son échec, faute de soutien. — Dernières péripéties de la bataille au bois de la Garenne. Retraite générale de l'armée française. Bombardement de Sedan. — Désespoir du général de Wimpffen; il donne sa démission de général en chef, puis la retire, sur les instances de l'Empereur. — Conclusion 107

CHAPITRE IV

LA CAPITULATION

L'Empereur donne pleins pouvoirs au général de Wimpffen pour traiter des conditions de la capitulation. — Discussion des conditions de la capitulation entre les plénipotentiaires allemands et les plénipotentiaires français. — Rupture des pourparlers de capitulation. — Retour du général de Wimpffen à Sedan. — Intentions de l'Empereur. — Conseil de guerre des généraux. — L'Empereur tente de s'aboucher avec le roi de Prusse; il est éconduit. — Signature du protocole de la capitulation. — Proclamation du général de Wimpffen à l'armée de Sedan. — Pertes matérielles subies par l'armée française et par l'armée allemande à la bataille de Sedan. . 237

CHAPITRE V

LA CAPTIVITÉ DU GÉNÉRAL DE WIMPFFEN

Pages.

Le général de Wimpffen se constitue prisonnier. — Proclamation du général de Wimpffen aux habitants de Sedan. — Réponse des habitants. — Le général de Wimpffen expédie à Paris son rapport officiel sur la bataille de Sedan. — Incidents relatifs à ce rapport qui n'a jamais été déposé dans les archives du ministère de la guerre. — Polémique du général de Wimpffen avec les aides de camp de l'Empereur et avec l'Empereur lui-même. — Lettres du général de Wimpffen au comte de Moltke, au général Trochu, au cardinal de La Vigerie et à Gambetta. 264

CHAPITRE VI

LA CAPITULATION DE SEDAN DEVANT LE CONSEIL D'ENQUÊTE. 289

Pièces justificatives. — Rapport officiel du général de Wimpffen sur la bataille de Sedan. — Rapport particulier du général de Wimpffen au ministre de la guerre sur l'état de l'armée de Châlons. 307

Pièces originales a consulter 323

Paris. — Typ. G. Chamerot, 19, rue des Saints-Pères. — 20672.

www.ingramcontent.com/pod-product-compliance
Lightning Source LLC
Chambersburg PA
CBHW070445170426
43201CB00010B/1217